INTRODUÇÃO ÀS
FONTES DE INFORMAÇÃO

COLEÇÃO CIÊNCIA DA INFORMAÇÃO

ORGANIZADORES
Bernadete Campello
Paulo da Terra Caldeira

INTRODUÇÃO ÀS FONTES DE INFORMAÇÃO

3ª edição

autêntica

Copyright © 2005 Os autores
Copyright © 2005 Autêntica Editora

Todos os direitos reservados pela Autêntica Editora. Nenhuma parte desta publicação poderá ser reproduzida, seja por meios mecânicos, eletrônicos, seja via cópia xerográfica, sem a autorização prévia da editora.

EDITORA RESPONSÁVEL
Rejane Dias

CAPA
Beatriz Magalhães

REVISÃO
Rodrigo Pires Paula

DIAGRAMAÇÃO
Waldênia Alvarenga

I61   Introdução às fontes de informação
       Bernadete Santos Campello, Paulo da Terra Caldeira (Organizadores). – 3. ed. – Belo Horizonte: Autêntica Editora, 2014.
       184 p.; 23 cm . – (Coleção Ciência da Informação; v. 1)

       ISBN 978-85-7526-165-1

       1. Fontes de informação I. Campello, Bernadete Santos II. Caldeira, Paulo da Terra

                                                   CDU : 030

Belo Horizonte
Rua Carlos Turner, 420
Silveira . 31140-520
Belo Horizonte . MG
Tel.: (55 31) 3465 4500
www.grupoautentica.com.br

São Paulo
Av. Paulista, 2.073, Conjunto Nacional, Horsa I
23º andar . Conj. 2310-2312 Cerqueira César
01311-940 São Paulo . SP
Tel.: (55 11) 3034 4468

Sumário

Apresentação 07

Enciclopédias 09
    Bernadete Campello

Dicionários 23
    Vera Amália Amarante Macedo

Fontes biográficas 43
    Márcia Milton Vianna e Alaôr Messias Marques Júnior

Fontes de informação geográfica 53
    Maria Helena de Andrade Magalhães

Jornais 67
    Nísio Teixeira

Televisão 89
    Maria Beatriz Almeida S. Bretas

Bibliotecas 101
    Antônio Agenor Briquet de Lemos

Arquivos 121
    José Maria Jardim e Maria Odila Fonseca

Museus 141
    Paulo da Terra Caldeira

Internet 159
    Angelo de Moura Guimarães

Apresentação

O interesse despertado pela coletânea Formas e Expressões do Conhecimento, publicada em 1998, levou-nos a preparar uma nova versão do livro que nasce com o título Introdução às Fontes de Informação e com algumas modificações. Dos dezoito capítulos da versão anterior, nove foram mantidos, e foi acrescentado um capítulo sobre a Internet inexistente na primeira edição. O objetivo dessa alteração foi conferir ao livro uma especificidade que o tornasse mais acessível e útil para os leitores. Foram mantidos os capítulos que tratam das formas de registro da informação utilizadas pelo homem na organização, divulgação e disponibilização do conhecimento e da informação. Nessa perspectiva, o livro está composto de seis capítulos que compreendem as seguintes fontes de informação: a enciclopédia, o dicionário, as fontes biográficas, as fontes geográficas, o jornal e a televisão. Foram mantidos os três capítulos sobre as instituições culturais encarregadas de reunir conjuntos organizados de registros: a biblioteca, o arquivo e o museu. Incluiu-se um capítulo sobre a Internet, a rede eletrônica que vem modificando o paradigma da comunicação humana, nas últimas décadas, ao disponibilizar informações variadas provenientes de qualquer país ou localidade. Assim, pode-se observar que o livro privilegia aquelas fontes que tratam da informação organizada.

A estrutura dos capítulos se manteve, e cada autor aborda a origem e a evolução da fonte sobre a qual trata, descrevendo suas características peculiares e, quando aplicável, mostrando as diversas formas nas quais ela se apresenta, bem como os principais produtores.

Nesse sentido, Bernadete Campello mostra o surgimento da enciclopédia como repositório do conhecimento humano e analisa sua evolução até o momento em que essa fonte se modifica, constituindo-se em um recurso dinâmico de aprendizagem.

Vera Amália Amarante Macedo explora a origem e a evolução do dicionário, expondo suas funções e os métodos utilizados na sua compilação, até chegar aos dicionários eletrônicos.

A importância dedicada atualmente à biografia tem levado ao aumento de publicações dedicadas à vida de pessoas famosas. No capítulo que trata das fontes biográficas, Márcia Milton Vianna e Alaôr Messias Marques Júnior apontam as diversas formas em que esses recursos se apresentam, revelando a biografia como fonte que pode ser utilizada com finalidades variadas.

Maria Helena de Andrade Magalhães aborda a diversidade das fontes geográficas, mostrando a utilidade de mapas, atlas, globos, até chegar às fontes geográficas disponíveis através das novas tecnologias.

O jornal é analisado por Nísio Teixeira, a partir de suas quatro funções distintas: fonte de informação noticiosa, vetor narrativo ideológico, documento histórico e veículo adequado a demandas específicas. Sua análise é construída com base em uma interessante descrição que revela a natureza e a trajetória do jornal, ressaltando sua inserção no universo cultural do homem moderno.

Maria Beatriz Almeida Sathler Bretas focaliza a televisão, analisando suas funções informativa, formativa e de entretenimento. Descreve sua origem e evolução, especialmente no Brasil, e as tendências que vêm modificando o perfil desse veículo de comunicação que está presente no cotidiano de bilhões de indivíduos.

A biblioteca é estudada por Antônio Agenor Briquet de Lemos que descreve sua característica de memória social da humanidade e analisa sua trajetória, desde as coleções de tábulas de argila até as mais avançadas concepções de bibliotecas virtuais ou digitais.

José Maria Jardim e Maria Odila Fonseca abordam os arquivos como fonte de informação, descrevendo o panorama da área, a partir do enquadramento teórico da informação e documento de arquivo, da arquivística como disciplina, das organizações gestoras de arquivos, e concluem que, no caso do Brasil, o acesso do cidadão às fontes arquivísticas ainda hoje constitui uma tarefa árdua.

Paulo da Terra Caldeira apresenta as características do museu, ressaltando as atividades que essa instituição exerce no desempenho de seu papel pedagógico e de entretenimento. Ressalta o esforço de modernização dos museus, ao buscarem ser *lugar do presente e não-lugar do passado*, nas palavras de Marlene Suano.

No capítulo dedicado à Internet, Ângelo de Moura Guimarães descreve as aplicações e características que deram funcionalidade a esse meio de comunicação, descrevendo a origem, evolução e tendências que vêm modificando o perfil da rede.

É nossa intenção que esta coletânea possibilite aos profissionais da informação, responsáveis por garantir condições para o uso efetivo dos registros do conhecimento (através de sua seleção, organização e disseminação), a compreensão da natureza dessas fontes, para que possam desempenhar com mais eficiência sua função de facilitadores no uso da informação.

Os Organizadores

Enciclopédias

Bernadete Campello

A palavra *enciclopédia* (do grego *enkyklopaideia,* formada por *enkyklos* = circular e *paideia* = educação, cultura), significava, na sua origem, um sistema ou círculo completo de educação, isto é, uma formação abrangente que incluía todos os ramos dos saber. Posteriormente, o termo foi usado para designar as obras que reuniam as informações necessárias a esse tipo de instrução e que apresentavam, de forma sistemática, o conteúdo das várias artes e ciências: as enciclopédias.

Trabalhos que abarcavam a totalidade do conhecimento apareceram já na Antiguidade. Aristóteles (384 a.C. – 322 a.C.) foi chamado de *pai da enciclopédia,* pois o conjunto de sua obra – que abarcou uma extensa gama de assuntos – é considerado um trabalho enciclopédico, apesar de não ter sido escrito com essa intenção. Nessa época, as obras com características enciclopédicas eram chamadas de *dicionários.* O termo *enciclopédia* apareceu no séc. XVI, com a publicação, em 1559, da obra denominada *Encyclopedia: Seu, Orbis Disciplinarum,Tam Sacratum Quam Prophanum Epistemon* (Enciclopédia ou conhecimento do mundo das disciplinas tanto sagradas quanto profanas), do escritor alemão Paul Scalich (1534-1573).

A concepção de enciclopédia modificou-se bastante ao longo do tempo e essa evolução acompanhou as necessidades culturais e educacionais da sociedade. No início, as enciclopédias eram antologias que reuniam um número variado de temas, organizados de maneira sistemática (em grandes assuntos). Essa organização sempre variava de obra para obra, pois não havia concordância quanto à melhor forma de ordenar logicamente o conhecimento.

A concepção estético-formal da enciclopédia foi se consolidando ao longo do tempo e, atualmente, a maioria das pessoas a visualiza como uma obra em vários volumes, abrangendo todos os assuntos, organizados em verbetes por ordem alfabética, escritos por especialistas de renome, incluindo ilustrações, mapas, gráficos e outros recursos visuais, e publicada por instituições de reconhecida competência. Entretanto, esses elementos nem sempre estiveram presentes nas enciclopédias: foram sendo incorporados à medida que essas evoluíam. A ordem alfabética, por exemplo, que é uma característica comum das atuais enciclopédias, não era usada no início e, mesmo depois que começou a ser empregada, foi fortemente combatida por autores e editores que preferiam a ordem sistemática. A existência de um corpo qualificado de editores e colaboradores também é uma prática relativamente recente na história das enciclopédias, datando seu início de cerca de 200 anos atrás.

Evolução

As primeiras enciclopédias destinavam-se a um público erudito, característica que pode ser observada principalmente nos trabalhos de autores gregos na Antiguidade. Enciclopédias voltadas para o público leigo surgiram com os escritores romanos e continuaram durante a Idade Média. Atualmente, as enciclopédias gerais são escritas por grupos de especialistas porém em linguagem adequada ao público leigo. A existência de enciclopédias, especializadas por áreas de conhecimento, por faixa etária ou nível de formação do leitor, garante sua maior adequação às necessidades dos usuários.

Na sua origem, as enciclopédias eram consideradas – juntamente com a língua e a gramática – instrumentos para a busca da verdade e do conhecimento. O título de uma das mais importantes enciclopédias francesas, datada de 1244, – *Speculum Major* ou Grande Espelho – mostra a intenção do autor, o escritor Vincent de Beauvais (1190-1264), de que suas ideias fossem não apenas conhecidas, mas imitadas; a palavra *espelho* no título da obra dá a entender que a mesma apresentava o mundo como deveria ser. Essa concepção da enciclopédia, como instrumento para o aperfeiçoamento da humanidade, persistiu durante vários séculos. Data de pouco mais de dois séculos o atual conceito de enciclopédia como recurso educativo que tem a função de servir de ponto de partida para a aprendizagem de um assunto, encaminhando o leitor para novas descobertas, ou como obra de referência, utilizada para se obter informações básicas e pontuais sobre determinado tópico.

Geralmente, pressupõe-se a imparcialidade na apresentação dos assuntos nas enciclopédias, mas um certo grau de tendenciosidade sempre ocorreu e, mesmo hoje, é inevitável. Muitas delas refletem tendências políticas e ideológicas de seus autores e editores e, por esse motivo, a censura a enciclopédias já ocorreu em diversas ocasiões e países. Exemplo disso é a famosa *Encyclopédie* ou *Dictionnaire Raisonée des Sciences, des Arts e des Métiers*, conhecida simplesmente como *Encyclopédie,* que surgiu ligada ao Iluminismo, movimento que preconizava a divulgação ampla do saber. O trabalho que deu origem a *Encyclopédie* foi a obra do enciclopedista inglês Ephraim Chambers (1680-1740), denominada *Cyclopedia* ou *Universal Dictionary of Arts and Sciences*, publicada na Inglaterra em 1729, em dois volumes. A coordenação da tarefa de revisão da tradução francesa foi confiada ao filósofo Denis Diderot (1713-1784) que trabalhou com um grupo de cerca de 160 colaboradores. Dentre eles, destacaram-se o filósofo e matemático Jean d'Alembert (1717-1783), responsável pelo prefácio e pelos verbetes sobre matemática, além dos filósofos Jean Jacques Rousseau (1712-1778), Etienne Bonnot de Condillac (1714-1780) e Charles Montesquieu (1689-1755). A finalidade da

Encyclopédie, conforme descrita no seu prefácio, era apresentar, da maneira o mais completa possível, a ordem e o sistema do conhecimento humano e, como uma obra descritiva (*raisonée*) das ciências, artes e comércio, incluía os princípios fundamentais e os aspectos considerados essenciais de cada ciência e arte. A ligação da *Encyclopédie* com a Revolução Francesa é reconhecida por vários autores, pois seu conteúdo sistematizava os fundamentos ideológicos que serviram de base para o movimento. Na verdade, a obra continha pontos de vista filosóficos considerados radicais e materialistas, que foram condenados por pensadores ortodoxos da época, tendo sido muitos dos volumes publicados secretamente. Seus colaboradores, bem como outros intelectuais que abraçavam as mesmas ideias, ficaram conhecidos como *enciclopedistas*. O grupo se caracterizava pelo seu otimismo quanto ao futuro da humanidade, a crença no progresso, a confiança no poder da razão livre, a oposição à excessiva autoridade da Igreja, o interesse pelos problemas sociais, a importância atribuída às técnicas, as tendências naturalistas e o entusiasmo pelo poder do conhecimento. Essas ideias tiveram profundas repercussões não apenas nos campos científico, filosófico e religioso, mas, principalmente, social e político. Por essa razão, a *Encyclopédie* é reconhecida mais como um símbolo do Iluminismo do que como uma enciclopédia.

Devido às suas características técnicas e inovadoras, a *Encyclopédie* exerceu grande influência nas enciclopédias europeias que surgiram posteriormente, tendo ultrapassado em todos os aspectos a obra que lhe deu origem.

Existem outros exemplos da influência de interesses políticos no trabalho de produção de enciclopédias: a conhecida enciclopédia alemã *Brockhaus*, cujo conteúdo sofreu grandes distorções, em consequência das pressões feitas pelos nazistas, e a *Enciclopédia Italiana di Scienze, Lettere ed Arti*, que teve seu editor substituído pelo fascista Giovanni Gentili (1875-1944), durante o governo de Benito Mussolini.

Características

Arranjo

A maioria das enciclopédias produzidas antes da invenção da imprensa (1442) tinha arranjo metódico ou sistemático, por grandes assuntos. Esse arranjo diferia de obra para obra, a critério do autor, cada um escolhendo a ordem que lhe parecia mais lógica. Essa diversidade no arranjo das enciclopédias continuou até 1620, quando o filósofo inglês Francis Bacon (1561-1626) definiu o plano de sua obra *Instauratio Magna*, que colocou fim às controvérsias a respeito da classificação do conhecimento e forneceu as bases para a organização de muitas das enciclopédias publicadas posteriormente. Bacon dividiu o conhecimento em três grandes classes: *natureza externa* (astronomia, meteorologia, geografia, minerais, vegetais e animais); *homem* (anatomia e fisiologia) e *ação do homem na natureza* (medicina, química, artes visuais, sentidos, emoções, intelecto, arquitetura, transporte, aritmética e outros assuntos). Mais do que delinear um plano para o arranjo de sua obra, Bacon conseguiu produzir um esquema da totalidade do conhecimento humano disponível na época, que funcionava como um *checklist*, evitando que se omitisse qualquer assunto na elaboração de trabalhos enciclopédicos. Esse sistema de classificação do conhecimento teve grande influência na qualidade da organização e do conteúdo das enciclopédias produzidas posteriormente.

Aos poucos, o arranjo sistemático foi cedendo lugar ao alfabético e uma das consequências dessa prática foi o surgimento dos *dicionários enciclopédicos*, caracterizados por verbetes curtos, ordenados alfabeticamente. Em 1674, com a publicação de *Le Grand Dictionnaire Historique*, pelo religioso francês Louis Moréri (1643-1680), ficou estabelecida a preferência pela ordem alfabética que, facilitava a consulta e reforçava a função da enciclopédia como obra de referência. Essa tendência coincidiu com a prática de utilização do vernáculo, que substituiu o latim, língua que, até aquela época, era utilizada pelos autores das enciclopédias.

Ocasionalmente, foram feitas tentativas para restabelecer a ideia de superioridade do arranjo sistemático, com o argumento de que a enciclopédia era o veículo que permitia ao homem pensar metodicamente. E a ordem sistemática facilitava o processo, ao apresentar o círculo do saber em sua síntese, proporcionando a percepção da unidade do conhecimento, ou seja, evitando sua fragmentação. Embora o arranjo alfabético estivesse estabelecido desde o séc. XVII, surgiram, posteriormente, grandes enciclopédias que utilizaram o arranjo sistemático, como por exemplo, a *Encyclopédie Française*, iniciada em 1935, por Anatole Monzie.

Alguns editores procuraram levar em conta as duas funções e introduziram inovações que garantiram a eficiência informativa de suas enciclopédias como obra de referência e, ao mesmo tempo, preocuparam-se com a integridade do conhecimento. Exemplo dessas inovações pode ser observado na famosa *Encyclopedia Britannica*. Preocupados com a fragmentação do conhecimento, resultante da utilização da ordem alfabética, os primeiros editores da *Britannica* desenvolveram um plano da obra que incluía 45 assuntos principais (ressaltados por títulos impressos em cada página), mais 30 verbetes longos. Esses 75 verbetes eram intercalados com verbetes curtos que continham referências aos assuntos principais, sendo todos eles arranjados numa única ordem alfabética. Os editores conseguiram com esse recurso manter a integridade dos assuntos que consideravam os mais importantes e, ao mesmo tempo, garantir a facilidade de uso proporcionada pelas entradas curtas, típicas dos dicionários enciclopédicos. Confirmando sua tradição inovadora, a *Britannica* introduziu outra modificação no seu plano editorial a partir da 15ª edição, em 1974. Neste novo formato, com o título *The New Encyclopedia Britannica*, a obra apresentou-se em três partes distintas: um volume denominado *Propaedia*, apresentando um panorama sintético do conhecimento, mais doze volumes com o título de *Micropaedia*, consistindo de verbetes curtos para referência rápida e, finalmente, dezessete volumes da chamada *Macropaedia* que, seguindo a tradição da *Britannica*, continha artigos longos e detalhados. Um índice de assuntos permitia a localização de tópicos específicos e integrava os assuntos dispersos pela ordem alfabética.

Recursos

As enciclopédias evoluíram não apenas no que diz respeito à sua função e ao seu arranjo; a preocupação dos editores em facilitar sua utilização pelos usuários e em aperfeiçoar as formas de acesso à informação nelas contidas levou-os a introduzir inúmeros recursos que aumentaram o potencial informativo das edições modernas, tornando-as bastante diferentes das anteriores. Dentre os recursos comumente encontrados nas enciclopédias hoje destacam-se:

Referências

As referências, ou seja, as sugestões para que o leitor consulte verbetes relacionados ao que está pesquisando, são características das modernas enciclopédias e constituem um recurso que procura integrar o conhecimento disperso pela ordenação alfabética e aumentar o escopo da busca realizada pelo leitor. As referências são indicadas pela expressão *ver também* ou por recursos gráficos, tais como impressão em cores diferentes do termo sugerido para consulta. Nas enciclopédias que usam hipertexto, esse recurso, chamado de *link* (elo), é a principal característica da obra, facilitando a navegação pelo documento, sem a inconveniência do manuseio de vários volumes, geralmente grossos e pesados, típicos da enciclopédia impressa.

Índices

Os índices começaram a ser incluídos nas enciclopédias no séc. XVII, mas foi somente no final do séc. XVIII que surgiram aqueles com a sofisticação técnica que os caracteriza atualmente. Em algumas enciclopédias, o índice substitui as referências, funcionando como recurso para agrupar verbetes separados pela ordem alfabética. Outras vezes funcionam de forma complementar e têm a função de permitir a localização de assuntos que não aparecem como verbetes independentes. A concepção de índice nas enciclopédias que usam hipertexto modifica-se e nelas a localização de assuntos é facilitada por inúmeros recursos que a mídia eletrônica proporciona, como, por exemplo, a lógica booleana.

Material ilustrativo

Embora algumas das primeiras enciclopédias já apresentassem ilustrações, estas tinham finalidade apenas decorativa. Foi somente no final do séc. XVII que começaram a aparecer enciclopédias, cujas ilustrações eram de ótima qualidade, com a função de complementar, esclarecer e enriquecer o conteúdo textual. A *Encyclopédie* é particularmente reconhecida por suas ilustrações, não só em quantidade como também em qualidade.

A sofisticação do material ilustrativo das enciclopédias aumentou durante o séc. XX e, atualmente, as versões eletrônicas o utilizam ao máximo, enriquecido pelos recursos multimídia de som e animação.

Atualização

A atualização de uma enciclopédia constitui um dos maiores desafios enfrentados pelos editores. Além do enorme volume de informações sobre fatos políticos e de outras esferas, que caracteriza a sociedade contemporânea, devem ser mencionados especificamente as descobertas científicas que podem modificar inteiramente o panorama de uma área, exigindo que alguns verbetes sejam inteiramente reescritos e que outros sejam incluídos. Consequentemente, o sistema de atualização hoje, utilizado pelas grandes editoras de enciclopédias, é o de revisão contínua. Isso significa que essas editoras mantêm um corpo fixo de colaboradores que atualiza o conteúdo à medida que as mudanças vão ocorrendo.

A publicação de anuários ou suplementos para atualização de enciclopédias data do séc. XVIII, quando George Lewis Scott compilou, em 1753, um suplemento em dois volumes para a 7ª edição da *Cyclopedia* de Ephraim Chambers. Ao longo dos anos, essa prática se consolidou entre as editoras de enciclopédias, com variações na periodicidade e no tamanho dos suplementos. Atualmente, eles são mais utilizados para registrar novos eventos e descobertas do que para manter os verbetes atualizados. São os chamados *livros do ano* e funcionam, portanto, como uma consolidação e síntese do que foi publicado na imprensa diária no período coberto, apresentando os fatos numa perspectiva mais analítica.

A forma de atualização modifica-se radicalmente nas enciclopédias eletrônicas, cujas editoras funcionam como portais de informação. A diversidade de serviços oferecidos, os *links* para *sites* da Internet e de outros produtos da empresa funcionam como forma de atualização e, provavelmente, tornarão obsoletos os volumes impressos, como os livros do ano.

Corpo editorial

As primeiras enciclopédias constituíam trabalhos individuais e, portanto, por mais erudito que fosse seu autor, o trabalho refletia apenas seu próprio conhecimento. O crescimento e a especialização da ciência levou à prática da constituição de comissões editoriais, transformando-se as enciclopédias em obras de autoria coletiva. Essa tendência começou no séc. XVIII com a *Encyclopédie*, que reuniu um corpo expressivo de colaboradores e estabeleceu o padrão editorial para as futuras enciclopédias. A partir de então, elas têm sido escritas por especialistas que redigem os verbetes, num trabalho coordenado por editores responsáveis pela supervisão da cobertura e do conteúdo de cada área de assunto. O prestígio e a autoridade de uma enciclopédia devem-se em grande parte, portanto, ao seu corpo de colaboradores e muitas delas têm procurado reunir os mais conhecidos especialistas para redigir os textos, garantindo, não só a qualidade do conteúdo, mas um tratamento especial do verbete que reflita a visão pessoal do autor.

A identificação dos autores dos verbetes, embora seja um aspecto importante para garantir a qualidade da obra, não era prática comum. Atualmente isso ocorre com mais frequência, embora muitas editoras incluam apenas as iniciais dos autores no final do verbete, sendo o nome completo apresentado numa lista no início da obra.

Enciclopédias eletrônicas

É possível perceber, portanto, que a dinâmica editorial da enciclopédia foi se modificando lentamente ao longo dos anos, mas sua concepção original manteve-se inalterada, de modo que, até há pouco tempo atrás, qualquer leitor, seja qual fosse o nível de sua formação, reconheceria essas obras.

O mercado dessas obras manteve-se estável, com políticas editoriais consolidadas, com práticas de venda e distribuição definidas e uma fórmula publicitária largamente conhecida. Durante muitos anos, as enciclopédias eram vendidas aos consumidores em suas casas. Alternativas para a venda a domicílio – já que é cada dia mais difícil encontrar pessoas em casa durante o dia – têm sido a venda em balcões de *shopping centers* e em livrarias, sustentadas por publicidade via mala direta ou o *telemarketing*. A venda de fascículos semanais em bancas de revistas constituiu uma alternativa mercadológica que diluía o custo de obras relativamente caras, facilitando sua aquisição.

Este panorama bastante tranquilo foi abalado pela tecnologia eletrônica que transformou as tradicionais enciclopédias impressas em produtos definitivamente ultrapassados, pelo menos para a faixa de usuários que utiliza o computador como recurso cotidiano e que tem acesso fácil às redes eletrônicas. Assim é que um produto que vem contando com grande aceitação social, com um reconhecimento estético-formal instantâneo e é claramente associado aos sistemas tradicionais de socialização do conhecimento está sofrendo mudanças que podem ser caracterizadas por um novo paradigma que parece ter importância similar ao ocorrido por ocasião da invenção da imprensa no séc. XVI.

A tecnologia eletrônica, associada aos recursos multimídia, propicia a reunião de som, texto, imagens fixas ou animadas, em um único suporte, além da hipertextualidade que permite a navegação em um universo infindável de informações. Essa convergência de meios pressupõe a interação entre usuário e informação, possibilitada pelas tecnologias de armazenagem e processamento de dados.

Durante séculos, os livros impressos constituíram o suporte básico do conhecimento e seu principal meio de armazenamento e disseminação. Entretanto, esse suporte apresenta uma grande limitação: a sua condição estática e linear. O aparecimento de novos suportes permite a superação dessa limitação e de outras, como a exigência de grande quantidade de espaço para conservar os conteúdos dos livros. No caso das enciclopédias, que por sua natureza são obras que pretendem representar a realidade em todas as suas manifestações, a tecnologia tem permitido uma máxima aproximação dessa realidade, devido à incorporação de som e imagem em movimento à tradicional configuração de texto mais ilustrações. Mas, a simples incorporação de novas possibilidades comunicativas e de maior quantidade de informação não seria revolucionária sem a existência de um recurso que possibilitasse o acesso e a recuperação de informações de forma inovadora por suas potencialidades relacionais. Esse recurso permite ao usuário navegar mais facilmente por meio do conteúdo das enciclopédias eletrônicas: é a tecnologia do hipertexto que traduz o ideal sempre buscado pelos editores de enciclopédias, que é o de possibilitar a máxima integração do conhecimento humano. Essa possibilidade de exploração dos assuntos através da navegação mais fácil pelo conteúdo da enciclopédia, em função dos assuntos de interesse e pela associação de ideias que vão delimitando a leitura, é levada às últimas consequências pelo uso de hipertexto. Este constitui, portanto, uma forma de representação e acesso à informação em que confluem vários meios de comunicação, que formam estruturas associadas e conectadas entre si, mediante relações semânticas, diferindo da multimídia, que se caracteriza simplesmente pela acumulação de meios. Além disso, a tecnologia eletrônica pode potencializar o uso das imagens, (considerando que a mesma pode ser um elemento importante na eficácia da aprendizagem, ao complementar os conteúdos textuais), pois possibilita o uso de imagens em movimento, essenciais para o entendimento de fatos tais como fenômenos atmosféricos, o funcionamento de um motor ou a transformação de uma crisálida em borboleta.

Apesar dessas vantagens, alguns problemas têm sido observados com relação ao uso das novas tecnologias no processo de uso de informações. Um deles diz respeito ao efeito desorientador que o uso do hipertexto pode causar no leitor. A extensa gama de possibilidades oferecidas pelos hipersistemas pode levar à perda do sentido de direção, causada pela falta de percepção global do espaço informativo, isto é, o usuário não tem ideia concreta do volume e da organização dos conteúdos do hiperespaço. A enciclopédia impressa, ao contrário, reflete de forma concreta a informação que contém e a maneira como ela encontra-se organizada. Assim, o usuário de uma enciclopédia eletrônica pode ter a atenção desviada de seu objetivo inicial, perdendo-se no labirinto de possibilidades que o sistema oferece, o que inclui *links* para *sites* relacionados. Portanto, é necessário que haja diretrizes espaciais que permitam ao usuário mover-se no espaço alternativo sem perder o rumo. E tão importante quanto isso é que ele domine a estrutura desse espaço. O modelo de documento tradicional, como a enciclopédia, por exemplo, fornece essa estrutura por meio de recursos tais como sumários e índices e o leitor familiarizado com tal estrutura – que é geradora de sentido – desenvolve, ao se habituar a consultá-la, uma série de habilidades, podendo prever, de certo modo, o ponto em que poderá encontrar a informação desejada.

Os editores acolheram e incorporaram os avanços tecnológicos. É cada vez maior o número de enciclopédias eletrônicas, e a tendência de desaparecimento das obras em papel, considerando-se todas as vantagens que o produto no meio eletrônico pode oferecer, comparando-se com a versão impressa.

A incorporação da tecnologia tem exercido um efeito modificador nas empresas que as adotam: as tradicionais editoras de enciclopédias que assimilaram as novas tecnologias estão se transformando em empresas de informação. Nesse sentido, passam a oferecer serviços que integram seus produtos, permitindo o atendimento de necessidades específicas, por meio do oferecimento de maior número de opções com relação ao formato do produto e à diversificação dos serviços oferecidos. Outro aspecto que tem caracterizado as grandes editoras como prestadoras de serviços é o fornecimento de pesquisas que permitem aos leitores solicitar informações de seu interesse e serem atendidos individualmente.

Inicialmente, as enciclopédias eletrônicas apareceram em CD-ROM. Nos Estados Unidos, a Grolier foi a primeira editora de enciclopédias a publicar tal obra em CD-ROM, lançando em 1985 a *Academic American Encyclopedia* nesse formato, seguida por praticamente todas as editoras então existentes. A principal consequência da publicação em CD-ROM foi a enorme diminuição do preço das enciclopédias. A tendência da publicação em CD-ROM começou a declinar em meados da década de 1990, quando surgiu a possibilidade de disponibilização *online* via Internet. Em 1994, a *Britannica* tornou-se a primeira enciclopédia na Internet, não repetindo o erro inicial que havia cometido com relação à publicação eletrônica, demorando a atuar no mercado da publicação em CD-ROM, ocasião em que perdeu espaço para editoras que haviam entrado nesse nicho de mercado logo que a possibilidade se apresentou.

O avanço da tecnologia do *compact disc*, representada no momento pelo desenvolvimento do DVD (*Digital Versatile Disc*), que permite a inserção de maior quantidade de recursos multimídia nos produtos eletrônicos, com melhor qualidade de resolução, não tem sido suficiente para reverter o declínio do CD-ROM que perde lugar para a disponibilização *online* das enciclopédias nos Estados Unidos, pelo menos no que diz respeito às vendas institucionais.

Assim, após os anos turbulentos que se seguiram ao surgimento das novas tecnologias, a tendência que se observa é a permanência no mercado de editoras tradicionais, com vasta experiência na publicação de enciclopédias, que buscam parcerias que lhes permitam enfrentar os desafios que surgem associados à tecnologia e às novas concepções de uso de informação. Isso pode evitar que as enciclopédias se transformem em meras fontes de entretenimento, cedendo à tentação de dar maior ênfase aos recursos multimídia em detrimento do conteúdo.

Outra tendência é o aparecimento de trabalhos enciclopédicos que surgem na Internet em função da característica de descentralização da rede, que permite a qualquer pessoa se colocar como autor, introduzindo e retirando conteúdos, num processo de constante alteração, sem controle de qualidade efetivo. Embora chamados de "enciclopédias", esses trabalhos contradizem a principal característica da enciclopédia como fonte de informação: a autoria competente, isto é, a preocupação de oferecer material escrito por especialistas de renome.

A primeira e mais conhecida dessas "enciclopédias" é a *Wikipedia* (http://www.wikipedia.org/), criada em 2001 e cujo subtítulo revela a política básica do empreendimento: o acesso gratuito às informações. Embora a *Wikipedia* tenha obtido grande sucesso, representado por edições em várias línguas (inclusive em português: http://pt.wikipedia.org/wiki/P%C3%A1gina_principal), o conceito de autoria colaborativa aberta – nos moldes originalmente concebido para a *Wikipedia* – não parece se sustentar. Seus próprios criadores desenvolvem atualmente o projeto *Citizendium* (http://en.citizendium.org/wiki/Welcome_to_Citizendium), que mantém a característica de acesso gratuito e de colaboração aberta, porém introduzindo a figura do editor, que realiza basicamente as funções desse cargo na enciclopédia tradicional, planejando, orientando e supervisionando a qualidade e a correção dos verbetes.

Assim, mesmo com as inovações trazidas pela Internet, a função da enciclopédia como repositório autorizado do conhecimento e como recurso educacional confiável, ainda permanece. Acrescida de recursos possibilitados pelas inovações tecnológicas, a enciclopédia evolui e mantém seu espaço entre os variados recursos informacionais atualmente disponíveis.

Enciclopédias no Brasil

Por sua natureza abrangente, as enciclopédias reúnem geralmente conhecimentos universais, embora existam casos em que essas obras apresentam um conteúdo voltado para a realidade de determinado país. Isso começou a ocorrer no final do séc. XIX e tal característica pode ser observada no título de algumas enciclopédias como, por exemplo, a *Canadian Encyclopedia* que, embora apresente um conteúdo universal, mantêm ênfase na cultura canadense.

No caso do Brasil, tentativa de produzir uma enciclopédia que retratasse a realidade do ponto de vista do país foi feita no governo de Getúlio Vargas que, desejoso de criar uma enciclopédia brasileira nos moldes da italiana *Triccani*, concluída sob os auspícios do governo de Benito Mussolini, criou, em 1937, o Instituto Nacional do Livro – INL. Entretanto, até 1956 nenhum passo havia sido dado para concretizar a enciclopédia. Nesse ano, no número de estreia da *Revista do Livro*, órgão oficial do INL, foi publicado o plano da *Enciclopédia Brasileira*, que previa, numa primeira edição, a inclusão de 250 mil verbetes, em seis volumes. A segunda edição estava planejada para 36 volumes. Em 1958, saiu o primeiro volume da *Enciclopédia Brasileira*, organizada por Alarico da Silveira. A publicação ficou apenas na letra A, pois o INL perdeu o restante dos originais da obra. Apesar desse fracasso, o Instituto iniciou outro projeto para a publicação de uma enciclopédia brasileira, desta vez sob a coordenação de Euryalo Canabrava e de Paulo de Assis Ribeiro, que trabalharam com base em um plano elaborado por Mário de Andrade (1893-1945). Foi outra tentativa fracassada e até hoje o país não conta com uma enciclopédia nacional.

As enciclopédias publicadas no Brasil são traduções e adaptações de obras estrangeiras. Durante muito tempo, o mercado brasileiro de enciclopédias foi dominado por uma única editora, a W. M. Jackson Company que, em 1914, lançou a *Enciclopédia e Dicionário Internacional*, em 20 volumes. Outras obras publicadas pela mesma editora foram a *Enciclopédia Prática Jackson*, em 12 volumes, e a *Enciclopédia Brasileira Mérito*, em 20 volumes.

A partir da década de 1960, outras editoras começaram a penetrar no mercado de enciclopédias no Brasil. Com base no trabalho da Larousse, editora francesa com grande tradição na produção de enciclopédias desde o séc. XIX, a Editora Delta iniciou suas atividades no país em 1950, com a tradução do *Larousse Methodique*. O título da edição brasileira era *Enciclopédia Delta Larousse* e seu arranjo sistemático logo se provou ineficiente. Foi substituída pela *Grande Enciclopédia Delta Larousse*, com arranjo alfabético, produzida sob licença da editora francesa, mas supervisionada por Antônio Houaiss e com cerca de 40% do conteúdo preparado especialmente para a versão brasileira. Houaiss também foi o responsável pela *Enciclopédia Delta Universal*, traduzida da conhecida obra americana *World Book Encyclopedia*. A Delta também publicou durante muito tempo uma obra de grande sucesso, a *Enciclopédia Delta Júnior*, baseada na *Golden Book Encyclopedia*, em 12 volumes, voltada para o público escolar.

Em 1964, foi publicada a enciclopédia provavelmente mais conhecida e utilizada em bibliotecas públicas e escolares do Brasil: a *Enciclopédia Barsa*. Esta obra foi traduzida da edição espanhola e teve como redator-chefe o escritor Antônio Callado. O sucesso de vendas da *Barsa* levou seus editores a lançar em 1974 a *Enciclopédia Mirador Internacional*, em 20 volumes, sob a coordenação de Antônio Houaiss.

Antes disso, em 1972, a José Olympio Editora havia-se lançado nesse mercado com publicação da *Enciclopédia do século XX*, traduzida e adaptada da obra americana *Hutchinson's New 20th Century Encyclopedia*, sob a coordenação de Carlos Lacerda.

Com a peculiaridade de ser vendida em fascículos, em bancas de jornais, a *Enciclopédia Abril*, publicada pela Editora Abril, representou uma estratégia que fazia parte de um programa de comercialização que colocou no mercado uma série de produtos, a maioria deles traduzidos de obras europeias, sendo a Fabbri, da Itália, a maior fonte. Constituiu, entretanto, uma experiência de que não chegou a se consolidar no mercado de enciclopédias.

Em meados da década de 1990, esse mercado começou a dar os primeiros passos em direção à publicação de enciclopédias em CD-ROM. Duas editoras foram pioneiras nesse setor: a Enciclopédia Britânica do Brasil e a Delta, ambas com longa tradição na publicação de obras impressas. A primeira aproveitou o ensejo das modificações exigidas pela nova tecnologia para reformular com mais profundidade sua estratégia editorial e fundiu a *Barsa* e a *Mirador* numa única obra, a *Nova Barsa*. Lançada em 1997, apresenta a mesma estrutura da *Encyclopedia Britannica*: é formada pela *Micropédia*, em dois volumes; *Macropédia*, em 14 volumes; *Datapédia*, em um volume e a *Temapédia*, em um volume. Em 2000, a Barsa International Publishers Inc. e a Editorial Planeta Grandes Publicaciones, empresa do grupo espanhol Planeta, associaram-se, nascendo assim a Editorial Barsa Planeta Inc., exemplo de editora que se transformou em uma empresa de informação. O *Sistema Cultural-Educativo Multimídia Barsa* é um exemplo da moderna enciclopédia, integrando diversos produtos da editora que passa a oferecer não mais uma obra, mas um serviço de informação. A *Nova Barsa*, enciclopédia em formato impresso, é um dos produtos que integram o *Sistema*. Além da enciclopédia impressa, o cliente que adquire o *Sistema* recebe a *Nova Barsa CD Multimídia*, enciclopédia em CD-ROM, que inclui componentes adicionais, ausentes da obra impressa, tais como, uma antologia formada por textos de mais de uma centena de autores brasileiros; uma cronologia constituída de relação de eventos importantes no Brasil e no mundo; um dicionário de língua portuguesa; um dicionário de sinônimos e antônimos; hinos nacionais de mais de uma centena de países; além de vídeos, animações e arquivos sonoros. Também integra o *Sistema* o acesso a serviços da editora como o site Barsa.com e a *Barsa Society*.

A Delta lançou, também em 1997, a *Koogan Houaiss 98* que, ao contrário da *Barsa* – que é comercializada em conjunto nas versões impressa e CD-ROM –, é vendida apenas na versão eletrônica. Consequentemente, seu preço é extremamente baixo e sua venda mais ágil, pois ocorre não só em livrarias, mas também em supermercados, lojas de departamentos e de produtos de informática, além da comercialização pelo correio e internet.

A tecnologia eletrônica abriu espaço no mercado para novas empresas que passam a produzir enciclopédias, como é o caso da Microsoft que publica a *Encarta*, com uma versão em português para o Brasil, traduzida da obra em espanhol. A Encarta original, em inglês, é disponibilizada gratuitamente na Internet, sustentada por publicidade.

Identificação de enciclopédias

O lançamento de novas enciclopédias ou de novas edições é divulgado geralmente através da mídia, de publicidade das editoras ou de resenhas, bem como dos *sites* que as editoras mantém na Internet. Os editores têm utilizado também o mecanismo de distribuição de catálogos e demonstração em balcões de *shopping centers*, atingindo uma clientela com maior poder aquisitivo. O material de divulgação, entretanto, não contém informações suficientes para uma análise em profundidade; para tanto é necessária a consulta à própria obra. Os comentários críticos feitos em resenhas publicadas em suplementos ou seções literárias de jornais e revistas gerais ou especializadas, auxiliam na escolha de enciclopédias.

A identificação de enciclopédias eletrônicas pode ser feita, além dos meios já mencionados, em revistas especializadas em informática e em suplementos de informática de jornais e revistas em geral. Entretanto, nesses veículos, a avaliação é feita geralmente de forma superficial e, quase sempre, dando maior destaque a aspectos técnicos do que de conteúdo.

Do ponto de vista da biblioteca, seria desejável dispor de instrumentos de avaliação mais detalhados, como por exemplo, resenhas feitas por bibliotecários e professores com experiência na utilização de enciclopédias.

Conclusão

A evolução da enciclopédia, de um depositório estático do conhecimento humano para um recurso dinâmico de aprendizagem, mostra que ela tem acompanhado as necessidades informacionais da sociedade. Entretanto, a sofisticação propiciada pela tecnologia por si só não garante sua eficiência como recurso de aprendizagem. A orientação no uso da enciclopédia, assim como de outros recursos informacionais de pesquisa, deve ser feita por pessoas que conheçam tanto as possibilidades que essas obras oferecem, como o usuário que busca a informação. Essa mediação possibilitará o uso adequado da enciclopédia, evitando que ela se transforme num material do qual o aluno copia trechos para cumprir a obrigação de elaborar trabalhos escolares solicitados pelo professor.

Referências

AUROUX, S. Pour une nouvelle encyclopédie. *Bulletin des Bibliothèques de France*, Paris, v. 44, n. 2, p. 8-9, 1999.

CAMPELLO, Bernadete; ANDRADE, Maria Eugênia A.; MEDEIROS, Nilcéia L. Enciclopédias publicadas no Brasil: estudo comparativo das enciclopédias Mirador, Barsa e Delta Universal. *Ciência da Informação*, Brasília, v. 22, n. 1, p. 44-52, 1993.

_____. Utilização de enciclopédias em bibliotecas públicas e escolares da Região Metropolitana de Belo Horizonte: relato de pesquisa. *Ciência da Informação*, Brasília, v. 22, n. 3, p. 259-262, 1993.

COLLISON, R. L. Encyclopedia. In: THE NEW Encyclopedia Britannica. 15th ed., Macropedia, Chicago; Hl; Encyclopedia Britannica, 1977. v. 6, p. 779-799.

CORDÓN GARCIA, J. A. De d'Alembert al CD-ROM: las enciclopedias electronicas o la aparicion de un nuevo paradigma. *Revista Española de Documentacion Cientifica*, Madrid, v. 18, n. 4, p. 416-425, 1995.

DEL VECCHIO, S. Out for a spin: a school librarian test drives 14 CD-ROM encyclopedias. *School Library Journal*, New York, NY, v. 43, n. 9, p. 118-124, Sep. 1997.

EINBINDER, H. The new Britannica. *Library Journal*, New York, NY, v. 112, n. 7, p. 48-50, 1987.

FONSECA, E. N. O negócio das enciclopédias. *Ciência da Informação*, Brasília, v. 1, n. 2, p. 91-96, 1972.

HERTHER, N. K. DVD: taking the compact disc to new heigths in power and functions. *Online*, Wilton, C T, v. 20, n. 5, p. 89-95, 1996.

HOFFERT, B. Reinventing reference for a new age. *Library Journal*, New York, NY, p. S4-S7, Nov. 1996. Supplement Reference 97.

HOFFERT, B. The encyclopedia wars. *Library Journal*, New York, NY, v. 119, n. 14, p. 142-145, Sep. 1, 1994.

KISTER, K. Encyclopedias head for cyberspace. *Library Journal*, New York, NY, v. 123. p. S3-S8, Nov. 15, 1998.

_____. Multimidia encyclopedias take off: warp speed through the reference universe. *Wilson Library Bulletin*, New York, NY, v. 69, n. 9, p. 42-45, 1995.

RETTIG, J. Encyclopedias and the cult of entertainment. *Reference & User Services Quarterly,* Chicago, Hl, v. 38, n. 2, p. 133-138, 1998.

SHORES, L.; KRZYS, R. Reference books. In: KENT, A. S.; LANCOUR, H.; DAYLE, J. E. (Ed.). *Encyclopedia of Library and Information Science*. New York, NY: M. Dekker, 1978. v. 25, p. 132-202.

WHITELEY, S. Encyclopedias today: tradition meets innovation. *American Libraries*, Chicago, Hl., v. 23, n. 5, p. 402-406, 1992.

Dicionários

Vera Amália Amarante Macedo

Legere et non intelligere, neglegere est
(ROBERT CAWDREY, 1604)[1]

A comunicação ocupa papel fundamental nas relações sociais, pois é por meio dela que as pessoas se relacionam, trocando e divulgando informações, ideias, opiniões, noções e conceitos. A multiplicidade dos grupos sociais que compõem as sociedades modernas faz com que as mensagens trocadas entre eles possam encontrar obstáculos que impeçam a sua livre circulação. Isso é mais evidente quando se trata de duas línguas naturais diferentes; quando, então, a barreira linguística intercepta a transferência de informações.

O processo de comunicação, no seu modelo clássico, é constituído de três elementos básicos: um emissor, que extrai signos de um repertório e compõe uma mensagem; uma mensagem (conjunto de signos), que é enviada através de canais (som, imagem); um receptor, que recebe a mensagem e a decodifica. O repertório de signos tem, nesse modelo, um duplo papel: ele é usado pelo emissor para compor a mensagem e pelo receptor, para decodificá-la.

A transmissão das ideias é feita por meio de palavras, isto é, de um sistema de signos linguísticos que evoca (faz referência), no receptor, imagens conceituais do mundo real (objetos, acontecimentos, qualidades, atributos). Por sua vez, o signo linguístico (a palavra) é uma associação de duas imagens: uma forma acústica (som) ou nominal (palavra), o *significante*, e uma imagem mental (conceito) ou *significado*.

O dicionário, como depositário do repertório de signos linguísticos, reúne esses dois elementos: o significante, ou as entradas ou verbetes, e o significado, isto é, as informações contidas no verbete. Ele ajuda a diminuir a distância entre grupos socioculturais, que são cada vez mais diferenciados, numa sociedade na

---

[1] McARTHUR, T. *Worlds of reference: lexicography, learning and language.* Cambridge: University Press, 1986. p. 85.

qual a diversificação das tecnologias e a especialização das ciências criam línguas funcionais e nomenclaturas particularizadas.

Num mundo em que a necessidade de informação é sentida continuamente, o dicionário estabelece um modelo particular de transmissão da informação, fundamental para a compreensão dos símbolos que usamos na comunicação. O seu caráter social e pedagógico é reconhecido, apresentando respostas didáticas às consultas e ajudando a eliminar o *ruído* provocado na comunicação por termos desconhecidos. Compreender como os dicionários são feitos, que recursos propiciam, é essencial para que sejam usados em todo o seu potencial.

Alguns dados históricos

A origem do dicionário remonta aos tempos em que se escrevia, nas margens dos textos dos manuscritos, ou entre suas linhas, explicações para as palavras de difícil compreensão ou sua tradução, quando o texto era escrito em latim. O termo clássico grego *glossa* (língua) passou para o latim, significando a explicação para um termo difícil. Mais tarde, no início da Idade Média, estes termos foram coletados com a respectiva tradução ou explicação, e listados independentemente, compondo os *glossae collectae*, que deram origem aos dicionários bilingues. Nascia, assim, o ancestral do dicionário (McArthur, 1986). O primeiro glossário impresso, um vocabulário francês-inglês destinado a viajantes, surgiu em 1480, na Inglaterra (Read, 1977).

O termo *dicionário* aparece pela primeira vez como *dictionarius*, em 1225, no título da obra do inglês John Garland. Nomeava uma coleção de palavras latinas arranjadas por assunto para uso de alunos (McArthur, 1986).

O primeiro dicionário português impresso foi editado em 1570, e é de autoria de Jerônimo Cardoso, seguindo-se os de Agostinho Barbosa, em 1611, e de Bento Pereira, em 1647. Esses dicionários se limitavam a listar palavras portuguesas, estabelecendo sua equivalência com o latim.

Durante o período que vai de 1500 a 1700, o latim influenciou a língua de diversos países, gerando a necessidade de dicionários bilíngues. Com a formação política de Estados independentes, os países passaram a ter uma relativa autonomia. As artes e as ciências foram incentivadas, e iniciou-se a criação das primeiras academias dedicadas ao estudo das línguas que começavam a se definir neste período. A primeira destas grandes academias foi a Accademia della Crusca, fundada em Florença, em 1582, que lançou em 1612 o *Vocabolario degli Accademici della Crusca*. Em 1634, foi fundada em Paris a Académie Française, que, no ano seguinte, lançou o projeto de seu *Dictionnaire de la Langue Française*, que demorou 59 anos para ficar pronto. As academias representavam a língua nacional e conferiam prestígio aos dicionários. Outros países como Espanha e Rússia seguiram o exemplo da Itália e da França (McArthur, 1986).

Na França, Pierre Richelet publicou clandestinamente, em 1680, seu *Dictionnaire François*, que expressava ideias e gostos pessoais e cujas definições são satíricas e escabrosas (STUBBS, 1968). Em 1690, Antoine de Furetière editou o *Dictionnaire Universel des Arts et Sciences*, plagiado durante muitas décadas, devido a sua alta qualidade (STUBBS, 1968).

A Inglaterra não contava com uma academia de letras, mas, em 1707, o antiquário Humphrey Wanley apresentou à Society of Antiquaries uma lista de livros que deveriam ser por ela patrocinados. Entre as sugestões estava a de um dicionário que fixasse a língua inglesa, nos moldes do francês e do italiano. Coube ao poeta e crítico Samuel Johnson assumir um contrato para a organização do *Dictionary of English Language*. Em 1747, Johnson elaborou um plano no qual discutia problemas de linguística e declarava seu objetivo de fixar definitivamente a língua inglesa. O resultado de seu trabalho foi um dicionário contendo 43.500 palavras e 118 mil citações, cuja 1ª edição é de 1755.

A importância dada ao dicionário nos Estados Unidos pode ser constatada pela declaração de Benjamin Franklin, feita em 1751, no panfleto *Idea of the English School*: "Cada criança deve ter um dicionário de inglês para ajudá-la nas dificuldades." (READ, 1977). Noah Webster, o principal inovador dos dicionários americanos, publicou sua primeira obra em 1806, com o título de *A Dictionary of the American Language*, mas foi o *American Dictionary of English Language*, de 1828, que o tornou famoso. A mudança do título reflete o seu reconhecimento de que a língua inglesa é, na verdade, uma. A seleção das palavras e as definições bem redigidas, embora sem citações, tornam o seu trabalho superior aos outros já publicados. O valor deste dicionário é reconhecido, apesar das muitas controvérsias por ele suscitadas (MCARTHUR, 1986).

Em 1842, foi fundada em Londres a Philological Society, com o objetivo de estudar a estrutura, as características, as afinidades e a história da língua inglesa, e levantar as palavras que ainda não haviam sido incluídas nos dicionários. Para um dos membros dessa sociedade, R. Trench, um dicionário é "um inventário de uma língua, não um instrumento para selecionar só as boas palavras da língua: o lexicógrafo é um historiador e não um moralista e um crítico." (MCARTHUR, 1986). A sociedade decidiu então elaborar um dicionário que deveria incluir todas as palavras inglesas a partir do ano 1000, apresentando sua história, variações, ortografias, os sentidos e usos passados e presentes, documentados por abonações[2]. O trabalho denominado *Oxford English Dictionary* é considerado o maior empreendimento cultural de todos os tempos, na área de obras de referência. Foram necessários

---

[2] Abonações são exemplos do uso das palavras do dicionário, retiradas de textos literários. Incluem o trecho e a fonte de onde foram tiradas. Exemplo: CAUDATO. [Do lat. medieval caudato] Adj. Que tem cauda; caudado: cometa caudado *"Vastos vestidos como os das rainhas, / caudatos a varrer o céu com as barras"* (Alberto de Oliveira, Poesias, p. 76) ~ V. letra - a. (FERREIRA, 1986).

70 anos para ser completado e só foi lançado em 1928, em dez volumes. Arrola 414.825 palavras, tendo contado com a colaboração de 2.000 leitores que enviaram 5 milhões de citações.

Nos mesmos moldes do *Oxford English Dictionary*, Émile Littré publicou, em 1877, na França, o *Dictionnaire de la Langue Française*, apresentando a evolução histórica da língua francesa, e Pierre Larousse editou de 1866 a 1890, em 15 volumes, o *Grand Dictionnaire Universel du XIX Siécle* (STUBBS, 1968).

Em Portugal, de 1712 a 1728, foi elaborado, em 10 volumes, tendo como autor o padre Rafael Bluteau, o *Vocabulário Português e Latino*,

> [...] autorizado com exemplos dos melhores escritores portugueses e latinos, e que é considerado 'um monumento' e tesouro da língua portuguesa. Ai se recolhem inúmeras palavras consignando-se-lhes as significações, as expressões com elas formadas e de tudo se dá o correspondente latino, com abonações copiosas. É um prodígio de erudição (MELLO, 1947).

Baseado no Bluteau, o brasileiro Antônio de Morais Silva lançou, em 1789, o *Dicionário da Língua Portuguesa*, em dois volumes. A segunda edição, de 1813, exclui o nome de Bluteau. Foi um dicionário de muito valor, fartamente documentado, tendo sido considerado, com ou sem razão, o mais perfeito da língua portuguesa. Continuou a ser alterado e acrescido nas edições seguintes, após a morte de Morais. Os estudiosos, contudo, só admitem a de 1813, da qual foi feita uma edição fac-similar, em 1922. Esta, pela distância de um século da original, não interessou ao público (MELLO, 1947).

Também Portugal teve sua Academia Real de Ciências, que tentou organizar, em 1793, o *Dicionário da Língua Portuguesa*. O projeto ficou apenas na letra A. Entretanto, o sonho de publicar o dicionário não foi abandonado e, a partir de 1988, um grupo de filólogos e linguistas trabalhou durante 12 anos e, finalmente, em 2001, o *Dicionário da Língua Portuguesa da Academia de Ciências de Lisboa* foi lançado pela editora Verbo, reunindo em 4.000 páginas (2 v.) cerca de 270 mil verbetes que incluem 33 mil citações de autores consagrados (BRUM, 2001).

O primeiro dicionário da língua portuguesa, escrito e publicado no Brasil, foi de autoria de um goiano, Luiz Maria da Silva Pinto que, em 1832, em Ouro Preto, MG, escreveu e imprimiu em sua tipografia o *Dicionário da Língua Brasileira* (ELIS, 1974).

Em 1881, foi editado em Lisboa, em dois volumes, o *Dicionário Contemporâneo da Língua Portuguesa*, elaborado a partir de um plano inteiramente novo, de autoria de F. J. Caldas Aulete. Apesar do falecimento do autor logo no início dos trabalhos (deixou redigida apenas parte da letra A), o plano da obra é de sua autoria. Sua preocupação maior foi a de elabo,rar um dicionário contemporâneo, levantando diretamente o vocabulário especializado junto à população. O seu ponto fraco concentra-se nas abonações, pois nelas só estão indicados seus autores, omitindo-se as obras em que foram encontradas. A 2ª edição, de 1925, teve colaboração de vários brasileiros. Segundo Melo (1947), "o grande valor do Aulete reside nas definições magistrais, exatas, concisas, suficientes e esplendidamente redigidas."

O *Novo Dicionário da Língua Portuguesa,* de Cândido de Figueiredo, editado em 1899, é

> [...] pouco mais que mero vocabulário de definições breves e muitas vezes deficiente, pobre em acepções, quase nulo em fraseologia. Mas o levantamento que fez de regionalismos lusitanos e brasileiros, dialetos das ilhas e colônias, gírias e palavras chulas, conseguiu um dicionário mais completo que os outros. (MELO, 1947).

Em 1932, Antenor Nascentes, lançou o *Dicionário Etimológico da Língua Portuguesa,* em dois volumes. Diz dele Melo (1947)

> [...] é o trabalho de Nascentes obra de valor [...] porém deve ser manuseada com bastante cautela porque arrola hipóteses sobre hipóteses etimológicas sem indicar quais as imprestáveis, quais as prováveis, quais as inteiramente aceitáveis.

O *Pequeno Dicionário Brasileiro da Língua Portuguesa,* organizado por um grupo de filólogos e redigido nas ortografias simplificada e etimológica, teve publicada, em 1938, sua 1ª edição. Essa obra teve uma trajetória, que até a 10ª edição, em 1967, conseguiu ampliar o espaço antes ocupado por seus congêneres, mantendo-se constantemente atualizado, por meio de revisões e acréscimos a cada novo lançamento. Na 2ª edição, os organizadores foram Hildebrando de Lima e Gustavo Barroso e, na 3ª edição, de 1947, Aurélio Buarque de Holanda Ferreira iniciou sua colaboração que foi até a 11ª edição. O corpo de colaboradores era formado por especialistas de várias áreas do conhecimento, e o dicionário incluía muitos brasileirismos.

De 1939 a 1944, foi publicado o *Grande e Novíssimo Dicionário da Língua Portuguesa,* organizado por Laudelino Freire, em cinco volumes. Seu valor reside na riqueza do vocabulário tendo sido o primeiro grande dicionário elaborado no Brasil (MELO, 1947).

O nome de Aurélio Buarque de Holanda Ferreira começou a ser conhecido graças à colaboração que prestou ao *Pequeno Dicionário da Língua Portuguesa,* notadamente no que diz respeito a brasileirismos. Em março de 1975, acompanhado de um grupo de assistentes e colaboradores, figurou como autor do *Novo Dicionário da Língua Portuguesa.* No prefácio da obra estão declarados os seus propósitos:

> [...] pretendeu-se fazer um dicionário médio ou infra-médio, etimológico, com razoável contingente vocabular (bem mais de cem mil verbetes e subverbetes) atualizado (dentro dos seus limites) atento não só à língua dos escritores (muito especialmente os modernos, mas sem desprezo, que seria

pueril, dos clássicos) senão também à língua dos jornais e revistas, do teatro, do rádio e televisão, ao falar do povo, dos linguajares diversos – regionais, jocosos, depreciativos, profissionais, giriescos [...] (FERREIRA, 1986).

O caráter inovador do *Novo Dicionário* foi reconhecido, apesar das críticas.

> Para muitos o Novo Dicionário é atualmente o melhor dicionário: para outros é uma obra execrada, que aceita tudo e por isso em vez de orientar, desorienta os consulentes. Muitas das críticas que fazem ao Aurélio são injustas na medida em que ignoram o sentido inovador do dicionário, sem o qual seria difícil para os brasileiros acompanhar a linguagem dos livros e dos jornais, que por sua vez não podem fugir à necessidade do uso de um vocabulário cada vez mais especializado, para cumprir seu papel de informar com precisão (SCALZO, 1989).

A 2ª edição dessa obra revista e aumentada é de 1986 e, em 1993, foi lançada a versão eletrônica, em CD-ROM. A 3ª edição apareceu em 1999, com o título *Novo Aurélio Século XXI: Dicionário da Língua Portuguesa*, contando com 28 mil novas palavras, 170 mil verbetes e 300 páginas a mais. Aumentou-se a equipe de consultores e colaboradores que pesquisaram e fixaram novos conceitos (LÍNGUA, 2002). Foram incluídas novas gírias, termos de informática e economia e acrescentados mais termos usados em outros países de língua portuguesa como Angola, Moçambique e Portugal[3].

Em 1998, a Companhia Melhoramentos lançou, após dez anos de elaboração, o *Michaelis: Moderno Dicionário da Língua Portuguesa*. Participaram do projeto 84 pessoas, entre lexicógrafos, gramáticos, revisores, especialistas em etimologia e colaboradores. As entradas dos verbetes apresentam a divisão silábica.

> Especial ênfase foi dada ao registro de novas palavras que surgiram com o desenvolvimento das ciências e da tecnologia, além da inclusão dos neologismos da linguagem padrão, dos regionalismos, da gíria e do baixo calão, e os mais novos termos técnicos de áreas como informática, economia, marketing, artes e comunicação. (MICHAELIS, 1998).

Em 2001, foi publicado, pela editora Objetiva, o *Dicionário Houaiss da Língua Portuguesa*, fruto do trabalho conjunto de 140 especialistas brasileiros, portugueses, angolanos e timorenses, que durante 10 anos participaram da elaboração do dicionário. Seu idealizador, o filólogo Antônio Houais, falecido em 1999, não chegou a ver seu projeto realizado, que era o de organizar o mais completo dicionário da língua portuguesa. Mauro S. Villar, um dos diretores do projeto,

---

[3] Aurélio passa a ser sinônimo de dicionário, repetindo o que ocorreu com o monge italiano Ambrósio Calepino que, a partir da publicação de seu dicionário (*Lexicon Undecim Linguarum*), em 1502 (NONATO, 1980), teve seu nome associado a este tipo de obra, inclusive no Brasil, exemplificado pela obra de R. Nonato que utiliza a palavra no título de seu dicionário: *Calepino Potiguar: gíria riograndense*, publicado em 1980.

expõe, na apresentação do dicionário, os fundamentos que orientaram sua elaboração. São eles: a) levantamento etimológico abrangente, mostrando a origem e a evolução das palavras; b) levantamento dos elementos mórficos, rigor na decomposição das palavras, apresentando seus elementos formadores; c) a datação das palavras, isto é, o ano ou o século de seu primeiro registro no português. Foram feitas pesquisas em milhares de obras literárias, técnicas e didáticas, periódicos de informação geral e de entretenimento. Do trabalho geral resultou uma obra de cerca de 228.500 entradas.

O *Dicionário de Usos do Português do Brasil*, organizado pelo lexicógrafo Francisco da Silva Borba, é o primeiro dicionário brasileiro organizado segundo o conceito de ocorrências. É uma obra rica em exemplos que são a base para a explicação das diversas acepções de um termo. O que diferencia este dicionário de tantos outros é que ele baseou-se num levantamento feito em livros, revistas e jornais do país, a partir dos anos 1950. Segundo o autor "é inédito no português um dicionário feito a partir do uso direto do idioma." Traz cerca de 62 mil verbetes e levou uma década para ser organizado, tendo sido publicado em 2002. Segundo Pasquale Cipro Neto (Língua, 2002), "o dicionário funcionaria como uma espécie de peneira, um facilitador no bom sentido do uso da língua, uma vez que eliminaria as definições pouco usuais presentes em léxicos mais enciclopédicos".

Em 2003, mais dois *dicionários Houaiss* foram lançados pela editora Objetiva: o *Dicionário Houaiss de Verbos da Língua Portuguesa*, de autoria de Vera Cristina Rodrigues, que aborda duas dificuldades da língua – a conjugação de verbos e a regência verbal – apresentando mais de 14 mil verbos conjugados; e o *Dicionário Houaiss de Sinônimos e Antônimos da Língua Portuguesa*, com um total de 187 mil sinônimos e 86 mil antônimos.

Função do dicionário

A comunicação escrita é beneficiada pelo dicionário mediante o registro das formas faladas da língua. Ele expressa a cultura de uma comunidade e atesta a existência de uma língua nacional. Estreitamente ligado ao ensino, o dicionário torna possível a extensão, a toda a comunidade, do acesso à língua e à cultura.

A função primeira do dicionário é estabelecer definições. Ele deve ser usado não só para esclarecer significados como também para confirmá-los. As necessidades das pessoas em relação à comunicação linguística podem ser atendidas pelo dicionário, sejam elas:

> – a de conhecer os recursos de informação divulgados em línguas estrangeiras (dicionários bilíngües);
>
> – a de estabelecer uma norma comum para linguagens particulares (técnicas, de grupos regionais) de modo que o leitor e o autor do texto tenham acesso a uma competência linguística comum (dicionários técnicos, de gíria etc.);

– a de dominar os meios de expressão pelas análises semântica (significação), sintática (gramatical), morfológica (formas), ou fonética (sons)
– (dicionários de língua);
– a de aumentar os conhecimentos pela informação sobre palavras e coisas (dicionários enciclopédicos). (DUBOIS e DUBOIS, 1971).

Modernamente, os dicionários gerais de língua têm sido compilados por equipes de lexicógrafos ou sociedades culturais, com, pelo menos, duas atribuições básicas: estabelecer padrões normativos para a grafia, sentido e uso e registrar as palavras de uma língua com todos os seus usos e sentidos. Na primeira atribuição o dicionário é *prescritivo*, e, na segunda, *descritivo*. (CHENEY, 1971*)*.

Compilação

Em 1830, foi publicado em Lisboa, tendo como autor José da Fonseca, o *Dicionário da Língua Portuguesa Recompilado de Todos os Que Até o Presente se Têm Dado à Luz*. Essa declaração, no título, bastante comum à época, reflete o procedimento habitualmente adotado para se fazer um dicionário.

O projeto de compilação de um dicionário se inicia com a determinação do nível cultural do público a que se destina, o que influi, não só no vocabulário, ou seja, no conjunto de palavras a serem incluídas, mas em todas as informações sobre cada palavra. Os grandes dicionários têm como objetivo constituírem-se em inventários completos da língua, o que implica num trabalho imenso, exigindo numeroso corpo de colaboradores, grande período de tempo para ser elaborado e custo muito alto. A inclusão de biografias, nomes geográficos e termos técnicos define o caráter do dicionário, enciclopédico ou apenas um dicionário de língua.

O dicionário de língua inclui as palavras usadas na língua escrita e oral. Alguns dicionários puristas descartam a inclusão de termos populares, gíria, regionalismos e estrangeirismos. O dicionário poderá ter um enfoque histórico (diacrônico), apresentando as modificações que os termos sofreram no decorrer dos tempos, ou um caráter contemporâneo (sincrônico) apresentando somente o uso recente, isto é, o estado atual da língua (REY, 1977).

No prefácio do *Novo Dicionário Aurélio da Língua Portuguesa* estão registradas as fontes usadas por ele para encontrar as palavras:

> [...] pretendeu-se fazer um dicionário [...] atento não só à língua dos escritores (muito especialmente os modernos, mas sem desprezo, que seria pueril, dos clássicos), senão também à língua dos jornais e revistas, do teatro, do rádio e televisão, ao falar do povo, aos linguajares diversos – regionais, jocosos, depreciativos, profissionais, giriescos [...]. Entre os autores [...] figuram [...] os cronistas [..] bons espelhos da língua viva [...] vários deles, mestres da prosa dos nossos dias. Nem foi esquecida outra classe de autores: a dos letristas de

sambas, marchas, canções. Eles [...] como [...] também os cronistas -, além de captarem a criação lingüística popular, são [...]. criadores, inventores de palavras. (FERREIRA, 1986).

Paulo César Farah (Uma Viagem, 1989), colaborador do Aurélio, em declarações ao *Jornal do Brasil*, descreve como se desenvolvia o trabalho na equipe:

> O trabalho foi dividido em três etapas. A primeira era a pesquisa nas mãos da equipe, que se dividia em duplas e distribuía entre si categorias de verbetes: uma dupla pegava verbos, outra substantivos, outra adjetivos e assim por diante. Lançavam mão de obras clássicas de referência, como Caldas Aulete, Laudelino Freire, Francisco Fernandes, mas sempre com o Pequeno Dicionário diante de si, que era bastante atualizado com regionalismos. Cada verbete era classificado gramaticalmente e decomposto em significados semânticos cuja soma pudesse esgotar as definições... E também usavam muitos dicionários de assuntos específicos. Além da equipe fixa, havia os diversos colaboradores com que Aurélio tinha contato, para localizar e definir termos técnicos ou de uso restrito. Depois da pesquisa o material era passado para ele. Começava o trabalho intelectual. Aurélio era minucioso e imprimia o seu ritmo particular ao trabalho. Como também era de responsabilidade sua a etapa seguinte, as abonações: referências dos autores são incluídas para justificar a definição. Aurélio tinha uma capacidade de leitura espantosa e vivia buscando novas definições em todos os autores que lhe caíam às mãos.

O resultado de todas as pesquisas é armazenado em arquivos que, com o auxílio do computador, tornam o trabalho muito mais eficiente e seguro, favorecendo atualização constante, além de poupar tempo gasto em ordenamento e infindáveis revisões. Esses arquivos, em que são armazenadas as palavras e citações, constantemente atualizados, serão usados para selecionar os termos que irão compor o dicionário, observando-se o plano previamente definido.

O uso mais frequente do dicionário liga-se à obtenção de definições. Assim, a forma de descrever o sentido da palavra deve ser decidida com muito critério e seu emprego deve ser ilustrado com exemplos. No dicionário, a palavra não tem existência real senão quando inserida numa frase do discurso (DUBOIS e DUBOIS, 1971). Segundo Borba (2003) "um dicionário nunca deverá ser tomado apenas como um simples repositório ou acervo de palavras, ao contrário deve ser um guia de uso e, como tal tornar-se um instrumento pedagógico de primeira linha."

Tipologia

A enorme variedade de dicionários dificulta o estabelecimento de uma tipologia consistente. Qualquer critério a ser adotado deve levar em conta a heterogeneidade, isto é, a existência de formas intermediárias que impedem a exatidão de uma classificação. É necessário distinguir, em todo conjunto que se quer descrever, tipos, isto é, grupos de elementos estruturados, individualizadores, que permitam identificar categorias. Diante de um conjunto complexo, as definições oferecem elementos importantes na construção de categorias, nas quais o conjunto pode ser dividido (REY, 1977).

A *MICROSOFT Encarta Encyclopedia* (Dictionary, 1993-1996) define dicionário como a:

> Relação alfabética de palavras de uma língua, dando seu significado, ortografia, etimologia, pronúncia e divisão silábica. Num sentido mais geral, o termo dicionário é também usado para qualquer texto em ordem alfabética, que trate de aspectos especiais de uma língua, como abreviaturas, gíria ou etimologia, ou onde termos especializados de um assunto são definidos.

O Novo Dicionário Aurélio da Língua Portuguesa (FERREIRA, 1986) define dicionário como: "O conjunto de vocábulos duma língua ou de termos próprios duma ciência ou arte, dispostos em geral, alfabeticamente e com os respectivos significados, ou a sua versão em outra língua."

Nas duas definições pode-se perceber uma distinção entre dicionário de *língua* (conjunto de vocábulos de uma língua / relação alfabética de palavras de uma língua) e dicionário de *assunto* (definições dos termos próprios de uma ciência ou arte). Assim, agrupando-se os dicionários em torno dessas duas características básicas, como no esquema abaixo, pode-se compreendê-los melhor.

Dicionários de língua dividem-se em:

a) unilíngues:

- gerais;
- enciclopédicos;
- especiais (morfológicos, etimológicos, sinônimos e antônimos, gíria, regionalismos, pronúncia, grafia e terminológico);

b) especializados:

- analógicos ou tesauros;
- rimas e locuções;
- citações;
- glossários;

c) multilíngues:

- bilíngues;
- poliglotas.

Dicionários de assunto dividem-se em:

a) monotemáticos;

b) enciclopédicos.

Desta forma, dentre os *dicionários de língua* destacam-se:

Dicionários unilíngues

Na categoria de *dicionário de língua* estão aqueles que contêm informações fonéticas, gramaticais, etimológicas e semânticas, acerca das unidades lexicais de uma língua. Essas informações permitem ao consulente uma melhor compreensão de termos desconhecidos, com o objetivo de dominar os meios de expressão e aumentar o vocabulário pessoal.

O dicionário geral normalmente fornece para cada verbete as seguintes informações: etimologia, área a que o termo está ligado, indicação de uso, categoria gramatical, gênero, sinônimos, antônimos, abonações com as fontes, remissivas, termos equivalentes, datação[4] etc. Exemplos:

>FERREIRA, A. B. H. *Novo Aurélio século XXI*: o dicionário da língua portuguesa. 3. ed. Rio de Janeiro: Nova Fronteira, 1999.
>
>HOUAISS, A; VILLAR, M. S. Dicionário Houaiss da língua portuguesa. Rio de Janeiro: Objetiva, 2001.

O *dicionário enciclopédico* amplia as informações do *dicionário geral*, incluindo biografias, história, geografia, termos técnicos e científicos, locuções latinas e estrangeiras, símbolos matemáticos etc. Exemplo:

>PEQUENO dicionário enciclopédico Koogan Larousse. Direção de Antonio Houaiss. Rio de Janeiro: Larousse do Brasil, 1981.

Exemplos de verbetes:

>ABAETÉ, cid. (12.861 hab.) e mun. (17.853 hab.) Micror. de Três Marias.
>
>ABAETÉ, rio do Est. de Minas Gerais, afl. do São Francisco; 253 km.
>
>ABAETÉ (Antônio Paulino LIMPO de ABREU, visconde de), estadista, magistrado e diplomata brasileiro (Lisboa 1789 – Rio de Janeiro, 1883). Foi presidente do Senado, do Conselho e várias vezes ministro. Dirigiu missões na Confederação Argentina e em Montevidéu.

---

[4] Constitui a indicação da data do primeiro registro conhecido ou estimado de uma palavra, com indicação da fonte ou da primeira obra lexicográfica que a tenha incluído. Exemplo:

ENCALACRAR v. (1858 cf. MS6) T.d. e pron. 1. meter-(se) em empreendimento prejudicial, embaraçar(se) < abriu novos negócios, mas encalacrou-se> 2. Pron. ficar em dificuldade por contrair dívidas: endividar-se < fez o empréstimo, não pode pagá-lo e encalacrou-se> ETM en+calacretar SIN//VAR espetar ANT desencalacrar. (HOUAISS, 2001)

ABAETÉ (do), lagoa situada em Itapoã, mun. de Salvador (BA), famosa pelo contraste entre suas águas escuras e a areia clara que a circunda. Importância turística e folclórica.

O *dicionário especial* aprofunda as informações sobre a língua, enfocando aspectos especiais sobre origem e formação das palavras. São eles:

O *dicionário etimológico* indica detalhadamente a origem das palavras, quando e como se formaram. Exemplo:

NASCENTES, A. *Dicionário etimológico da língua portuguesa*. Rio de Janeiro: F. Alves, 1955.

Exemplo de verbete:

ARRIBAR – do lat.* arripare, chegar à margem; esp. arribar, fr. arriver (chegar), o it. é de origem francesa.

O *dicionário morfológico* trata das regras de formação de palavras, arrolando as unidades mínimas (raizes e afixos) existentes na língua, mostrando as sucessivas fases evolutivas, partindo de sons, fonemas, sílabas, morfemas até chegar a palavra de uso comum. Exemplo:

HECKER, E. et al. *Dicionário morfológico da língua portuguesa*. São Leopoldo: UNISINOS, 1984. 5 v.

Exemplo de verbete:

BRIO
 sentimento de dignidade; garbo ; coragem.

bri-o	S	
bri-os-a	S	antiga guarda nacional
bri-os-o	A	
des-bri-ad-o	A	
des-bri-a-men-to	S	
des-bri-a-r	V	
des-bri-o	S	
des-bri-os-o	A	

Origem: do esp. *brio*, e este do prov. *briu* que vem do celta *brigos*, força.

Os *dicionários de gíria e de regionalismos* registram os termos usados na linguagem coloquial ou popular por certos grupos sociais (policiais, estudantes etc.) ou por habitantes de uma determinada região. Quando usados por profissionais ou classes mais cultas, certos termos incorporam-se ao vocabulário técnico da área. Exemplo:

> JACOB, Paulo. *Dicionário da língua popular da Amazônia*. Rio de Janeiro: Cátedra, 1985.

O *dicionário de terminologia* tem papel importante na padronização da linguagem especializada, eliminando ambiguidades na comunicação entre especialistas. Exemplo:

> TERMINOLOGY of documentation. Paris, Unesco, 1976.

Dicionários especializados

Os *dicionários especializados* abandonam a descrição lexicográfica e apresentam um arranjo diferente na ordenação das palavras. São eles:

O *dicionário analógico* ou *tesauro* não usa a ordem alfabética como a maioria dos dicionários, mas um arranjo particular, cuja estrutura obedece ao sistema idealizado por Peter Mark Roget para seu *Thesaurus of English Words and Phrases*, publicado em 1852, no qual as palavras são agrupadas pelas ideias que representam. Partindo-se de uma ideia, chega-se às palavras que possam expressá-la. Neste tipo de obra, que pode ser considerado um dicionário de sinônimos e antônimos, as palavras são agrupadas, pela significação, em seis grandes classes: relações abstratas, espaço, matéria, intelecto, vontade e afeições, que, por sua vez, subdividem-se em várias categorias. Um índice em ordem alfabética remete, através de um número, ao corpo da obra. Exemplo:

> SPITZER, C. *Dicionário analógico da língua portuguesa*. 6. ed. Rio de Janeiro: Globo, 1957.

Uma busca no dicionário acima citado, para identificar palavras que denotem a ideia de *elegância,* começa, a partir da consulta à palavra *elegância,* no índice que remeterá ao nº 591, no corpo da obra. Ao lado encontram-se os antônimos, nº 592.

591. Beleza – S., beleza, formosura (ideal, angélica, fascinadora), graça, encanto, atrativo, amabilidade, lindeza, boniteza, elegância, delicadeza, boa impressão, aparência, parecença, bela figura, brilho, perfeição, majestade, grandeza da aparência, estética, idealização, ideal do belo, Adônis, Narciso, narcisismo, narcisamento, Vênus Morfo, Afrodite, etc.	592. Fealdade (v. 598) – S., fealdade, monstruosidade, deformidade, assimetria, desproporção, má aparência, (feia) catadura. Deslocação, sujidão, imundície, falta de ornato, monstro, gebo, Polifemo, cíclope, Vulcano, Tersites, Faunom Sátiro, Sileno, Megera, Górgona, Medusa, Harpia, Moreno, espectro, avejão, diabo, demo, bruxa, satã, Sibila, caricatura, espantalho, coruja, etc.

Dicionário de rimas. Apresenta em ordem alfabética os fonemas (vogais e consoantes) que identificam os sons terminais das palavras. Exemplo:

>LIMA, C. *Dicionário de rimas.* Porto: Lello, [s.d.].

Exemplo de verbete:

>AGMA – diafragma, magma, malagma, profagma, sintagma, treslagma, agno – agno, magno, verbo-estagno.

Dicionário de locuções. Relaciona palavras ou expressões que têm um sentido especial. Exemplo:

>SILVA, E. C. *Dicionário de locuções da língua portuguesa.* Rio de Janeiro: Bloch, 1975.

Exemplo de verbete:

>DE BARBA A BARBA: frente a frente. "E eu freqüentemente endireitei com Zé Bebelo, com ele *de barba a barba*" (João Guimarães Rosa, Grande Sertão: Veredas, p. 330).

Dicionário de citações. Relaciona frases, sentenças latinas, ditos históricos ou espirituosos etc. que são usados para enriquecer um texto ou para usar palavras de quem tem alguma autoridade ou expõem melhor uma ideia. Exemplo:

>RONAI, P. *Dicionário universal Nova Fronteira de citações.* 4. ed. Rio de Janeiro: Nova Fronteira, 1991.

Exemplo de verbete:

>DICIONÁRIO "O dicionário é o pai dos inteligentes: os burros dispensam-no." Mário da Silva Brito (1910), *O Fantasma sem Castelo.*

Glossário. O glossário, no seu sentido clássico, define termos presentes em determinado texto, esclarecendo sobre o significado do termo naquele contexto. Neste caso, é uma lista, com definições, das palavras difíceis ou obscuras, usadas num sentido especial, naquele texto. Exemplo:

>OLIVEIRA, D. P. R. Glossário de termos técnicos. In: ____. *Planejamento estratégico.* 7. ed. São Paulo: Atlas, 1993.

Atualmente, o termo *glossário* tem sido usado como sinônimo de dicionário de assunto. Exemplo:

>AVILA, A. *Barroco mineiro*: glossário de arquitetura. Rio de Janeiro: Bloch, 1979.

Dicionários multilíngues

Dicionários multilígues (bilingues e poliglotas) baseiam-se no princípio da correspondência termo a termo entre duas ou mais línguas. Incluem a transcrição fonética, usando o *International Phonetic Alphabet*. Exemplos de dicionário bilíngue:

> NOVO Michaelis. 2. ed. São Paulo: Melhoramentos, 1960. v. 1. Inglês-português.
>
> AZEVEDO, Domingos. *Grande dicionário português-francês*. Lisboa: Bertrand, 1975.

Exemplo de dicionário poliglota:

> BUECKEN, F. J. *Vocabulário técnico*. 4. ed. São Paulo: Melhoramentos, 1961.

Exemplo de verbete:

> CRINA *f.* de cavalo / horsehair / crin *m.* de cheval / Pferdhaar *n.*, Rosshaar *n.*

Dicionários de assunto

O desenvolvimento da ciência e da tecnologia favoreceu a publicação de dicionários de assunto dirigidos a uma área específica do conhecimento. Geralmente, são escritos por especialistas, trazendo verbetes bastante completos. São considerados enciclopédicos quando fornecem informações biográficas e históricas. Exemplo:

> DICIONÁRIO de economia. Consultoria de Paulo Sandroni. São Paulo: Abril Cultural, 1985.

Avaliação de dicionários

A avaliação de um dicionário, como de qualquer obra de referência, deve ser precedida de um estudo que permita entender-se qual é sua proposta, como ela foi desenvolvida e quais são os limites da área. Um dicionário nunca será completo e perfeito, pois a língua que ele registra ou a área do conhecimento que ele documenta, está em constante evolução, não só pela inclusão de novos termos como pela mudança de sentido de palavras antigas. Cada dicionário tem suas limitações, daí a necessidade de, muitas vezes, ser indispensável a consulta a vários deles. Geralmente os bons dicionários incluem uma explicação sobre como consultá-los, bem como apresentam recursos disponíveis na obra.

Na avaliação de um dicionário podem-se considerar vários aspectos:

Cobertura – É aqui entendida como a quantidade de verbetes que inclui. Uma maneira de avaliar a cobertura de um dicionário consiste em comparar as palavras e sentidos que inclui, com outros dicionários congêneres. Um método eficiente consiste em elaborar a listagem das palavras de cada um dentro de limites estabelecidos. Como exemplo, foi feita a comparação do *Dicionário Con-*

temporâneo da Língua Portuguesa (CALDAS AULETE, 1980), do *Novo Dicionário da Língua Portuguesa* (FERREIRA, 1986) e do *Michaelis: Moderno Dicionário da Língua Portuguesa* (1998), tomando como limites as palavras alergia e alerta. O teste mostrou a superioridade de cobertura do Michaelis.

Aulete	Aurélio	Michaelis
alergia	alergia	alergia
alérgico	alérgico	alérgico
alergina		alergina
	alergista	alergista
		alergização
alergizante	alergizante	alergizante
		alergizar
	alergo	alergo
		alergodermia
	alergodiagnóstico	alergodiagnóstico
	alergologia	alergologia
	alergológico	alergológico
	alergologista	
	alergólogo	
	alergológico	
		alergose
alerião		alerião
alerta	alerta	alerta
6	12	15

A cobertura ou quantidade de verbetes depende também da categoria a que o dicionário pertence: grande, médio, mini, colegial, condensado etc.

Autoridade – A autoridade de um dicionário é reconhecida através de seu autor (pessoa física ou entidade), de seu corpo de colaboradores e de seu editor. O rigor na compilação também contribuirá para o reconhecimento da autoridade do dicionário.

Vocabulário – A qualidade das definições dos dicionários depende da exatidão e da clareza na redação dos verbetes. As várias acepções do termo geralmente vêm numeradas. Comparar definições da mesma palavra em alguns dicionários congêneres é o melhor método para avaliá-los.

Revisão, nova edição e impressão – A atualização de um dicionário deve ser um trabalho constante. A partir da publicação da primeira edição o prazo para uma nova edição revista varia de cinco a dez anos, tempo em que, por convenção, a língua sofre modificações. A data de *copyright* pode ser usada para se verificar quando a maioria dos verbetes entrou para o dicionário e por quanto tempo permaneceu sem alteração nas várias impressões.

Indicação de uso das palavras – A indicação de uso é feita usando-se expressões, como por exemplo: gíria de gatuno (gir. de gat.), antiquado (antq.), familiar (fam.), mais usado (m. us.), vulgar (vulg.) etc. A prática de indicar o uso das palavras ocorre geralmente em dicionários, cujos compiladores consideram-no como guardião da língua. Dicionários cujos compiladores defendem a inclusão de todos os vocábulos usados pela população não utilizam essa prática.

Etimologia, informação gramatical, pronúncia, sinônimos e antônimos – A etimologia ou origem das palavras vem logo após o verbete, geralmente entre colchetes. Aparece quase sempre nos grandes dicionários, sendo omitida nos pequenos como os dicionários escolares. Os dicionários variam no modo de apresentar adjetivos, plural, partes do verbo etc. As várias categorias gramaticais, como substantivo, verbo, adjetivo, têm entradas separadas. Geralmente, as notas introdutórias fornecem explicações sobre o método usado. A pronúncia deve ser indicada usando-se um método padronizado. Alguns dicionários restringem o número de sinônimos, e são poucos os que fornecem antônimos.

Ortografia – É muito importante observar se o dicionário usa o *Vocabulário Ortográfico da Academia Brasileira de Letras*, que tem valor legal.

Formato, impressão, papel, ilustrações – O formato do dicionário deve ser agradável, propiciando fácil manuseio e leitura. Em alguns dicionários, por causa da forma reduzida dos tipos, o fator nitidez é sacrificado. A qualidade do papel tem implicações na sua durabilidade, na cor das letras e das ilustrações. É importante o uso de ilustrações, pois em alguns casos, a imagem explica melhor que as palavras.

Automação

A tecnologia da informação, aliada aos recursos multimídia, propicia meios que agilizam os procedimentos para a produção de dicionários, facilitam a consulta e amplia suas possibilidades de uso, contribuindo também para o barateamento dessas obras.

A editora Nova Fronteira lançou, em 1993, o *Dicionário Aurélio Eletrônico*, em CD-ROM, que ampliou consideravelmente os recursos da segunda edição: são mais de 130 mil verbetes e locuções, acesso a cerca de um milhão de palavras, mais de 500 mil sinônimos. Os recursos incluem o dicionário reverso, isto é, a possibilidade de, partindo do significado, alcançar o significante. Assim, a partir das palavras *ar* e *medo*, por exemplo, que são conhecidas, pode-se chegar a *aerofobia* que era desconhecida. Outros recursos que podem ser usados: identificação de verbetes por qualquer área do conhecimento, verificação de abonações de um determinado autor, reconhecimento de palavras flexionadas (plurais, femininos, tempos e pessoas de verbos) e acesso pela terminação das palavras, como nos dicionários de rimas.

A versão eletrônica do *Dicionário Houaiss da Língua Portuguesa*, em CD-ROM, traz um recurso facilitador para consultas rápidas, bastando selecionar o "modo expresso" para se ter acesso apenas ao significado da palavra, ao invés do verbete completo.

Vários dicionários estão hoje disponíveis *online* para assinantes, como por exemplo, o *Michaelis Moderno Dicionário da Língua Portuguesa* e o *Novo Aurélio Século XXI*.

Os dicionários bilíngues também têm sido beneficiados pela automação, já existindo no mercado diversos produtos que facilitam o trabalho de tradução. O dicionário multimídia *DicMaxi Michaelis*, da DTS, tem cerca de 319 mil verbetes, e inclui seis idiomas – português, inglês, espanhol, alemão, francês e italiano. Na parte referente à língua inglesa pode-se ouvir a reprodução sonora de cerca de 700 palavras (Dicionário, 1998a).

Na Internet, os *softwares* de tradução automática auxiliam aos internautas que não dominam o inglês. O *WebTranslator*, o *TraduzWeb*, o *Babel* e o *A.R.T.* (Assistente Remoto de Tradução), embora não resolvam totalmente o problema da tradução, reduzem bastante o tempo gasto na consulta (Programas, 1998).

Outro recurso tecnológico, embora de uso limitado, é o aparelho lançado pela Seiko, o *Quickdictionary*, com a forma de uma caneta larga, que traduz palavras do espanhol e do francês, para o inglês e vice-versa, passando-se a ponta do aparelho sobre a palavra desconhecida, aparecendo a tradução num visor de cristal líquido (Dicionário, 1998b).

Esses recursos ainda apresentam problemas técnicos como, por exemplo, a questão das expressões idiomáticas, palavras de duplo sentido, gírias, radicais e flexões de verbos, além de problemas de espaço na memória dos computadores.

Os avanços são grandes, mas há um longo caminho a ser percorrido. Haverá ainda espaço, durante muito tempo, para o velho *pai dos burros*, antes que ele se torne definitivamente inteligente.

Referências

ALMEIDA, A. *Dicionário*: parentes & aderentes. João Pessoa: FUNAPE, 1988.

AULETE, F. C. Caldas. *Dicionário contemporâneo da língua portuguesa*. 3. ed. Rio de Janeiro: Delta, 1980.

BORBA, F. S. *Organização de dicionários*: uma introdução à lexicografia. São Paulo: UNESP, 2003. p.16

BRUM, A. Mais uma opção de dicionário. *Jornal do Brasil,* Rio de Janeiro, 16 set. 2001. Caderno B, p. 3.

CÂMARA JÚNIOR, J. M. *Dicionário de lingüística e gramática referente à língua portuguesa.* 15. ed. Petrópolis: Vozes, 1991.

CHENEY, F. N. *Fundamental reference sources.* Chicago, Hl: ALA, 1971.

DIAZ BORDENAVE, J. E. *Além dos meios e mensagens.* Petrópolis: Vozes, 1986.

DICIONÁRIO brasileiro da língua portuguesa. Fernando Azevedo (Colab.), *et.al.* São Paulo: Mirador Internacional, 1975.

DICIONÁRIO multimídia pode ser ativado direto via "Word". *Folha de São Paulo,* São Paulo, 11 mar. 1998a. Caderno 5, Informática.

DICIONÁRIO. *Folha de S. Paulo,* São Paulo, 18 jan. 1998. Caderno Mais, p. 14.

DICTIONARY. In: MICROSOFT Encarta encyclopedia. [S.l]: Microsoft, 1993-1996. CD-ROM.

DUBOIS, J.; DUBOIS, C. *Introduction à la lexicografie*: le dictionnaire. Paris: Larousse, 1971.

ELIS, Bernardo. Apresentação. In: AZEVEDO, F. F. S. *Dicionário analógico da língua portuguesa.* Brasília: Coordenada, 1974.

FAULSTICH, E. Socioterminologia: mais que um método de pesquisa, uma disciplina. *Ciência da Informação,* Brasília, v. 24, n. 3, p. 281-288, set./dez. 1995.

FERREIRA, A. B. H. *Novo dicionário da língua portuguesa.* 2. ed. Rio de Janeiro: Nova Fronteira, 1986.

GUIRAUD, P. *A semântica.* 2. ed. São Paulo: Difel, 1975.

HARTNESS, Ann. *Brazil in reference books,* 1965-1989: an annotated bibliography. Metuhen/NY: Scarecrow, 1991.

HOUAISS, A.; VILLAR, M. S. *Dicionário Houaiss da língua portuguesa.*: Rio de Janeiro: Objetiva, 2001.

KATZ, W. *Introduction to reference work.* 2 nd. ed. New York, NY: McGraw Hill, 1969. v. 1

LEA, Peter W.; DAY, Alan (Ed.). *Printed reference material and related sources of information.* 3rd. ed. London: Library Association, 1990.

LÍNGUA viva: o português nosso de cada dia. *Folha de S. Paulo,* São Paulo, p. E1. 18 jul. de 2002.

McARTHUR, T. *Worlds of reference*: lexicography, learning and language. Cambridge: University Press, 1986.

MELO, G. C. *Dicionários portugueses*. Rio de Janeiro: Serviço de Documentação do M.E.S., 1947.

MICHAELIS: moderno dicionário da língua portuguesa. São Paulo: Melhoramentos, 1998.

MOLES, A. *Sociodinâmica da cultura*. São Paulo: Perspectiva, Ed. USP, 1974.

NONATO, R. *Calepino potiguar*: gíria riograndense. Mossoró: [s.n.], 1980.

PROGRAMAS ajudam, mas não são perfeitos. *Folha de S. Paulo*, São Paulo, 18 mar.1998. Caderno 5, Informática.

READ, A. W. Dictionary. In: THE NEW Encyclopaedia Britannica. Chicago, Hl.: Encyclopaedia Britannica, 1977. v. 5, p. 713-722.

REY, A. *Le lexique*: images et modeles du dictionaire à la lexicologie. Paris: A. Colin, 1977.

SCALZO, N. As mudanças da linguagem numa obra de transição. *O Estado de São Paulo*, São Paulo, 1 mar. 1989. Caderno 2.

STUBBS, K. L. Dictionaries. In: *Encyclopaedia of library and information sciences*. KENT, Allen; LANCOUR, Harold. (Ed.) New York: Marcel Dekker, 1968. v. 7, p. 170-206.

UMA VIAGEM pelos significados. *Jornal do Brasil*, Rio de Janeiro, 1mar. 1989. Caderno B, p. 8.

WHITTAKER, K. *Dictionaries*. London: C. Bingley, 1966.

Fontes biográficas

Márcia Milton Vianna
Alaôr Messias Marques Júnior

Embora o termo biografia só tenha aparecido em língua inglesa no séc. XVII, a história deste gênero tem sido cultivada desde a mais remota Antiguidade. A palavra biografia é derivada de dois termos gregos: *bios*, que significa vida e *graphein*, que significa escrever. Depreende-se, assim, a ideia de narrativa, descrição, registro ou história da vida de uma pessoa. Na verdade, forma, conteúdo, personagens trabalhados, objetivo, estilo e outros elementos não têm sido uma constante; a biografia, desde seu aparecimento, vem acompanhando o estilo da época em que viveu o biografado.

A informação sobre a vida de pessoas está relacionada a todas as áreas do desempenho humano e constitui uma demanda constante em todos os tipos de bibliotecas e centros de informação gerais e especializados. A curiosidade em devassar intimidades e buscar formas de sucesso, a vontade de saber como os indivíduos resolveram seus problemas e até mesmo a necessidade de entender, por meio da vida de outros, a sua própria vida são algumas razões apontadas para explicar o interesse sempre crescente pelas biografias.

O interesse por informações biográficas varia, tanto em termos do objetivo de quem procura a informação, quanto da inserção do biografado em sua área de atuação. A busca pela informação biográfica pode referir-se a uma simples questão sobre datas, formação, filiação etc. a respeito de uma pessoa, ou ainda, a fatos mais complexos sobre a sua atuação e/ou influência em determinado setor de atividade, por exemplo. Por outro lado, a biografia pode servir como recurso para obtenção de informações as mais diversas possíveis, sobre um período histórico, uma nação, uma instituição etc.

Em termos da produção biográfica contemporânea, observa-se um grande interesse sobre a vida de personalidades ligadas ao mundo artístico, político e esportivo. Essa curiosidade tem se traduzido num crescimento vertiginoso desse segmento no mercado editorial e, do ponto de vista da informação disponível em meios eletrônicos, no surgimento de inúmeros *sites* na Internet, dedicados às mais variadas personalidades.

Fontes de informação biográfica

Martin Vega (1994) conceitua as fontes de informação biográfica como

> [...] documentos [...] que fornecem dados fundamentais (do tipo quem é, onde nasceu, o que fez, onde se formou, onde vive) sobre a vida de pessoas pertencentes ao passado, ou vivas no presente, mas relevantes (mesmo sendo o grau de relevância um conceito relativo) na sociedade por algum motivo.

Nesse sentido, a expressão *fontes biográficas*, adotada no título desse capítulo, procura atender à necessidade de uma conceituação ampla o suficiente para abarcar todos os gêneros e obras capazes de fornecer informações sobre a vida de pessoas.

As fontes biográficas variam em seus objetivos e, consequentemente, no tipo e extensão de informação que fornecem. Incluem-se nesse conceito as *biografias* propriamente ditas que, em suas diversas formas e propósitos, apresentam dados mais completos sobre indivíduos em particular. Existem ainda as *obras de referência,* elaboradas com o objetivo de arrolar dados biográficos de maneira sucinta e objetiva, tais como repertórios, índices e dicionários biográficos. Considerando a diversidade de informações biográficas tanto disponíveis quanto demandadas, pode-se afirmar que existem ainda inúmeras outras fontes que, embora elaboradas com finalidades distintas, servem ao propósito geral de fornecer informações sobre a vida de pessoas.

Biografias

A biografia, entendida enquanto gênero histórico-literário, como um tipo de obra dedicado à vida de uma pessoa em especial, difere da simples informação biográfica sobre um indivíduo, em termos de conteúdo, finalidade e estilo. Pressupõe-se que uma biografia traga maior volume de dados, trabalhados de forma literária, agradável à leitura, analisando aspectos que vão além do mero registro de informações fatuais sobre uma pessoa.

Ruy Castro (2003) afirma, nesse sentido, que

> a biografia é um gênero híbrido. Algumas podem ser promovidas à literatura. É algo que exige grande tarimba jornalística no que se refere à apuração. Saber perguntar, tomar nota, organizar as informações. Seria bom que exigisse prática literária também, para não virar narrativa jornalística seca. Mas o que mais importa na biografia é a informação.

Tipologia

Dada a variedade de formas existentes para o gênero *biografias*, faz-se necessário o estabelecimento de uma tipologia, cabendo, no entanto, ressaltar-se que, como qualquer classificação, esta é artificial e não deve ser considerada de maneira estanque, uma vez que determinadas obras biográficas podem incorporar características de diferentes categorias.

Podem ser considerados dois grupos principais: as *autobiografias*, onde existe uma coincidência entre o autor e o biografado, e as *biografias* propriamente ditas, onde a vida de um indivíduo é narrada por outra(s) pessoa(s).

Dentro da categoria das autobiografias, incluem-se, inicialmente, registros feitos por uma pessoa em diferentes momentos de sua vida, tais como correspondências, diários e memórias. Gates (1972) define correspondência como comunicações escritas, de natureza pessoal, que podem ser narrativas íntimas, registros de acontecimentos ou expressões do pensamento e da filosofia do autor. Os diários, segundo o mesmo autor, constituem relatos cotidianos dos acontecimentos e eventos da vida de uma pessoa e por ela registrados. Tanto as correspondências quanto os diários não são, necessariamente, elaborados com a finalidade de constituírem relatos autobiográficos. Tendo em vista, no entanto, seu conteúdo e as revelações que trazem sobre o autor, esses documentos pessoais podem ser considerados fonte biográfica e servem como fonte de informação primária, útil para a elaboração de obras sobre a vida da pessoa. As memórias de um indivíduo, narrativa de experiências de vida que enfatizam pessoas e eventos considerados significativos, constituem outra forma de autobiografia. Nesse tipo de obra, o autor se revela por intermédio da narrativa de sua relação com pessoas e épocas selecionadas, mais do que por meio da análise de sua própria vida. Ao enfatizar o ambiente, as memórias servem também como fonte sobre a história de épocas determinadas, na perspectiva do autor. Há que se destacar, no entanto, que, não sendo o memorialista um historiador, sua visão dos fatos não é necessariamente objetiva nem imparcial.

As *autobiografias* propriamente ditas são o relato verdadeiro de revelações feitas por um indivíduo em determinado momento de sua trajetória. Diferenciam-se das memórias porque, ao ultrapassarem o simples relato de acontecimentos significativos, traduzem a essência do pensamento de seu autor, segundo o seu próprio ponto de vista, o que pressupõe uma autorreflexão que pode estar permeada de omissões e/ou distorções feitas de forma consciente ou inconsciente.

A categoria das *biografias*, por sua vez, pode ser agrupada segundo dois pontos de vista: com *relação às fontes utilizadas pelo autor* e com *relação ao tipo de abordagem adotado para sua elaboração*. Com *relação às fontes*, tem-se inicialmente: a) biografias escritas com base em conhecimento pessoal entre autor e biografado. Nesse caso, a iniciativa da elaboração da obra pode partir do próprio biografado, considerando seu interesse pessoal em registrar, preservar e divulgar suas ideias e realizações, aproximando-se assim de uma autobiografia. Por outro lado, a iniciativa pode ser também do biógrafo, que procura contato com o indivíduo a ser retratado. Em ambos os casos, o contato entre biógrafo e biografado permite incorporar à pesquisa informações adicionais sobre os fatos fornecidos pelo último, bem como seus sentimentos e emoções, o que não seria possível de se obter unicamente por meio da consulta a documentos e/ou outras fontes. Pode-se pressupor que tal condição enriqueça substancialmente a obra, em termos de conteúdo e possibilidade de análise. Ainda com relação às fontes, tem-se também: b) biografias compiladas com base em pesquisa. Ao contrário das obras em que existe um contato biógrafo/biografado, resta ao autor basear seu relato apenas em consulta a fontes às que tem acesso. Essas fontes irão variar de acordo com o indivíduo a ser biografado, sua área de atuação, a época em que viveu, entre outros elementos. Podem incluir documentação pessoal do biografado, obras de referência, obras produzidas pelo biografado ou escritas sobre ele, depoimentos etc.

Quanto ao tipo de *abordagem* tem-se, primeiramente, as *biografias informativas*, que se caracterizam pela objetividade e pelo fornecimento cumulativo de dados, evitando qualquer interpretação e/ou análise; as *biografias críticas* que por sua vez, procuram avaliar as realizações e a obra do biografado, dentro do mais estrito rigor na seleção e registro das fontes utilizadas, apresentando-se num arranjo que foge à mera enumeração de informações; as *biografias interpretativas* que, apesar de também se basearem em fontes reais e a elas serem fiéis, se permitem manipular os dados de forma a produzir um texto que enfatize, por exemplo, aspectos importantes, momentos dramáticos, situações cômicas, entre outros; as *biografias ficcionalizadas* que recontam a história de personalidades reais, por meio da criação de cenas, acontecimentos, pessoas e diálogos. O autor de tal tipo de obra não tem limites: o que existe de real é o indivíduo que, no caso, é envolvido em uma aura de ficção.

A biografia no Brasil

Contemporaneamente, a exemplo de outros países, o que se observa também no Brasil é um interesse crescente por biografias, com crescimento geométrico do mercado de tais livros. Fernando Morais, citado por Espechit (1989), considera que as razões desse sucesso, se ligam a dois fatores. Em primeiro lugar, a biografia se coloca para o leitor como uma forma de viajar através da história, de forma romanceada, segundo um itinerário estabelecido por personagens reais. Por outro lado, a biografia permite que o leitor se delicie com episódios inéditos e intimistas dos retratados. Para Jaime Bernardes, da Editora Nórdica (CASTRO, 2003), um dos primeiros no Brasil a acreditar no sucesso desse gênero, o principal interesse do leitor é observar como outras pessoas resolveram problemas iguais aos seus, além de entrar na vida íntima dos ídolos. (ESPECHIT, 1989)

Apesar do mercado editorial estar em expansão, Dines (1987) se posiciona de maneira extremamente crítica em relação ao biografismo brasileiro, especialmente sob o ponto de vista da postura do autor perante seu biografado. Segundo ele,

> [...] o capítulo da biografia em nossa literatura é pobre em função de uma cultura da carochinha, vocacionada apenas para a consagração ou para a

denúncia [...] Montamos um esquema rígido para julgar pessoas, idéias e feitos, bons de um lado, maus de outro e, de repente, a maravilhosa complexidade da alma humana apequena-se, fica limitada à superficialidade do encômio ou da exprobação.

A repórter Rita Espeschit (1989), em artigo publicado no suplemento *Hoje Cultura* do jornal *Hoje em Dia*, destaca os anos 1980 como a época em que, no Brasil, as biografias se tornaram sucesso de vendagem garantido no mercado editorial. Afirma que, apesar de já serem há algum tempo *best-sellers* no Primeiro Mundo e de já existirem alguns títulos importantes publicados no Brasil, como, por exemplo, a obra de Pedro Nava, a chamada *tempestade de biografias* foi desencadeada com *Olga*, de Fernando Morais, que teve mais de 300 mil exemplares vendidos no período 1985/1989 e constituiu um estímulo para que o mercado editorial passasse a se interessar pelo gênero. Para Gontow (1990), o *boom* de livros biográficos iniciou-se no país com a publicação, em meados dos anos 1980, do livro *Morte no Paraíso*, do jornalista Alberto Dines, sobre a obra de Stephan Zweig.

Desse período em diante, diversas editoras brasileiras, como Brasiliense, Agir, Callis, Scipione, dentre outras, passaram a investir nesse mercado, comercializando obras traduzidas ou sobre personagens nacionais, publicadas na forma de obras avulsas ou de coleções, em alguns casos voltadas para públicos específicos, como crianças e adolescentes.

Segundo João Paulo, desde 1997, vem ganhando terreno o modelo biográfico americano, que significa obras extensas, bem documentadas, voltadas tanto para a verdade dos fatos quanto para revelações *apetitosas*, a exemplo do livro Chatô, do jornalista Fernando Morais, da editora Companhia das Letras.

Obras de referência

As obras de referência, elaboradas com o objetivo específico de fornecer informação sobre a vida de pessoas, são os dicionários biográficos, os índices biográficos e os diretórios de pessoas.

Os *dicionários biográficos*, considerados fontes de informação biográfica por excelência, podem ser definidos como aquele tipo de obra que apresenta verbetes sobre as vidas de pessoas, geralmente organizados alfabeticamente pelo sobrenome dos biografados. A extensão e o conteúdo de tais verbetes variam segundo o objetivo da obra: alguns se limitam a citar os principais fatos da vida do biografado, enquanto outros apresentam uma descrição detalhada, podendo até mesmo fazer uma avaliação de sua contribuição para a área de atuação na qual se insere.

Os dicionários biográficos podem se classificar, inicialmente, em dois grandes grupos: os *gerais* ou *universais* que não consideram qualquer limitação para inclusão dos biografados, e os *especializados* que têm sua cobertura restrita a personalidades que atendam a determinadas características. Tais características podem ser inatas (nacionalidade, raça, sexo etc.) ou adquiridas durante a vida (profissão, religião, participação em associações, entre outras). Considerando-se a nacionalidade dos biografados, têm-se os dicionários *nacionais* e *regionais*. Sob outro enfoque têm-se ainda os repertórios *retrospectivos*, que se limitam à inclusão de pessoas falecidas, e os *contemporâneos*, que incluem apenas pessoas vivas. Quanto à forma de publicação, podem se constituir em obra única ou ainda uma publicação seriada.

Em nível internacional, pode-se citar, por exemplo, o *Webster's Biographical Dictionary*, da editora Merriam-Webster, fonte de grande expressão, que apresenta verbetes extremamente breves, embora sejam abrangentes em sua cobertura. Merece destaque ainda, dentre os diversos dicionários biográficos disponíveis na Internet, o *Biographical Dictionary*, que relaciona informações sobre mais de 28 mil pessoas de todas as épocas e nacionalidades.

Com relação ao Brasil, o *Dicionário Histórico Biográfico Brasileiro*, em sua 2ª edição, contempla biografias de personalidades do cenário político do país, referentes ao período de 1930 a 1995, organizadas em três tipos de textos: pequenos verbetes, sem assinatura; verbetes médios e grandes, com assinatura dos pesquisadores responsáveis e verbetes preparados por especialistas, em colaboração especial. Outra obra é o *Dicionário Biográfico de Minas Gerais: Período Republicano 1880/1991*, publicada pela Universidade Federal de Minas Gerais em parceria com a Assembleia Legislativa do Estado de Minas Gerais, apresentando verbetes extensos, fornecendo informações completas sobre a vida de personalidades de destaque na história e na sociedade mineira.

Os *índices biográficos*, por sua vez, a partir da indicação dos nomes de pessoas, remetem a outras publicações capazes de fornecer maiores informações sobre as personalidades de interesse. Estes índices podem cobrir apenas a literatura periódica (revistas e jornais) e/ou outros tipos de obras. Como exemplo pode-se citar o *Biography Index*, editado pela H. W. Wilson desde 1946, que cobre, de maneira exaustiva, o material biográfico existente em língua inglesa sobre pessoas de todas as épocas, campos de atuação e nacionalidades. Contempla material publicado em várias formas, tais como artigos, citações em entrevistas, obituários, cartas, dentre outros. Conta, além da edição em papel, com uma versão eletrônica, disponível para consulta pela Internet, mediante assinatura.

Embora se ocupem de um tipo de informação diferente, considerada mais prática ou objetiva, os *diretórios de pessoas* são fontes úteis, principalmente se os dados necessários se referirem a endereço e/ou telefone de pessoas e dados sobre sua vida profissional. Os diretórios geralmente são organizados em ordem alfabética de sobrenomes, fornecendo dados essenciais como a profissão e qualificação dos indivíduos. Um exemplo bastante conhecido são os diretórios do tipo *quem é quem*, que normalmente têm cobertura especializada. Um dos mais antigos e conhecidos é o *International Who's Who*, publicado anualmente desde 1935. Sua edição de 2002 traz informações sobre mais de 18 mil personalidades de destaque no mundo.

Cabe enfatizar ainda como uma fonte de referência de grande cobertura e exaustividade, o *Biography Reference Bank*, um meta banco de dados, atualizado diariamente e disponível para consulta na Internet, que reúne informações biográficas existentes em diversas bases da editora HW Wilson, por meio de verbetes sobre mais de 470 mil pessoas de todo o mundo, com *links* para artigos em texto integral, resumos, revisões de livros, imagens, entre outros.

Outras fontes de informação biográfica

Além das obras de referência elaboradas com a finalidade precípua de fornecer informações sobre pessoas, existem outras fontes que, a despeito de seu objetivo principal diverso, são muitas vezes utilizadas para este fim. Pode-se considerar nesse sentido os almanaques, as enciclopédias, os anuários, entre outros.

De modo geral, os *almanaques* apresentam entradas biográficas fornecendo, geralmente, dados resumidos sobre as pessoas. Têm, como vantagem, a atualização, por trabalharem com acontecimentos recentes. O *Almanaque Abril*, por exemplo, traz nas edições referentes ao Brasil e ao Mundo uma seção de obituário (mortes), relacionando as principais personalidades falecidas no ano, com dados biográficos sucintos sobre cada uma.

As *enciclopédias* são outro tipo de fonte bastante consultado para obtenção de dados biográficos. Os verbetes sobre pessoas incluídos nessas obras variam bastante em extensão e conteúdo. A *Enciclopédia Mirador Internacional*, por exemplo, inclui cerca de 2.000 entradas biográficas entre seus 8.000 verbetes. Além destas, fornece dados biográficos ao longo do desenvolvimento de um tema em cuja área se notabilizou o biografado.

Os *anuários gerais* e os *anuários de enciclopédias* também apresentam dados biográficos, geralmente de forma sumária. Tem-se como exemplo o *Livro do Ano Barsa*, que apresenta seções relativas a esse tipo de informação e cujo último fascículo refere-se ao ano de 2003.

Os *índices de jornais e revistas,* por sua vez, podem contribuir para a localização de dados biográficos na medida em que indicam artigos ou materiais escritos por ou sobre personalidades de destaque. Pode-se citar, como exemplo, os índices da revista *Veja* e da *Folha de S. Paulo,* ambos disponíveis via Internet, para assinantes.

Uma outra vertente do trabalho biográfico que também desperta grande interesse por parte do público são os *songbooks*, obras que reúnem música popular, literatura e história. Além de dados biográficos de grandes cantores e compositores, essas obras geralmente vêm acompanhadas das letras e partituras de suas músicas, que passam a ser apreciadas enquanto literatura.

Existem ainda outras obras que podem fornecer informações biográficas, especialmente as obras de história e genealogia, publicações periódicas, histórias locais, cadastros mantidos em instituições acadêmicas e/ou de pesquisa e os dicionários especializados, entre outras. Finalmente, uma forma alternativa de se obter informações sobre uma pessoa consiste em pesquisar em obras escritas por ela, considerando-se a prática adotada por algumas editoras de incluir, na publicação, uma pequena biografia do autor.

Considerações finais

Como mencionado anteriormente, as informações biográficas encontram-se dispersas numa variedade de tipos de fontes, sejam elas produzidas especificamente para este fim ou, ainda, obras que forneçam dados sobre a vida de pessoas, embora este não constitua seu enfoque principal.

Com o advento das tecnologias da informação, veio juntar-se ao universo de publicações impressas uma grande variedade de materiais e fontes de consulta em meio eletrônico, especialmente pela Internet ou em CD-ROM. Essa proliferação de fontes eletrônicas traz novas possibilidades para a busca por informações biográficas, tanto em termos do volume de material disponibilizado, quanto dos recursos de pesquisa oferecidos, além de maior agilidade na atualização dos dados. A título de exemplo uma pesquisa pelo termo "*biografia*", feita na Internet, no diretório do *site* de busca *Google*, trouxe como resultado cerca de 11 mil registros, entre páginas pessoais e fontes de referência propriamente ditas.

Nesse contexto, cabe cada vez mais ao profissional que lida com a informação a responsabilidade não apenas de conhecer a diversidade e as peculiaridades das fontes existentes, mas também de saber avaliá-las e utilizá-las adequadamente, em função da natureza das demandas apresentadas a respeito da vida de pessoas.

Referências

ABREU, Alzira Alves de *et al.* (Coord.) *Dicionário histórico-biográfico brasileiro.* 2. ed. rev. atual. Rio de Janeiro: FGV, 2001.

ALMANAQUE ABRIL 2003: Brasil. São Paulo: Abril, 2003.

ALMANAQUE ABRIL 2003: Mundo. São Paulo: Abril, 2003.

CASTRO, Ruy. *Sina de biógrafo.* Disponível em: http://www.itaucultural.org.br/multimidia/entrevista4.cfm. Acesso em: 14 ago. 2003.

COUTINHO, Afrânio. Biografia. In: ENCICLOPÉDIA Barsa. Rio de Janeiro: Encyclopaedia Britannica do Brasil, 1965. v. 3, p. 140-141.

DINES, Alberto. As grandes biografias. *Leia*, São Paulo, v. 9, n. 107, p. 32-34, set. 1987.

ESPESCHIT, Rita. Biografias: sucesso garantido no mercado editorial dos anos 80. *Hoje em Dia*, Belo Horizonte, 13 mar. 1989. Hoje Cultura, p. 25.

GATES, Jean Key. Dicionários biográficos. In: ____. *Como usar livros e bibliotecas*. Rio de Janeiro: Lidador, 1972. cap. 10, p. 119-126.

GONTOW, Airton. Os novos negócios do escritor. *Leia*, São Paulo, v. 11, n. 138, p. 19-24, abr. 1990.

HUGHES, Richard E. Biography. In: ENCYCLOPAEDIA Americana. New York, NY: American Corporation, 1972. v. 3, p. 766-768.

JUNKES, Lauro. Getúlio Vargas: uma biografia definitiva. *Leia*, São Paulo, v. 8, n. 91, p. 7, maio 1986.

JUNQUEIRA, Ivan Nóbrega; CARPEAUX, Otto Maria. Biografia. In: ENCICLOPÉDIA Mirador Internacional. São Paulo: Encyclopaedia Britannica do Brasil, 1975. v. 4, p. 1389-1393.

KENDALL, Paul Murray. Biographical literature. In: THE NEW Encycoplaedia Britannica, in 30 volumes. Macropaedia. 15th ed. Chicago, Hl. Il.: Encyclopaedia Britannica, 1977. v. 2, p. 1006-1014.

MARTIN VEGA, A. Las fuentes de información biográfica. *Revista Española de Documentación Científica*, Madrid, v. 17, n. 2, p. 174-187, 1994.

PAULO, João. O público procura referências. *Estado de Minas*, Belo Horizonte, 28 dez. 1997. Caderno Espetáculo, p. 7.

PETTA, Rosangela. Mania de biografia. *Jornal do Brasil*, Rio de Janeiro, 31 mar. 1987.

PRADO, Luiz André do. Fornada de biografias. *Isto é*, São Paulo, n. 546, 10 jun. 1987.

SABOR, Josefa Emilia. Dicionários biográficos. La biografía y los repertórios biograficos: sua historia. In: ____. *Manual de fuentes de información*. 3. ed. corr. y aum. Buenos Aires: Marymar, 1978. 380 p. cap. 12, p. 260-274.

_____. Los repertórios biográficos universales: bibliografías de biografias. In: ____. *Manual de fuentes de información*. 3. ed. corr. y aum. Buenos Aires: Marymar, 1978. 380 p. cap. 13, p. 275-281.

Fontes de informação geográfica

Maria Helena de Andrade Magalhães

O homem sempre foi movido pela curiosidade a respeito do mundo altamente complexo que o cerca, no qual se entrelaçam fenômenos físicos, humanos, políticos, sociais e econômicos, dentre outros. O estudo de tais fenômenos – abordados pela geografia – tem origem bastante antiga, comprovada por registros de, pelo menos, duas obras, ambas chinesas: um compêndio geográfico elaborado no Séc. IV a.C. e uma enciclopédia geográfica do ano 993. Ao longo do tempo, a reflexão sistemática sobre o espaço e sobre a Terra esteve presente em diferentes campos do conhecimento humano – literatura, arte, filosofia, ciência – revelando as marcas características da vida em cada período histórico. Pode-se falar, assim, de geografia da Antiguidade, da Idade Média, da Renascença, até chegar a uma geografia moderna, que se propõe como ciência, constituindo-se, no final do séc. XIX, como campo disciplinar acadêmico independente.

No Brasil, o campo disciplinar da geografia só iria constituir-se mais tarde, na década de 1930, com a criação dos cursos de geografia em universidades; a instituição do Conselho Nacional de Geografia e, posteriormente, do Instituto Brasileiro de Geografia e Estatística – IBGE, no governo de Getúlio Vargas, consolidando-se uma prática e um saber geográficos antes dispersos, bem como a formação da comunidade de geógrafos. Nesse processo, coube importante papel ao Instituto Histórico e Geográfico Brasileiro, cuja produção revela três gerações de especialistas: os naturalistas, com proposta teórica voltada para o conhecimento do Brasil; os românticos, que tinham como objetivo recontar ou mesmo criar uma história do Brasil; e uma terceira, claramente cientificista, cuja marca principal era a importação e aplicação de teorias reacionárias europeias, algumas delas já questionadas naquele continente, na época.

Ao longo do tempo, a natureza dos estudos e pesquisas na área da geografia veio modificando-se drasticamente, passando de uma abordagem meramente descritiva e regional para um enfoque científico e abrangente. Hoje, para estudar os fenômenos advindos das relações espaciais entre o homem e a natureza, a geografia ultrapassa a cartografia propriamente dita, fazendo uso de conceitos das ciências físicas e sociais, adota metodologias mais avançadas, como a análise matemática e estatística e promove a organização de dados obtidos em trabalhos de observação e investigação de campo em modernos sistemas de informação geográfica.

Geografia e cartografia

Alguns autores consideram a existência de uma geografia tradicional, que vigorou a partir de sua institucionalização nas universidades europeias, em 1870, aproximadamente, até a década de 1950, quando ocorreu verdadeira revolução na área, com adoção de modelos teóricos quantitativos e matemáticos, sendo a geografia, então, definida como ciência natural. Os conceitos de paisagem e região, abordados segundo ideias positivistas, constituíam o foco dos estudos, sendo secundária a abordagem espacial como local de atividades e fluxos humanos. Na década de 1970, emergiu a chamada geografia crítica, que concebia o espaço como *locus* de reprodução da sociedade e das relações sociais de produção, tendo como base conceitual o materialismo histórico e a dialética. Uma geografia humanista, acompanhada da retomada da geografia cultural, surgiu em oposição à geografia lógico-positivista, anteriormente vigente.

Atualmente, parece haver um consenso de que a geografia é uma ciência social, que tem como objeto de estudo a sociedade que, segundo Corrêa (1995, p. 16) "é objetivada via cinco conceitos-chave que guardam entre si alto grau de parentesco, pois todos se referem à ação humana modelando a superfície terrestre: paisagem, região, espaço, lugar e território."

Para fins didáticos, pode-se classificar a geografia em:

* geografia física, relativa ao estudo da atmosfera, biosfera e litosfera, isto é, do ambiente físico da terra; várias ramificações desta área podem ser mencionadas, como por exemplo: a geomorfologia, que estuda a origem e evolução dos acidentes geográficos, compreendendo a hidrologia, a oceanografia e a geologia; a climatologia e a meteorologia, que lidam com a questão atmosférica; a geografia de recursos, que estuda a localização e exploração racional dos recursos naturais;
* geografia humana, que aborda a relação dos seres humanos com a superfície da terra que habitam, ou seja, a influência que o ambiente natural exerce sobre as atividades e o desenvolvimento do homem. Compreende estudos sobre a composição, migração, distribuição de populações, considerando os aspectos políticos, econômicos, sociais e históricos das relações homem-terra.

A cartografia trata da representação gráfica da Terra, no todo ou em parte, segundo uma escala adotada, bem como de todos os fenômenos que nela ocorrem, ou com ela se relacionam. O produto final é o mapa ou a carta, e sua elaboração requer a colaboração de vários especialistas, em trabalhos astronômicos, geodésicos, topográficos, gráficos, fotogramétricos, entre outros. Por meio de convenções cartográficas, os especialistas representam a superfície da Terra, por mais acidentada que seja (montanhas, planaltos, planícies), bem como todos os aspectos da paisagem física ou cultural. Atualmente são adotadas, como ferramentas fundamentais para esse trabalho, a fotografia aérea e a imagem por satélite.

Em 1973, a cartografia havia sido definida pela *International Cartographic Association* como

> a arte, ciência e tecnologia de fazer mapas, juntamente com o estudo desses como documentos científicos e trabalhos de arte. Neste contexto, pode-se incluir todo tipo de mapas, cartas e secções, modelos tridimensionais e globos representando a terra ou qualquer escala. (citado por PERKINS & PARRY, 1990, p. 4)

Essa definição, considerada vaga e inadequada para os dias atuais, devido ao enorme progresso dos estudos de cartografia, foi substituída por outra, para inclusão no dicionário da referida instituição: "a ciência e tecnologia de analisar, interpretar e comunicar relações espaciais através de mapas." A British Cartographic Society define cartografia de forma diferenciada, como "a arte, ciência e tecnologia de fazer mapas" quando se trata do público em geral, ou "a ciência e tecnologia de analisar e interpretar relações geográficas, comunicando os resultados através de mapas" para o especializado.

Analisando as definições acima, percebe-se que alguns de seus aspectos são consensuais: a cartografia é considerada uma ciência, uma tecnologia e, em certos casos, uma arte; tem a ver com dados espaciais e com a criação de mapas, para facilitar a compreensão de fenômenos espaciais. Mapas podem ser visuais, táteis ou digitais e são representações holísticas da realidade espacial, permitindo o processamento e extração das informações mais relevantes.

Informação geográfica

A fragmentação dos estudos geográficos em áreas cada vez mais especializadas se reflete não só nas formas de registro do conhecimento, como também nas demandas de informação em bibliotecas públicas, escolares e especializadas. Além do especialista e do estudante que obviamente têm na informação a matéria prima de suas pesquisas e estudos, é preciso considerar o leitor comum, cujas necessidades de informação geográfica irão variar de acordo com suas atividades cotidianas, as quais exigem, muitas vezes, tomada de decisão baseada em informações que envolvem relações espaciais.

Para atender a tal diversidade de usuários e respectivas demandas, existem bibliotecas especializadas em geociências e bibliotecas públicas ou escolares que mantêm, dentro de uma coleção diversificada, um conjunto de materiais informativos na área. Qualquer que seja a opção, uma biblioteca que pretenda atender adequadamente à sua clientela não pode limitar-se a um bom atlas e a alguns fascículos de revistas para complementar as informações encontradas em enciclopédias; outras fontes – como filmes, slides, globos, dicionários geográficos, guias de viagem, além de documentos eletrônicos – são indispensáveis para a formação de um acervo de qualidade, e é preciso saber onde localizá-las, adquiri-las, analisá-las e organizá-las para o uso; isto requer do bibliotecário uma compreensão mais ampla dos conteúdos e forma de utilização das diferentes fontes, para que o atendimento às questões apresentadas pelos usuários se faça de maneira mais eficiente.

Fontes de informação geográfica

Como aconteceu em outros campos do conhecimento, houve uma grande evolução das fontes de informação geográfica, em função do desenvolvimento de estudos e pesquisas da área, com adoção de novas práticas de obtenção, registro e disseminação de informações, em suportes variados, especialmente no que se refere à cartografia, que se modificou radicalmente a partir dos anos 1980. Fazendo uma retrospectiva, pode-se dizer que os diários, contendo relatos individuais de viagens e explorações, com anotações particulares ou apresentadas em eventos oficiais de expedições, teriam sido os formatos mais antigos para a disseminação de informações geográficas. Tratados, dissertações, livros de referência, revistas e jornais foram e continuam sendo formatos bastante utilizados para a divulgação de textos informativos. Mas, são consideradas como fontes de informação geográfica mais típicas os mapas, atlas, globos, os dicionários geográficos e os guias de viagem. Outras fontes de informação, como livros-texto, obras de referência e revistas científicas, em suporte tradicional ou eletrônico, devem também fazer parte de um acervo especializado, ou serem disponibilizadas para acesso. Com o surgimento das novas tecnologias de informação, estão em evidência os portais e *sites* na Internet, os quais fornecem informações geográficas diretamente ao usuário; os guias, que fazem conexão do usuário com organizações especializadas internacionais e os sistemas de informação geográfica, conhecidos pelas siglas SIG – Sistemas de Informação Geográfica e GIS – *Geographical Information Systems*. Algumas dessas fontes de informação foram categorizadas, neste texto, como convencionais e eletrônicas e serão abordadas mais detalhadamente, a seguir.

As fontes convencionais

Neste texto, estão sendo consideradas como fontes convencionais aquelas que, tradicionalmente, compõem os acervos de bibliotecas públicas, escolares e especializadas. Tratam-se geralmente de fontes impressas, textuais ou não, que diferem das fontes de informação em suporte eletrônico.

Mapas, atlas e globos

Mapas e globos representam elementos da superfície terrestre, no todo ou em parte, por meio de linhas, escalas, cores e símbolos convencionais, que pouca semelhança têm com uma reprodução fiel da Terra. Possuem uma linguagem própria e podem ser considerados materiais importantes de aprendizagem, pois são um meio efetivo para visualização das grandes áreas do planeta.

Os mapas constituem a representação plana das fronteiras externas da Terra. São elaborados a partir de medições feitas por especialistas e de fotografias feitas de aviões ou satélites, com projeção em papel, seguindo um padrão predeterminado. De acordo com Leonardo (1998), a história do processo de mapeamento passou por quatro grandes momentos: na Antiguidade, por intermédio de gregos e fenícios; na época das grandes navegações, com finalidade de descobrimentos; durante a Segunda Guerra Mundial e, mais recentemente, com a utilização dos satélites para mapeamento da terra e, até mesmo, de outros planetas. Como representam uma realidade que tem outro formato, caracterizam-se sempre por uma certa imprecisão, que os especialistas estão buscando minimizar com o uso de satélites. Podem ser publicados separadamente, como mapas murais, ou formando volumes chamados de atlas; portanto, um atlas contém uma certa quantidade de mapas. Dependendo de seus objetivos, os mapas podem ser classificados como:

- *políticos* – apresentam áreas sob controle governamental, com limites políticos internos e externos de países, estados, cidades e outros. Os mapas políticos mostram principalmente os fenômenos produzidos pelo homem, como: fronteiras nacionais, estaduais e municipais; localização de cidades, rodovias, estradas de ferro, parques nacionais ou estaduais. O mapa-múndi é um exemplo de mapa político;

- *físicos* – indicam a configuração da superfície de uma região, relevos, climas, tipos de vegetação e outros aspectos geográficos naturais, que ajudam a explicar tipos de vida e de atividades dos povos. Embora mostrem também aspectos políticos, os mapas físicos destacam elementos topográficos, como: montanhas, vales, planícies, desertos, rios, ilhas, penínsulas, temperaturas, índices pluviométricos;

- *marítimos* – também chamados de cartas náuticas, são usados com o objetivo de orientar viagens marítimas, indicando os fenômenos que ocorrem nos mares e oceanos, como a condição de navegabilidade e profundidade do leito oceânico, existência de rochas, faróis de orientação e outras informações importantes;

- *temáticos* – são assim denominados quando destacam determinados elementos, como estradas e rodovias, distribuição demográfica, índices pluviométricos, produção agrícola, recursos industriais e aspectos geológicos, entre outros.

No Brasil, o Instituto Brasileiro de Geografia e Estatística – IBGE – pode ser considerado, sem dúvida alguma, como a maior autoridade na produção de fontes de informação geográfica do país, especialmente as fontes estatísticas e cartográficas. São inúmeras cartas e mapas, reunidos em atlas ou avulsos, fornecidos em papel e, a partir dos anos 1980, também em formato eletrônico. Entre os títulos importantes podem-se citar: *Atlas Nacional do Brasil* (3. ed., 2000) e o *Atlas Geográfico Escolar* (2002), ambos do IBGE. Publicados por editoras comerciais, conhecem-se os seguintes: *Atlas Geográfico Melhoramentos* (57. ed., 1997), *Atlas Histórico-Geográfico Universal* (DIFFEL, 1987) e o *Geoatlas* (31. ed., Editora Ática, 2000). Os globos, de formato esférico, apresentam com maior fidelidade as áreas, distâncias, direções e formas dos elementos representados. Para a sala de aula, existe o globo-lousa, sobre o qual se pode desenhar com giz, para indicar locais, rotas aéreas, marítimas e terrestres, círculos máximos ou aspectos do relevo de uma região.

Dicionários geográficos

Constituem importantes fontes de informação geográfica. Relacionam nomes, indicam a localização de cidades, rios, lagos, montanhas e outros elementos; fornecem dados sobre população, área, latitude e longitude e, em alguns casos, informações históricas, econômicas e políticas. Seu arranjo alfabético, com entradas sucintas e bem específicas, facilita a consulta. Um bom exemplo de dicionário geográfico é o *Webster's New Geographical Dictionary*, que vem sendo publicado regularmente desde 1949, data de sua primeira edição. Tem cobertura internacional, embora com maior ênfase para os países de língua inglesa, especialmente os Estados Unidos e o Canadá. Além de fornecer o nome geográfico em inglês, com a respectiva pronúncia, traz informações sobre localização, tamanho, população, alguns dados históricos e econômicos a respeito das localidades citadas.

No Brasil, algumas obras do IBGE são consideradas clássicas, como o *Índice dos Topônimos da Carta do Brasil ao Milionésimo,* fundamental para localização de nomes de acidentes geográficos; e a *Divisão Territorial do Brasil*, a fonte mais utilizada para localização dos nomes das unidades da Federação, municípios e distritos.

Devem ser mencionadas ainda duas outras obras importantes: o *Dicionário Geográfico Brasileiro*, da Editora Globo, que, segundo seus autores, apresenta

> *de forma concisa, a descrição e a localização dos acidentes* geográficos: situação, coordenadas, população, fontes econômicas e meios de transportes de cidades, municípios, territórios e estados brasileiros, além de mapas dos Estados da Federação [...]"

e o *Grande Dicionário da Língua Portuguesa: Histórico e Geográfico*, (v. 5: Geográfico), publicado pela editora LISA, de São Paulo, em 1972, certamente desatualizado, mas de inegável valor histórico.

Guias de viagem

Embora de interesse mais restrito em bibliotecas, devido às características de seu conteúdo, voltado para informações turísticas, os guias de viagem podem complementar dados fornecidos pelo dicionário geográfico. Companheiro indispensável do viajante, um guia geralmente limita-se a uma região específica: apresenta, avalia e recomenda roteiros de visitas culturais e formas de lazer, incluindo os dados de maior interesse, como: hotéis, motéis, restaurantes, museus e bibliotecas, dentre outros.

Existe grande quantidade de guias no mercado editorial, sendo o *Fodor's* um dos mais conceituados. Devem ser mencionados ainda: o *Frommer's*, o *Michelin* nas versões verde e vermelho, e o guia fácil e rápido *Summus*. Entre os guias brasileiros, o *Guia Visual Folha de S. Paulo* (2001) apresenta como único inconveniente seu volumoso tamanho, que o torna pouco prático para acompanhar o turista. O *Guia Brasil/Quatro Rodas* é o mais completo para o país, no gênero, sendo considerado de nível internacional. Existem também guias direcionados para determinadas atividades, como o *Guia New York Compras* e o *Londres, Modo de Usar*. Atenção especial deve ser voltada para o aspecto da atualização dos guias de viagem, publicados mais recentemente que devem ser usados.

Outras fontes

Além dos registros cartográficos propriamente ditos, uma coleção especializada deve contar com outras fontes, dependendo, naturalmente, do nível de especificidade requerido pelas demandas de informação. Dentre elas, podem ser destacadas:

- *textos-padrão*, de nível introdutório: possibilitam ao leitor uma visão geral dos assuntos de seu interesse, funcionando como ponto de partida para estudos mais detalhados, por meio de consulta a citações e referências bibliográficas importantes. Em inglês, são mencionados os livros de A. H. Robinson: *Elements of Cartography*, (Wiley), e o *Basic Cartography*, da International Cartographic Association, em dois volumes. Uma lista de textos estrangeiros, básicos para informação cartográfica, pode ser encontrada no livro *Information Sources in Cartography*, editado por Perkins & Perry.

Em português, são considerados como manuais introdutórios os livros de Francisco Mendonça: *Geografia Física: Ciência Humana?* (6. ed. Editora Contexto, 1998.); Ruy Moreira: *O que é Geografia?* (10. ed. Brasiliense, 1989.); Iná Elias de Castro/Paulo César C. Gomes/ Roberto L. Correa: *Geografia, Conceitos e Temas* (Bertrand Brasil, 1995.); Yves Lacoste: *A Geografia Isso Serve, em Primeiro Lugar, Para Fazer a Guerra* (4. ed. Papirus, 1997.); Ana Fani A. Carlos: *Novos Caminhos da Geografia* (Ed. Contexto, 2001.); Marcelo Escolar: *Crítica do Discurso Geográfico* (Hucitec, 1996); Berta K. Becker *et al*: *Geografia e Meio Ambiente no Brasil* (1995, Hucitec), dentre outros.

- *glossários:* servem para identificação de jargão técnico ou de termos específicos. Dentre os diferentes glossários citados por Perkins & Perry, encontra-se *A Glossary of Technical Terms in Computer Assisted Cartography*, editado por D. T. Edson e publicado em 1980, pela *International Cartographic Association*. Em português, é bastante utilizado *o Dicionário Geológico-Geomorfológico*, de A. T. Guerra, recentemente reeditado como *Novo Dicionário Geológico-Geomorfológico,* edição publicada pela Bertrand Brasil, em 2001; além do *Vocabulário Inglês-Português de Geociências,* de Ceurio de Oliveira, publicado pelo IBGE em 1995; e o *Dicionário de Geociências* (2. ed.) de Jardel Borges Ferreira, também de 1995.

- *diretórios*: são obras que listam instituições e indivíduos que atuam na área, fornecendo endereços e formas de acesso às suas informações. O diretório considerado por Perkins & Perry como o mais autorizado e abrangente é o *Orbis Geographicus*, publicado pela Meynem, 1989.

- *fontes biográficas*: atendem às demandas por biografias de geógrafos e cartógrafos e, em alguns casos, informam sobre nomes de lugares; por serem objeto de consulta mais esporádica, raramente se encontram em bibliotecas.

- *fontes estatísticas*: extremamente úteis não somente pelas informações contidas em suas tabelas, mas também pelos mapeamentos temáticos que apresentam, por meio dos censos. No Brasil, as fontes estatísticas mais autorizadas são as publicações do IBGE: censos demográficos e para os diferentes setores da economia e da vida no país (agropecuária, indústria, comércio, construção civil, transportes, empresas e serviços), indicadores estatísticos diversos, através da coleção de *Anuários Estatísticos*. Destacam-se também a publicação bilíngue inglês/português *Brasil em Números*, cujo volume 10 foi publicado pelo IBGE em 2002, e a *Projeção Preliminar da População do Brasil Para o Período 1980-2020.*

- *enciclopédias*: trazem descrição de países, estados e cidades, planos e mapas de localidades; algumas vezes a enciclopédia vem acompanhada de atlas; por exemplo, a *Enciclopédia Mirador*, publicava, em volume separado, o *Atlas Mirador Internacional*. Uma enciclopédia geográfica brasileira, de grande vulto, começou a ser publicada em 1957 pelo IBGE: trata-se da *Enciclopédia dos* M*unicípios Brasileiros*, em 36 volumes, que, infelizmente, não foi atualizada, o que anula a sua utilidade para informações que sofreram mudanças através do tempo, mantendo apenas interesse histórico para estudos e pesquisas;

- *publicações seriadas*: constituem fontes de referência importantes nos acervos de qualquer tipo de biblioteca, por incluírem informações mais atualizadas do que as dos livros. Existem vários títulos de revistas estrangeiras e, em menor número, brasileiras, especializadas em geografia. Como exemplo, podem-se citar a conhecida revista oficial da National Geographic Society, sediada em Washington, Estados Unidos, com o título de *National Geographic*, além da internacional *Catena*, publicada pela Elzevier Science. No Brasil, destacam-se: *Revista Brasileira de Geociências* (Sociedade Brasileira de Geologia), *Revista Geográfica Universal* (Bloch Editores), *Cadernos do Terceiro Mundo* (Editora Terceiro Milênio). Muitos outros títulos brasileiros são publicados por universidades e instituições governamentais estaduais, como por exemplo: *Geosul* (UFSC); *Geologia USP*; *Geografia* (Londrina); *Boletim Paranaense de Geociências* (UFPR): *Revista Geografia e Ensino* (UFMG); *Ciência Geográfica* (Associação dos Geógrafos Brasileiros) e *Geografia* (Associação de Geografia Teorética, Rio Claro, SP), além da seção Ciências da Terra, dos *Anais da Academia Brasileira de Ciências*, publicados em inglês.

Fontes secundárias

O crescente aumento na quantidade e diversificação das fontes primárias de informação levou à necessidade de sua organização e divulgação em catálogos, bibliografias, índices de revistas e bases de dados, chamadas de fontes secundárias, oferecidas em papel e também em suporte eletrônico. Essas fontes, de nível local ou internacional, reúnem arquivos contendo referências bibliográficas, muitas vezes acompanhadas de resumos de conteúdo de artigos de revistas, livros em parte ou no todo, trabalhos apresentados em eventos científicos, relatórios de pesquisas e materiais especiais.

No Brasil, um catálogo anual do IBGE reúne a produção do Instituto, fornecendo os pontos de acesso a um volumoso e importante conjunto de informações territoriais, sociais, econômicas, que revelam a realidade do país, em seus variados aspectos. São relacionados no catálogo do IBGE, entre outros:

- estudos e pesquisas correntes – sociais, econômicos e territoriais;
- cartas, mapas e cartogramas, reunidos em atlas;
- cartas e mapas avulsos, em papel ou meio digital;
- produtos *online* e sob demanda;
- censos em diferentes áreas.

O Instituto mantém um *site* na internet (www.ibge.gov.br) e uma loja virtual, por meio dos quais é possível se obter informações e adquirir os seus produtos.

Em nível internacional, uma importante publicação deve ser mencionada: trata-se do *Geographical Abstracts*, que compõe, juntamente com outros produtos (*Geomechanics Abstracts; Ecological Abstracts; International Development*

Abstracts e Geological Abstracts), a base de dados multidisciplinar *Geobase*, disponível *online* e em CD-ROM. O *Geographical Abstracts*, cujo volume 15 corresponde ao ano de 2003, é publicado mensalmente pela Elsevier Science, com o objetivo de proporcionar ao profissional e pesquisador o acesso a fontes de informação diversificadas e atualizadas. Seu conteúdo é dividido em dois volumes independentes: *Geographical Abstracts – Human Geography; Geographical Abstracts – Physical Geography.*

• *Geographical Abstracts – Human Geography*

Oferece cobertura ampla das pesquisas mais recentes publicadas nas áreas de geografia econômica, geografia social e estudos de planejamento. É fonte específica de atualização e referência para o especialista em geografia humana. Entre os temas incluídos na publicação, destacam-se: recursos ambientais; demografia; cultura; política; estudos urbanos e rurais; planejamento nacional, regional e de comunidades; planejamento ambiental; negócios e desenvolvimento; agricultura; indústria; transporte; turismo e geografia histórica.

• *Geographical Abstracts – Physical Geography*

Tem como objetivo fornecer uma visão da pesquisa tradicional, multidisciplinar e aplicada, disponibilizando um arquivo da literatura científica e técnica mundial, como ferramenta de atualização para alunos, professores, pesquisadores, consultores ambientais e administradores. Constitui uma fonte de informação para estudos internacionais do ambiente físico: litosfera, atmosfera, hidrosfera e as formas de interação entre essas. A cobertura dessa fonte inclui as seguintes áreas: meteorologia e climatologia; GIS; mapeamento; sensoriamento remoto; o Quaternário; hidrologia; ciência do solo; mudança global; poluição ambiental; geomorfologia e sedimentologia.

Ambas as publicações fornecem detalhes bibliográficos e, para grande parte dos itens incluídos, um resumo de conteúdo. Apresentam índices de assunto, regiões e autores, ao final de cada fascículo e acumulados, ao final do volume. Uma lista dos periódicos indexados pode ser encontrada no fascículo 12, no mês de dezembro de cada ano.

Fontes eletrônicas

As novas tecnologias da informação, especialmente a Internet, vieram certamente revolucionar a disseminação de informações geográficas, trazendo vantagens indiscutíveis quanto à capacidade de armazenamento de grande volume de registros, facilidade de atualização e de acesso à informação. São empregadas com múltiplos objetivos: disponibilizar as próprias informações cartográficas em suportes diferentes do papel, como o CD-ROM, ou em consultas *online*; informar sobre coleções de mapas e outros documentos geográficos das grandes bibliotecas especializadas, em nível internacional; possibilitar, por meio dos sistemas de informação geográfica, a participação efetiva do usuário na construção de mapas, gráficos e outros documentos que organizam a informação geográfica. Para Leonardo (1998)

> o estudante, o especialista ou o internauta curioso podem navegar pelo mundo da cartografia e das fotos aéreas que desvendam o universo, a terra, o país, as florestas, montanhas e até as cidades, com detalhes precisos [...] através de seu modem.

Existem inúmeros *sites* educacionais e comerciais, que podem ser visitados para obtenção de informações geográficas. Um dos mais importantes é o da National Geographic Society, que inclui mapas físicos e políticos das regiões de todo o mundo, trazendo fatos, bandeiras e perfis de todos os países. Para o acesso a dicionários geográficos eletrônicos, pode-se consultar o *US Gazetteer* que, fazendo conexão com o *TIGER Mapping Service*, uma base de dados mantida pelo US Bureau of Census, fornece dados estatísticos, demográficos e geográficos, oficiais, ou por meio de levantamentos personalizados. O arquivo oficial de nomes geográficos é o *Geographical Names Information System*, no qual se pode obter dados sobre elementos físicos, como montanhas, lagos e outros, dos Estados Unidos. Para informações em nível internacional, pode-se citar o *GEOnet Names Server*, mantido pela National Imagery and Mapping Agency, em cooperação com o US Board on Geographic Names, que fornece inclusive informações sobre latitude e longitude. Para dados estatísticos e informações breves sobre os países, existe o *CIA World Fact-Book* e para obter textos integrais de relatórios com informações e dados estatísticos sobre o povo, economia, governo, política e história dos diferentes países, basta acessar o *Background Notes*, do US State Department. Informações detalhadas sobre economia, política, cultura e turismo dos países são encontradas no *Electronic Embassy*, que faz ligação com as embaixadas estrangeiras sediadas em Washington. Não se pode esquecer o *site* da Organização das Nações Unidas – ONU, fonte de informação importante em relações internacionais, que fornece dados sobre a organização: história, estrutura, funções, notícias e resoluções, relatórios de comissões e publicações de conferências.

Uma das consequências da utilização da informática foi, certamente, a formação de grandes redes de informação, das quais destacam-se:

• *British Library* (Inglaterra): dissemina o conteúdo das maiores coleções cartográficas daquele país, fornecendo pontos de acesso específicos de assunto, autores, palavras do título e país de publicação, por meio do sistema *online* Blaise, ampliando as possibilidades de acesso à informação. A base de dados inglesa mantém registros de mapas de todos os tipos – desde os mais antigos até os mais modernos, elaborados com dados compilados por satélite – e outros materiais coletados pela British Library Map Division, desde 1974. Na década de 1980, já contava com mais de dez mil registros, incluindo as referências digitais, e esse número vem crescendo em progressão geométrica, a partir de então;

• *Online Computer Library Center* – OCLC (Estados Unidos): adota, ainda hoje, a mesma filosofia que a fez surgir, nos anos 1960: a de que trabalhar em conjunto, com eficiência, reduz custos e impulsiona o oferecimento de produtos e serviços. O Centro mantém catálogos coletivos de bibliotecas norte-americanas, oferecendo inúmeras facilidades de acesso à informação geográfica.

Sistemas de informação geográfica

Segundo YU (1998) um sistema de informação geográfica – SIG – é um "conjunto organizado de equipamento, programa de computador, dados geográficos e pessoal para capturar, armazenar, atualizar, manipular, analisar e expor todas as formas de informação geográfica." Embora muito aceita, a definição não demonstra a ideia da potencialidade da tecnologia, que permite conectar uma quantidade praticamente ilimitada de informações sobre uma localização geográfica. Acoplando informações a um mapa digital, o SIG permite dispor graficamente os dados, usando formas geométricas específicas (linhas, pontos, polígonos) possibilitando ao usuário conhecer regiões, cidades ou bairros e as pessoas que neles residem, traçando perfis e cenários, verificando preferências e tendências, o que pode facilitar a tomada de decisões mais adequadas, em cada situação.

Muitos consideram o SIG como uma base de dados espaciais; ou como um programa de computador para desenhar mapas. O sistema, porém, vai além; não se limita a armazenar e mostrar informações, mas permite a conexão dos dados com uma localização geográfica, fazendo o mapeamento e a análise da distribuição geográfica das informações. Pode representar o mundo, ou parte dele, em qualquer nível de detalhamento, adotando critérios diversos (por exemplo: limites políticos, código postal, nomes de ruas, zoneamentos, entre outros) bem como os elementos naturais ou produzidos pelo homem (rios, lagos, estradas, hospitais e outros). Relacionando as informações obtidas em qualquer tipo de fonte, o usuário comum pode criar o seu próprio mapa digital, adequando-o a suas necessidades específicas.

Os sistemas de informação geográfica vêm sendo muito empregados, pelo menos em países mais adiantados, na elaboração das políticas públicas de segurança, saúde, educação, saneamento, transporte e controle ambiental. Antes restrito a geógrafos e cartógrafos, tais sistemas passaram a ser adotados nas mais diferentes áreas. Existem relatos do sucesso de seu emprego nos Estados Unidos, em empresas comerciais, de prestação de serviços, na indústria automobilística, bancos e jornais, dentre outros. No Brasil, destaca-se a adoção de sistemas de informação geográfica na área da saúde, como apoio à vigilância e monitoramento da saúde pública, determinação de áreas de risco de epidemias e de ocorrência de patologias diversas, e principalmente para o planejamento de intervenções. Os dados relacionados com a saúde são coletados e organizados nas diferentes bases de dados mantidas pelo Sistema Único de Saúde – SUS, Centro Nacional de Epidemiologia – CENEPI e Programa de Saúde da Família – PACS/PSF. Já os dados cartográficos são fornecidos pelo IBGE, juntamente com a Diretoria de Serviço Geográfico do Exército – DSG, a Diretoria de Hidrografia e Navegação – DHN, o Instituto de Cartografia da Aeronáutica – ICA, o Instituto Nacional de Pesquisas Espaciais – INPE, além das Prefeituras Municipais.

Conclusão

Disponibilizando mapas eletrônicos, acesso *online* às bases de dados digitais, arquivos de grandes organizações, redes de informação automatizadas, bem como a tecnologia dos sistemas de informação geográfica, as bibliotecas poderão potencializar o atendimento aos usuários, fornecendo informação geográfica de qualidade. Existe previsão de que as informações serão, cada vez mais, transferidas através do meio digital. É preciso observar, entretanto, que o monitor não alcança a mesma resolução de um mapa impresso. Além disso, deve-se atentar para o aspecto estreitamente comercial de alguns *sites*. Algumas dificuldades se apresentam também quanto ao uso de programas de elaboração de mapas digitais, o que demanda tempo e habilidades especiais do usuário. Segundo Pruett, citado no livro de Perkins & Parry (1990), a coleção de mapas do futuro é imaginada pelos bibliotecários como:

> cuidadosamente selecionada para responder 95% das questões [...] significa que a coleção contém mapas em todos os formatos [isto é: microficha colorida, disco óptico, CD-ROM] e sobre todos os assuntos para a área local; inclui topografia atualizada para o mundo inteiro, em escalas variadas, desde 1:1000 até 1:1000000, em formato não impresso (disco) e com vários recursos disponíveis [...] uma base de dados disponibiliza listagem de todos os mapas históricos nas bibliotecas e para venda; todos os registros bibliográficos são suficientemente detalhados para identificar com exatidão o mapa de interesse [...] o acesso a todas essas bases de dados, bem como, a cópias de todos os discos ópticos são fornecidos gratuitamente para as bibliotecas depositárias.

Mais do que um sonho, esta parece ser a descrição de um futuro cada vez mais próximo, pelo menos nos países mais desenvolvidos, onde a tecnologia da informação tem uso cada vez mais democrático, contribuindo para o exercício da cidadania e a formação acadêmica integral de parcelas cada vez maiores da população. Para os países em fase de desenvolvimento, trata-se porém de uma realidade ainda distante, um sonho a ser perseguido. E, quem sabe, atingido, não se sabe quando.

Referências

CARTOGRAFIA. In: GUERRA, Antônio Teixeira; GUERRA, Antônio José Teixeira. *Novo dicionário geológico-geomorfológico.* 2. ed. Rio de Janeiro: Bertrand Brasil, 2001. p. 116-117.

BROADUS, Robert N. Geography, maps, travel. In: ____. *Selecting materials for libraries.* 2nd ed. New York, NY: Wilson, 1981. chap. 19, p. 255-264.

CHENEY, Francis Neel. Sources of geographical information. In: ____. *Fundamental reference sources.* Chicago,Il.: ALA, 1975. chap. 7, p. 236-279.

CLARK, Susan E. Reference sources on the Internet: geography and international studies. *The Reference Librarian,* New York, NY. n. 57, p. 51-54, 1997.

CORREA, Roberto Lobato. Espaço: um conceito-chave da geografia. In: CASTRO, Iná Elias de; GOMES, Paulo César da Costa; CORREA, Roberto Lobato (Org.). *Geografia:* conceitos e temas. Rio de Janeiro: Bertrand Brasil, 1995. cap. 1, p. 15-25.

GREENE, R.W. *GIS in public policy*: using geographic information for more effective government. Redlands,Ca.: ESRI, 2000.

HARDER, Christian. *ArcView GIS Means Business.* Redlands, Ca.: ESRI, 1997.

KATZ, W. A. Geographical sources. In: ____. *Introduction to reference work.* 4th ed. New York, NY: McGraw-Hill, 1982. p.287-294.

LANG, Laura. Mapping the future of map librarianship. *American Libraries,* Chicago, Hl. v. 23, n. 10, p. 880-883, Nov. 1992.

LEONARDO, Paulo. Cartografia digital. *Hoje em Dia,* Belo Horizonte, 23 fev. 1998. Informática, p. 13.

MORAES, Antônio Carlos Robert de. História do pensamento geográfico no Brasil: indicações. *Geografares,* Vitória, n. 3, p. 151-158, jun. 2002.

OLIVEIRA, Thais de. O bom companheiro. *Cláudia,* São Paulo, p. 68-71, out. 1997.

ORGANIZAÇÃO PAN-AMERICANA DE SAÚDE. *Sistemas de informação geográfica em saúde:* conceitos básicos. Brasília, 9, 2002.

PERKINS, C. R.; PARRY, R. B. (Ed.). *Information sources in cartography.* London: Bowker-Saur, 1990.

SCOTT, Ralph Lee. Geoscience resources on the Internet. *The Reference Librarian,* New York, NY. n. 41/42, p. 55-63, 1994.

WITTICH, Walter Arno. Mapas e globos. In: ____. *Recursos audiovisuais na escola.* 3. ed. Rio de Janeiro: Fundo de Cultura, 1964. cap. 7, p. 166-197.

YU, Lixin. Geographic information systems in library reference services: development and challenge. *The Reference Librarian,* New York, NY. n. 60, p. 87-110, 1998.

Jornais

Nísio Teixeira

Conceitos e funções

Jornais, livros, revistas. O escritor italiano Ítalo Calvino tinha razão. Vivemos mesmo o milênio da palavra escrita (CALVINO, 1990). Por isso, falar sobre a história de jornais acaba se confundindo com a própria história da imprensa: tal berço comum do livro e do jornal esclarece um pouco porque diversas vezes a literatura se aproximou do jornalismo e vice-versa. O termo jornal vem do latim e, tanto na versão francesa (*journeaux*) e italiana (*giornale*), se refere a relatos do cotidiano, do dia a dia. A versão espanhola puxa para a ideia de frequência, constância (*periódico*) e, a anglo-saxã, a ideia de novidade (*newspaper*).

Parece automático atribuir aos jornais esse caráter de novidade periódica diária. Só que, dentre outras características, ao contrário do que ocorria nos primórdios da imprensa, nosso cotidiano atual se caracteriza não mais pela falta, mas pelo excesso de informação e notícia que, potencializado pela velocidade da informática e pela multiplicidade de opções e suportes, quase sempre atropela pelo menos duas coisas: a história educacional de um povo – como o brasileiro, que praticamente saltou de uma fase oral para uma fase audiovisual sem a devida mediação da escrita – e nossa própria paciência em absorver, selecionar, organizar, disseminar e se atualizar com tanta informação. Por isso, ao propor a leitura dos jornais como fonte de informação, pode-se considerar quatro possíveis funções:

a) *Os jornais como fonte de informação noticiosa*: desempenham um papel notadamente informativo, oferecendo ao leitor um leque selecionado de notícias e artigos bem apurados e redigidos a partir dos principais acontecimentos de uma cidade, estado, país e partes do mundo (não necessariamente nessa ordem). Deve-se observar se eles seguem uma linha editorial específica (por exemplo, se são somente voltados para o setor de esportes; ou de cultura, economia etc.) ou agregando, em diferentes cadernos, linhas editoriais diversas (o que é mais comum nos principais jornais do Brasil).

b) *Os jornais como vetor narrativo ideológico*: jornais e revistas são também empresas e, por isso, precisam de grandes anunciantes para sua manutenção.

O jornalista é um ser humano, com uma história e formação própria, que se posiciona diante de um fato ou, pelo menos, que escolhe palavras para sua descrição. Esses dois fatores acabam refletindo na confecção da narrativa jornalística. Portanto, outra possibilidade de leitura é a análise discursiva destas publicações: para além da notícia, ler também as *entrelinhas* existentes por trás de cada notícia.

c) *Os jornais como documento histórico*: todo relato periódico (diário, semanal, quinzenal, mensal etc.), produzido por jornais, identifica uma determinada época e lugar. Por isso, eles atuam como um documento histórico que reflete e reúne uma múltipla interpretação e tratamento de fatos ocorridos na história, também escritos e organizados a partir de um determinado local e circunstância.

d) *Os jornais como fonte de informação para demandas específicas*: diante do fenômeno de explosão informacional, são usados por comunidades, instituições e pessoas físicas ou jurídicas, como fonte de informação para suprir alguma demanda específica de cada um desses grupos, acerca de determinado assunto ou tema. Essa demanda se define na própria escolha do jornal ou revista a comprar/assinar, no acompanhamento periódico dessas publicações, no recorte e na organização de notícias, reportagens, artigos de interesse para a execução de projetos variados – desde uma pesquisa escolar até a mais estressante tomada de decisão empresarial.

Pode-se, talvez, acrescentar uma quinta possibilidade: a leitura dessas publicações com objetivo puramente estético, seja literário, gráfico ou fotográfico, proporcionado pelas crônicas, fotografias, tirinhas, pinturas e outras manifestações estéticas que podem ser tranquilamente abraçadas pela imprensa. Esse item foge às pretensões, já bastante limitadas, deste texto. Mas, pode-se aguardar que, com o surgimento da imprensa eletrônica, esse abraço estético talvez se torne cada vez maior, abrigando outras manifestações como o vídeo, a animação e o áudio, contribuindo para a confusão das fronteiras entre jornalismo escrito (imprensa), falado (rádio) e audiovisual (TV) uma vez transpostos para dentro da tela do computador. Em todo caso, é bom lembrar que a divisão anteriormente apresentada tem objetivo apenas esquemático: pode-se estar diante de um único exemplar de jornal, que a leitura certamente irá perpassar essas cinco categorias (ou, quem sabe, até outras).

Origem e Evolução

Em 1452, Johannes Gutenberg, na Mogúncia, Alemanha, se antecipa à transição entre Idade Média e Idade Moderna com uma invenção mais revolucionária do que a Tomada de Constantinopla, marco histórico dessa transição, ocorrida no ano seguinte. Gutenberg, ao imprimir a Bíblia com uma tecnologia inédita de tipos gráficos móveis, havia inventado a imprensa. Todavia, os jornais irão começar a se proliferar, assumindo os contornos que hoje se conhece, quase 150 anos depois dessa invenção alemã que disseminou a palavra escrita no mundo.

O que explica esse hiato são os altos custos de produção, o mercado restrito de leitores e, principalmente, o controle exercido pelo clero e pela aristocracia sobre as publicações. Entre as razões que justificam esse controle estão exatamente a possibilidade, então oferecida pela imprensa, de publicação de obras profanas – que relatavam e exaltavam aspectos da vida cotidiana – escritas não somente em latim, mas também expressando o linguajar típico de diversas regiões europeias. Nesse grupo podem ser encaixadas ainda aquelas obras que se confrontavam diretamente com as ideias da Igreja e da aristocracia – como os tratados de Nicolau Copérnico e Galileu Galilei, que contestavam o geocentrismo. A reforma protestante, que propõe exatamente a quebra do monopólio cultural da Igreja Católica, provoca uma crise religiosa já abalada pela publicação desses e de outros volumes polêmicos.

Com o aval e o apoio da aristocracia, a resposta da Igreja foi extrema, transformando o período no mais macabro e truculento da Inquisição. Paralelo à formulação de um *Index* contendo as obras vedadas à leitura (consolidado em 1571 pelo Papa Pio V e só suprimido oficialmente em 1965 pelo Papa Paulo VI), foram feitas perseguições, acusações e torturas devido às opiniões expressas nestas publicações ou simplesmente porque algumas pessoas pareciam suspeitas de serem simpatizantes a algumas dessas ideias proibidas. Suspeitos ou não, culpados ou não, os acusados tinham pouca chance: da mesma forma que seus livros, eram condenados à fogueira.

Também nessa época a imprensa não só acompanha como contribui para a consolidação do processo de urbanização – que inclui o surgimento das primeiras universidades, espaços dedicados a uma forma de transmissão do conhecimento, diferente daquela proposta pela Igreja. Até então, mosteiros e abadias centralizavam o acesso, a manutenção, a organização e a difusão do conhecimento universal. Com a urbanização, que acontece gradativamente desde o séc. XIII, e através das possibilidades oferecidas pela imprensa, o saber começa a escapulir das abadias e mosteiros, alcançando as cidades, integrando-se às formas de ensino seculares, não ligadas à Igreja. Urbanização, universidades e imprensa se tornam instrumentos essenciais para a formação de uma emergente classe, criada a partir dos comerciantes presentes nas incipientes zonas urbanas: a burguesia, cujas propostas culminam nas Revoluções Norte-Americana, Francesa e Industrial.

Imprensa: instrumento revolucionário

Wilbur Schramm, citado por Rubim (1980, p. 13), chega ao ponto de falar que "sem a imprensa é possível que tivéssemos tido o Iluminismo, mas é muito para duvidar que ocorressem algum dia a Revolução Francesa ou a Revolução Norte-Americana." O próprio Rubim (1980) não esconde o papel crucial da imprensa nessas Revoluções:

os grandes líderes revolucionários são quase todos também jornalistas e a utilização do folheto e do jornal foi feita intensamente. O jornal e o livro, juntos com a maçonaria, são os principais meios para divulgação das idéias iluministas, bem como para a exportação dos ideais da Revolução Francesa. (RUBIM,1980, p.13)

Em meados do séc. XVI e início do séc. XVII verifica-se a primeira entrada do capital na esfera produtiva, não sendo por acaso que, nesse período, aparecem as primeiras publicações. Rubim (1980) aponta como primeiro periódico impresso o jornal *New Tijdinghe* na Bélgica, em 1605. Lage (1985) afirma que pertence à Alemanha o primeiro jornal, editado na cidade de Bremen, em 1609, seguido por outra publicação em Estrasburgo e uma terceira em Colônia. Ainda de acordo com Lage (1985), o primeiro jornal inglês foi o *Current of General News*, de 1621. A França esperou dez anos para lançar sua *Gazette*. Nos Estados Unidos colonial, o primeiro panfleto foi lançado no dia 25 de setembro de 1690 por Benjamin Harris, que se notabilizou por não cumprir quase nenhum dos princípios éticos e de rigor na apuração jornalística que, posteriormente, marcou a história da imprensa naquele país e no resto do mundo. Caberia a outro jornal, *The Boston News-Letter*, de John Campbell, de 1704, o título de primeiro jornal dos EUA. Dois anos antes, Daniel Defoe havia criado o jornal inglês *Daily Courant*, no qual escreveria mais tarde a primeira novela em folhetim jornalístico: a famosa aventura de Robinson Crusoé.

> O princípio da liberdade de imprensa, antecipado na Inglaterra, vai ser encontrado, então, tanto na Revolução Francesa quanto no pensamento de Thomas Jefferson, que correspondia aos anseios da Revolução Americana, sintonizando com a pressão burguesa para transferir a imprensa à iniciativa privada, o que significava a sua entrega ao capitalismo ascendente [...] Nos países em que essa ascensão operava-se agora muito mais no plano político, pois estava já consolidada no plano econômico, a liberdade de imprensa encontrava barreiras nos remanescentes feudais, adrede mantidos, por vezes, pela própria burguesia, como escudos contra o avanço, embora ainda lento, do proletariado e do campesinato – a Inglaterra e a França particularmente – o problema permaneceu longamente no palco. Foi a ausência, nos Estados Unidos de um passado feudal que permitiu a solução rápida de tal problema, colocada a liberdade de imprensa – isto é, o seu controle pela burguesia – como postulado essencial e pacífico, abrindo-se ao seu desenvolvimento, então, as mais amplas perspectivas. Na Inglaterra essa restrição foi até 1855 e na França até 1881. (SODRÉ, 1966, p. 2)

Se com a Revolução Norte-Americana e Francesa foram lançadas as bases políticas e culturais para a ascensão burguesa, a Revolução Industrial, ocorrida quase simultaneamente na Inglaterra, estabelecia as bases econômicas. Expansão do comércio, da indústria, da urbanização, da alfabetização e a gradativa incorporação das mulheres no círculo de leitoras "são, em resumo, os fatores que dão sentido à idéia, nova na época, de um público cujas preferências deveriam ser levadas em conta na produção e difusão de uma cultura de base literária." (RUBIM, 1980, p. 15). Cada vez mais o capital avança sobre a produção cultural, provocando a dependência do criador ao mercado e o surgimento de questões como liberdade de criação e a reformulação da concepção artística.

A segunda fase da Revolução Industrial provocou a mais profunda transformação na sociedade, empregando homens, mulheres e crianças em jornadas diárias de dez a doze horas de trabalho. E, de novo, a imprensa começou a expressar a opinião da nova classe emergente: o proletariado. Livros e jornais, contendo ideias que se opunham às defendidas pela classe burguesa, agora no poder, começaram a ser divulgados. Um dos autores mais expressivos dessas ideias, Karl Marx, além de escrever livros, trabalhava em jornais alemães como a *Gazeta Renana* e, depois, exilado em Londres, foi correspondente de jornais norte-americanos.

A industrialização também acabou por produzir profundas transformações nos meios de comunicação, reduzindo custos e acelerando a circulação. Partiu de formas rústicas, como a prensa de vinho remodelada, até atingir o auge da época com a composição das linhas de chumbo no linotipo de Mergenthaler, em 1886, passando pela impressora de Koenig, em 1814, e a rotativa de Marinoni, em 1867. Tais mudanças foram impulsionadas pelas novas fontes de força: o vapor (já utilizado pelo *Times* londrino em 1814) e, posteriormente, a eletricidade. Também no séc. XIX novas invenções foram sendo incorporadas ao jornal, como a fotografia, em 1822, o telégrafo, em 1844, a eletrogravação e aperfeiçoamento da fotografia, em 1845, e o telefone, em 1876.

Crescendo potencialmente em quantidade e expansão, em 1848, o número de jornais chegou a mais de 4.000 pelo mundo. Na Áustria, esse número pulou de 345, em 1862 para 866, em 1873. Na Inglaterra, 50 a 60 mil exemplares foram vendidos entre 1850 e 1860. Durante a década seguinte, os folhetins ingleses, assim como os dos Estados Unidos, experimentaram um grande salto, alcançando a marca de 250 a 500 mil exemplares.

Somente a partir de 1836, é que algumas publicações começaram a apresentar o formato que o jornal, de certa maneira, possui atualmente, trazendo escritos de especialistas, artigos de interesse geral (como relatos de viagens, escândalos sociais ou financeiros), folhetins (novelas em série, publicadas no rodapé de jornais, acrescidas de horóscopos e de histórias em quadrinhos). Mas, a principal mudança foi a transformação do jornal em *empresa jornalística*, cujas características principais são a fixação de uma taxa para assinantes e a procura de anunciantes para cobrir os gastos do produto. A busca pela rapidez de publicação e pela quantidade de leitores implicou em estratégias de ampla distribuição, aumentando a difusão e o poder de influência do jornal. A aproximação da imprensa com o desenvolvimento capitalista se intensificava.

O desenvolvimento das bases da produção em massa, de que a imprensa participou amplamente, acompanhou o surto demográfico da população ocidental e sua concentração urbana; paralelamente, a produção ascensional provocou a abertura de novos mercados, a necessidade de conquistá-los conferiu importância à propaganda e o anúncio apareceu como traço ostensivo das ligações entre a imprensa e as demais formas de produção de mercadorias. (SODRÉ, 1966, p. 3)

Diante dos altos custos de utilização de todos esses aparatos, como o telégrafo, surgem as primeiras agências de notícias, especializadas em repassar para os jornais informações – e posteriormente fotos e imagens – apuradas e selecionadas por elas próprias. Entre as principais que aparecem no período destacam-se a *Huves*, depois *France-Press*, em 1835, *Associated Press*, em 1848, e *Reuters*, em 1851. Curiosamente, a *Huves*, antes do telégrafo, utilizava pombos-correio para a transmissão de notícias entre Londres-Paris (trajeto que demorava em torno de sete horas) e Paris-Bruxelas (quatro horas) (RUBIM, 1980). Portanto, enquanto os jornais têm como público-alvo os leitores, as agências de notícias têm como público-alvo outros jornais, especialmente aqueles sem condições econômicas para, por exemplo, cobrir diariamente um conflito no Oriente Médio ou um lançamento de computadores no Japão. As agências contratam jornalistas, sejam redatores, repórteres, repórteres fotográficos ou cinematográficos, nesses locais, e revendem a informação textual e/ou visual por eles produzida. Por isso, é comum, especialmente nos cadernos internacionais dos jornais, encontrarem fotos semelhantes, em publicações distintas. Apesar de serem concorrentes, ambos podem ter, por exemplo, o mesmo contrato com a agência internacional que forneceu a fotografia. Por isso é importante observar, no canto da fotografia, o crédito da imagem. O mesmo vale para algumas imagens veiculadas por canais de TV.

Antecipando a contextualização brasileira, a mesma lógica funciona em um país de dimensões continentais como o nosso: jornais que têm alcance regional, como os de Minas Gerais, por exemplo, contratam os serviços das principais agências de notícias do país: Folha, Estado, Globo e JB (Jornal do Brasil) em busca de informações e imagens a que não têm acesso no território nacional. Em contrapartida, essas agências também adquirem produtos de informação produzidos pelas redações. Uma foto exclusiva de uma greve em Belo Horizonte, por exemplo, publicada por um jornal mineiro, pode ser repassada, via agência, a diversos jornais do país.

Os Estados Unidos, motivados pelas circunstâncias de sua formação histórica, consolidaram o formato e as características da imprensa atual no início do séc. XIX. Para Lage (1985), a história da imprensa nos EUA teve uma influência considerável e pode ser dividida em três partes: a) tradição de cobertura local; b) ascensão de grandes empresas como as de Hearst e Pulitzer, que se baseavam na cobertura de escândalos políticos e sociais, produzindo o cerne daquilo que, posteriormente, seria chamado de imprensa sensacionalista; c) rigor científico: a partir dos exercícios de observação empírica da própria ciência, especialmente a positivista, vitoriosa no séc. XIX, criou-se um instrumental que procura alcançar a verossimilhança dos fatos, baseada em critérios como imparcialidade, neutralidade e objetividade.

> Foi nos EUA que o jornal impresso atingiu sua maturidade. A divisão de trabalho nas redações centralizou o *gatekeeping* – decisão sobre o que vai ou não ser publicado – em editores que se orientam ora por leis do mercado, ora por conveniências que traduzem o jogo de grupos de pressão ou entidades abstratas, como 'interesse nacional'. Os repórteres apuram e processam as informações segundo procedimentos padronizados, sem muita exigência ou até consciência desse processo (LAGE, 1985, p. 15).

Começa a aparecer também o conflito entre o jornal como *imprensa* e o jornal como *empresa jornalística*: com o aumento do volume e da tiragem surgem os escritórios intermediários ou agências de publicidade. O *Evening Post*, em 1803, já dizia que "de fato é o anunciante quem paga o jornal ao subscritor." Para Sodré (1966, p. 5), essas organizações fizeram da imprensa simples instrumento de suas finalidades: o desenvolvimento da imprensa, em função do desenvolvimento do capitalismo, as gerava e, depois de servir a imprensa, serviram-se dela. Ser objetivo e independente, em um jornal que precisa de anunciantes para manter sua estrutura funcional, é um desafio que vem sendo respondido com seriedade por alguns jornais. Mas, infelizmente, mesmo nos dias de hoje, essa divisão entre a notícia e o anúncio pago parece ser inexistente em vários periódicos.

Brasil

Pouco tempo depois da invenção de Gutenberg, Pero Vaz de Caminha redigia sua famosa carta à Dom Manuel das esquadras de Pedro Álvares Cabral.

> Coincidência interessante fez do aparecimento do Brasil na História e do da imprensa acontecimentos da mesma época, só nisso aproximados, porque a arte de multiplicar os textos acompanhou de perto e serviu à ascensão burguesa, enquanto a nova terra, integrada ao mundo conhecido, iniciava a sua existência com o escravismo (SODRÉ, 1966, p. 11).

Assim, a proliferação da imprensa teve que aguardar cerca de 150 anos por causa do analfabetismo, do processo gradativo de urbanização e da secularização do conhecimento e devido à atuação da Igreja. Esta instituição foi abalada pela multiplicação de livros proibidos, inclusive da própria Bíblia, publicada, muitas vezes, não apenas em latim.

Na metrópole portuguesa essa ação não poderia ter sido mais cruel. Estima-se que só em Portugal a Inquisição tenha matado cerca de 30 mil pessoas, "incluindo-se aí a mais fina flor da intelectualidade portuguesa" (SODRÉ, 1966, p. 11). Os livros e sua técnica de produção foram considerados heréticos e ali combatidos com veemência. Como se não bastasse a Inquisição, as publicações enfrentavam as censuras Episcopal e Régia. Se a situação era essa na metrópole, que dirá nas colônias ultramarinas, onde o ideal libertário burguês parecia ter ficado mesmo na Europa.

A leitura era considerada crime e algumas oficinas de impressão brasileiras acabavam sendo fechadas e destruídas. Assim, para entrar no Brasil, os livros tinham que ser contrabandeados da Europa. Curiosamente, coube à Igreja no Brasil, por meio de segmentos do clero, como os jesuítas, a divulgação, ainda que de maneira restrita, da leitura e da literatura. As invasões europeias no Brasil colonial em pouco ou nada alteraram esse quadro, não trazendo as benesses da imprensa já experimentadas até com certo pioneirismo em países como a Holanda ou França. Conservar uma colônia iletrada parecia ser, mesmo, uma estratégia crucial para a manutenção de qualquer tipo de dependência, não importando qual seja o país colonizador.

Assim, a imprensa chegou ao Brasil somente em 1808, com D. João VI fugindo das forças de Napoleão Bonaparte, que invadiam Lisboa. Em setembro deste ano é editado o primeiro periódico brasileiro: a *Gazeta do Rio de Janeiro*. Apesar de sua proposta informativa e um certo formato jornalístico, a publicação era um serviço noticioso produzido e controlado por representantes da Coroa Portuguesa no país, que continuou não oferecendo qualquer possibilidade de difusão da imprensa na colônia. Por isso, o jornal de oposição ao governo português, *O Correio Brasiliense*, editado em 1811 por Hipólito da Costa, em Londres, é considerado como o primeiro veículo de imprensa no Brasil.

Durante o processo de Independência, a imprensa conseguiu, enfim, dar voz às diversas vozes emergentes, favorecendo agora não só a divulgação das ideias monarquistas, mas, também, liberais e republicanas. Em 1821, surgiu o *Diário do Rio de Janeiro* e o *Diário Constitucional* da Bahia, além do *Malagueta,* no Rio de Janeiro, fundado e dirigido por Luís Augusto May, que sobreviveu a dois atentados. Em 1822, com a Independência, a efervescência de opiniões aconteceu por todos os lados e surgiram figuras históricas como os jornalistas Cipriano Barata, em Pernambuco, com suas *Sentinelas* e João Soares Lisboa, do *Correio do Rio de Janeiro*, defendendo interesses humanitários e republicanos. Barata foi preso diversas vezes e Lisboa sofreu o primeiro processo de abuso de liberdade de imprensa no Brasil, por defender eleições diretas para a Assembleia Constituinte brasileira, que acabou dissolvida. Expulso do país por publicar uma suposta declaração de D. Pedro I defendendo a República no Brasil, Lisboa retornou e se integrou às forças da Confederação do Equador, na qual morreu em combate. O líder do movimento, o jornalista e eclesiástico Frei Caneca, foi fuzilado em 1824.

A partir do momento em que os movimentos pela Independência se transformavam em movimentos pela liberdade, eles foram sufocados e reprimidos pelas forças do Primeiro Império. O mesmo fim teve a imprensa, que voltou a viver tempos de censura e perseguição, com uma abertura maior durante o período de Regência, embora tenha ocorrido uma retração no Segundo Império, quando as forças imperiais se associaram às classes latifundiárias e impediram maior avanço liberal, ao proclamar a Maioridade de D. Pedro II.

Na segunda metade do séc. XIX, a imprensa brasileira começou a alcançar pontos no interior, com a expansão do correio, e os ideais republicanos começaram a se difundir com maior facilidade, especialmente a partir de 1870. Outra característica marcante dessa época foi a associação entre jornalismo e literatura: Machado de Assis, Manuel Antônio de Almeida, José de Alencar, Joaquim Manuel de Macedo e entre outros eram revelados por meio dos jornais. Machado Neto, citado por Ortiz (1989, p. 20-27), lembra que, no Brasil,

> as relações do intelectual com o seu público se iniciaram pelo *mass media*. Para o escritor, o jornal desempenhava funções econômicas e sociais importantes: ele era fonte de renda e de prestígio. Devido à insuficiente institucionalização da esfera literária, temos um caso no qual um órgão voltado para a produção de massa se transforma em instância consagradora da legitimidade da obra literária.

Vários romances importantes da literatura brasileira foram resultantes de uma compilação de folhetins, como *Memórias de um Sargento de Milícias* (Manuel Antônio de Almeida), *Cinco Minutos, O Guarani* (José de Alencar), *Memórias Póstumas de Brás Cubas* (Machado de Assis). Além destes, Silva Jardim, Raul Pompéia, Artur Azevedo, Olavo Bilac, enfim, praticamente todos os grandes nomes das letras brasileiras da época viviam da imprensa – uma simbiose curiosa, porém compreensível, diante das circunstâncias históricas que adiaram a proliferação do livro no país.

Com a República, consolidou-se, enfim, a transição do jornal do período artesanal para o industrial. O número de publicações periódicas diminuiu e começa a aparecer o formato do jornal como empresa, tal como o *Jornal do Brasil,* em 1891, e o *Estado de S. Paulo,* em 1895. Esse último inovou ao apresentar, talvez pela primeira vez, as histórias de um correspondente de guerra, misturadas à literatura científica, resultando em uma das obras mais famosas da língua portuguesa: *Os Sertões*, de Euclides da Cunha, enviado especial ao nordeste sertanejo de Canudos. Na década de 1920 surgiu a *Folha da Noite,* depois *Folha da Manhã*, depois *Folha de S. Paulo*. Também nessa época foram fundados os *Diários Associados*, de Assis Chateubriand.

No período republicano não diminuíram as perseguições a veículos e jornalistas, especialmente durante o governo de Floriano Peixoto. Na transição da oligarquia rural para a burguesia industrial, comandada por Getúlio Vargas durante o Estado Novo, por intermédio do Departamento de Imprensa e Propaganda, a censura foi fortíssima, com o fechamento de várias publicações. Apesar das restrições, da mesma forma que na Europa, a imprensa possibilitou a difusão de vários jornais expressando as ideias dos movimentos operários e anarquistas.

A imprensa brasileira dessa época ainda não havia adotado as manchetes, subtítulos e outros processos jornalísticos já conhecidos na Europa. Em função da tradição literária, o noticiário muitas vezes era difícil, empolado, informações sociais misturavam-se com correspondência, além de existir uma seção intitulada *a pedidos*, na qual eram lançadas farpas diversas sem qualquer cerimônia ou responsabilidade.

Um primeiro esforço de padronização só foi realizado com competência em 1951, pelo *Diário Carioca*. Nesse ano, o vespertino *Última Hora*, de Samuel Weiner, deu um passo adiante na modernização da imprensa brasileira: o jornal era produzido em diferentes lugares, possuía uma marca que o diferenciava dos outros e homogeneizava as particularidades da produção, criando as editorias (ou cadernos), como os de esportes e fatos diversos. Mas, por trás dessas mudanças renovadoras, existia a intenção de Weiner em reforçar a divulgação, em escala nacional, do getulismo – não foi outra a razão para obter crédito tão fácil nos bancos estatais para a abertura de sua empresa. Por atitudes como essa, tanto Weiner como Vargas eram sistematicamente escorraçados por Carlos Lacerda, diretor do jornal carioca *Tribuna da Imprensa*, concorrente de Weiner. Por causa de seus ataques frequentes, muitos deles certamente abusivos, Lacerda acabou sendo alvo de um atentado atribuído a Gregório Fortunato, assessor de Getúlio, mas que acabou atingindo fatalmente o major Vaz, da Aeronáutica. Os dias daquele agosto de 1954 que separam o atentado de Lacerda do suicídio de Getúlio Vargas – cuja morte acabou adiando em quase dez anos um golpe militar no país – se configuram em um dos episódios mais marcantes da história brasileira.

Outra mudança em direção à modernização do jornal aconteceu entre os anos de 1956 e 1959, quando o *Jornal do Brasil* (JB) promoveu importante reestruturação, protagonizada, dentre outros, por Jânio de Freitas e Amilcar de Castro: abolição de fios, trabalhos com o espaço em branco e volumes, confronto do vertical com o horizontal, da assimetria com a simetria.

Mas as mudanças provocadas pelo *Diário Carioca*, *Última Hora* e *JB* apenas marcam o início de uma década singular na história da imprensa brasileira: segundo Sodré, além das crises do petróleo e do papel, os anos 1950 consolidam o modelo conglomerado no Brasil: ou seja, o proprietário de um jornal começa também a ser dono de uma revista, uma rádio, uma editora. Muitos destes conglomerados existem até hoje, como as Organizações Globo, da família Marinho, que Roberto Marinho herdara do pai em meados da década de 1920, o jornal *O Globo*. Na página 85 deste trabalho será atualizada esta evolução, destacando os formatos atuais atingidos pela imprensa, com ênfase no impacto da internet sobre o Jornalismo.

Características

Sabe-se que a leitura, especialmente a boa leitura, deve ser uma forma de prazer. Se não se gosta de um texto, deve se livrar dele. A literatura é rica e fascinante o suficiente para oferecer ao leitor um texto sedutor, cativante e saboroso. Com os jornais acontece, de certa maneira, a mesma coisa: o leitor é seletivo. Ele pontua sua leitura por algumas linhas de conduta: começa pelas seções de sua preferência, por aquelas notícias que lhe chamam a atenção (daí a importância do projeto gráfico e da titulação em um jornal ou revista) ou por aquelas que possui um interesse específico. Afinal, embora a leitura integral de um grande jornal diário seja equivalente a um romance de 600 páginas, seu leitor não lerá a publicação inteira, justamente devido a esse poder de seletividade que possui diante da imprensa escrita.

Como o gosto é o que mais se discute, não cabe aqui apontar as razões que levam determinado leitor a se identificar com esta ou aquela seção, devido, exatamente, ao alto índice de subjetividade que perpassa essa escolha. Mas, vale tentar o caminho inverso, no qual apresenta-se alguns itens que esclarecem como os jornais organizam seus textos, de modo a facilitar esse processo de leitura e apreensão seletiva da informação por parte do leitor.

O jornal como fonte de informação noticiosa

- *Primeira Página*

Para o jornal, a primeira página é sua vitrine, que constitui a principal fonte de informação do leitor sobre o conteúdo da edição daquele dia. Nas revistas, a capa é o equivalente à primeira página, sempre abrindo com uma boa fotografia e com o destaque das principais matérias do dia. A primeira página deve conter uma síntese dos principais fatos do dia, apresentados de maneira curta e fina, mesmo que seja somente os títulos – em todo o caso, sempre seguidos das páginas nas quais a íntegra das matérias possa ser encontrada.

Mas, sobre todas as chamadas, está o título da matéria principal – a famosa *manchete* de primeira página – que, ao contrário de outros títulos presentes nesta página, geralmente ocupa todas as seis colunas do jornal, sendo seguida de um texto sintético, com indicação das páginas nas quais a matéria possa ser encontrada. Acompanham boas fotos e, às vezes, ilustrações. Os títulos menores, incluindo suas *manchetes* e seguidos da indicação de páginas, recebem o nome de *chamadas*. Acima da *manchete* principal está o cabeçalho do jornal, trazendo o nome do periódico, origem e data de publicação, número de edição, preço, outras informações essenciais, o nome do grupo/editor responsável, e, quando for o caso, *slogans* que ilustram o espírito empresarial de quem publica o jornal.

Uma leitura atenta da primeira página de vários jornais permite perceber, por meio da comparação, as notícias que cada um pretende priorizar em sua edição.

Muitas vezes essa prioridade coincide. Em outras ocasiões, a matéria que recebe manchete em um jornal pode não ter o mesmo destaque em outro. As explicações são diversas: a prioridade dada a outro fato, movida pela política editorial do jornal (se for um jornal de esportes, fará uma manchete sobre os finalistas da Copa do Mundo e não sobre o novo pacote econômico, anunciados no mesmo dia); a apuração insuficiente do fato, seja do próprio repórter ou do repórter fotográfico, que não conseguiu uma boa foto da notícia (o que é lamentável para a reportagem); interesses escusos da empresa em priorizar aquela matéria ou dificultar a divulgação de outra (o que é lamentável para o jornalismo); ou ainda o *furo* de reportagem, isto é, uma matéria de alta repercussão, devidamente apurada com exclusividade por determinado veículo antes que os concorrentes soubessem ou reunissem as condições suficientes para sua publicação.

- *Editorial*

Geralmente situado na página 2 dos jornais ou em alguma das primeiras 5 páginas das revistas, os editoriais expressam, de maneira clara e objetiva, a posição do periódico diante de determinado acontecimento. Ao contrário do que se espera nos demais textos do interior do jornal – com exceção dos artigos – o editorial tem um caráter notoriamente opinativo, embora nunca seja assinado: sua autoria é automaticamente atribuída ao corpo editorial ou ao editor do veículo.

No entanto, esta opinião não deve influenciar a edição das notícias: um editorial favorável às mudanças econômicas, por exemplo, não deve vetar artigos sobre este mesmo fato, que tenham opinião distinta daquela apresentada pelos editoriais, ou impedir que a notícia sobre o mesmo fato publicada no jornal apresente opiniões que critiquem as mudanças. Em outras palavras: uma posição editorial não deve provocar qualquer tipo de direcionamento à reportagem. Exatamente por isso, o acompanhamento das opiniões expressas nos editoriais permite verificar como o veículo se posiciona diante dos acontecimentos e se essa posição interfere no tratamento jornalístico dado aos mesmos fatos.

De qualquer forma, em muitos casos de compilação temática, os editoriais são esquecidos, enquanto os artigos são sempre lembrados: às vezes, um bom editorial apresenta uma síntese e uma argumentação tão ou mais interessante que um artigo sobre o mesmo tema.

- *Artigos*

São textos assinados, muitas vezes escritos por colaboradores ou especialistas em determinados assuntos, não necessariamente jornalistas e nem sempre vinculados ao jornal (ou às ideias do jornal). Cabe ao jornalista a confecção do texto – a notícia ou a reportagem – função exclusiva que lhe é garantida por lei. Ao articulista cabe apresentar um texto conciso, bem estruturado e argumentado sobre algum tema, geralmente inspirado por uma notícia ou reportagem publicados pelo jornal. De teor opinativo, sua existência está vinculada não só ao direito do leitor de obter uma informação sobre tema de seu interesse, com características mais profundas e mesmo dissonantes daquelas apresentadas pelo repórter (ou de outro articulista), mas, também, a uma forma direta de manifestação do princípio de liberdade de expressão – uma das âncoras históricas da imprensa.

- *Colunas*

Em termos gráficos, é cada uma das estruturas verticais que descem do topo ao pé da página do jornal (seis para o formato tradicional, chamado de *standard*), separadas entre si por um curto espaço em branco. Mas, o termo serve também para designar espaços específicos nos jornais em que aparecem, publicados periodicamente, artigos de autores convidados ou provenientes do próprio jornal, reunidos de acordo com uma temática própria – e que nem sempre se restringe a uma só coluna, podendo chegar até três, ou mesmo, a uma página. Assim, o jornalista Jânio de Freitas assina uma das principais colunas do jornal Folha de S.Paulo, na qual analisa principalmente fatos políticos brasileiros. Carlos Heitor Cony também tem uma coluna diária no mesmo jornal, assim como o empresário Antônio Ermírio de Moraes. Outro espaço famoso que, apesar de ocupar meia página dos jornais, também se caracterizou como coluna é o colunismo social, cujo responsável, nem sempre um jornalista, reúne notas e informações sobre políticos, artistas e outras celebridades. Em sua pior forma, funciona como mero produtor de fofocas e intrigas. Em sua melhor forma, pode antecipar algumas novidades (sondadas durante uma festa, por exemplo) e trabalhar em parceria com a redação do jornal, que pode apurar mais profundamente a informação obtida. Outra coluna que merece bastante atenção é a coluna do leitor, que expressa sua opinião sobre o jornal ou sobre os temas agendados e publicados. Recentemente, a voz dos leitores ganhou um suporte importante: a figura do *ombudsman*, espécie de ouvidor pago pelo próprio jornal, mas que atua de maneira independente dele. A figura do *ombudsman* está vinculada ao interesse do leitor, à detecção de problemas de ordem técnica e, principalmente, ética, na cobertura, no tratamento e na publicação das notícias.

- *Notícias*

No curso de Jornalismo, há um bordão que é frequentemente dito aos alunos: "se um cão morde um homem isso não é notícia, mas se um homem morde um cão, isso é notícia." Apesar de bem-humorada, é uma imagem reducionista para uma característica da notícia: uma particularidade que se destaca em um contexto geral, um acidente de percurso, um fato inusitado, inesperado. Nem sempre, porém, a notícia vem de fatos inesperados, mas resulta de coberturas diárias de matérias já apresentadas ao grande público, como o acompanhamento das negociações para a votação das reformas da Previdência. Contudo, ainda assim, essa notícia deve se pautar por, pelo menos, um critério: o da novidade. O que há de novo entre o que foi discutido ontem e o que foi discutido hoje no Congresso, seguindo o exemplo, durante as votações e – o que é mais importante – como isso afeta o leitor? Qual será o interesse do leitor nesse caso? O respeito ao leitor e o atendimento a seus interesses – não aos seus desejos – será sempre a referência maior do jornalismo. Trata-se de um diálogo que, para que possa acontecer de maneira plena, deve estar ancorado na credibilidade, na ética, no domínio das técnicas de redação jornalística e na gramática portuguesa.

A estrutura da notícia é ilustrada pela figura da pirâmide invertida: enquanto na literatura a ação sai de um vértice e se desdobra até chegar aos elementos principais (como uma pirâmide), na notícia tais elementos têm obrigatoriamente que aparecer primeiro, sem delongas ou floreios de qualquer espécie – por isso uma pirâmide invertida. Não se trata de um conto de mistério policial, mas de uma notícia. Se foi julgado que o mordomo é o culpado, essa informação deve aparecer na linha da matéria, com todas as suas fundamentações. Ao contrário do escritor de romances policiais, o repórter policial tem que contar o final da história logo no início: quem morreu, quando, por que, como e onde. O conjunto desses elementos, que formam o pontapé da notícia, chama-se *lead* (exatamente porque vem do inglês *conduzir*) e ele se caracteriza por responder a algumas das seis perguntas básicas que se deve fazer com relação ao fato jornalístico. O escritor Rudyard Kipling consagrou o formato quando trabalhava no jornal hindu *Allahabad Pioneer*.

> *I have six honest serving men/they taught me all I know/their names are Where and What, and When/ and How and Why and Who* (Eu tenho seis servos honestos/Que me ensinaram tudo o que sei/Seus nomes são Onde, o Quê, Quando/ Como, Por que e Quem" (Kipling citado por Dines, 1986, p. 70).

Assim, pode-se dizer que o princípio que caracteriza a reportagem é o mesmo para a notícia, salvo por um detalhe: a reportagem permite uma pesquisa mais aprofundada junto aos entrevistados, maior confronto de opiniões e de espaço para análise. Grosso modo, esta é uma das razões que explicam porque as revistas, em função da sua periodicidade semanal ou mensal, têm maior ênfase na reportagem, enquanto nos jornais, impressos diários, a ênfase é dada à notícia.

• *Prestação de serviços*

Além das notícias, os jornais também prestam serviços informativos à comunidade e ao público, fornecendo dados úteis para o dia a dia, que podem ser compilados e apresentados pelo bibliotecário da maneira mais conveniente possível, e de acordo com o público usuário com quem atua. Cotações sobre o preço de produtos agrícolas, minerais, ações na bolsa, boletins meteorológicos, roteiro de viagens, espetáculos, cinema e outras formas artísticas estão contempladas no jornal, além de seções com passatempos e outras brincadeiras. Vale lembrar também que a consulta à página do expediente do jornal é importante para detectar os contatos de todas os setores que compõem a publicação, além da verificação de que a mesma é filiada ao Índice de Verificação de Circulação, que monitora sua tiragem.

- *Itens imagéticos*

Além das características da informação textual ao se explorar o caráter noticioso dos jornais, a página de um jornal agrega também elementos visuais: a fotografia é um item muitas vezes indispensável à notícia. A imagem, capturada pelo repórter fotográfico, complementa e trabalha em sinergia com o texto do repórter. É importante observar que o assunto da foto vem sempre esclarecido por uma legenda. A origem da imagem, da mesma forma, é apontada em alguma parte da fotografia, geralmente no canto superior esquerdo, em que se encontra o nome do fotógrafo ou da agência de notícia responsável pela imagem.

Outro item imagético importante para complementar as informações de uma notícia e/ou reportagem é a infografia. São tabelas gráficas, produzidas pela editoria de arte do jornal, a partir de informações repassadas pelo repórter. São as informações de maior relevância da matéria, cujo destaque na página desperta a atenção do leitor.

Por fim, os anúncios que compõem a página ajudam a entender um pouco a lógica comercial do veículo, seus principais anunciantes, como também o peso ideológico dessa presença no agendamento diário das notícias: matérias eventualmente produzidas sobre os anunciantes. Apresentam caráter favorável ou crítico? Estas são questões que podem ser levantadas nesse quesito.

O jornal como fonte de informação narrativa e histórica

Parafraseando Shakespeare, que disse serem sonho e realidade constituídos da mesma matéria, pode-se dizer que jornalismo e literatura são feitos das mesmas letras. O que muda é a natureza do que é dito e, por conseguinte, aquilo que o público leitor espera. No jornalismo, o fato é soberano. Na literatura, muitas vezes o caráter de ficção é o mais importante. Enquanto o escritor tem um prazo maior para burilar e acertar as palavras, o jornalista deve produzir um texto correto, espremido por um limite bem definido de espaço e tempo.

O escritor argentino Jorge Luís Borges comentou certa vez que a grande ambição do jornalismo é se tornar literatura: "o jornal escreve para o esquecimento. Já a literatura escreve para a memória e o tempo." Mas, trata-se de um paradoxo injusto: afinal, produzindo um texto conciso e coerente com o fato apurado, o jornalista contribui para transformar seu texto em documento histórico. Ou, como disse Millôr Fernandes: "quem diria! A história que meu filho lê nos livros de hoje eu lia nos jornais do dia!" Atualmente, a história contemporânea estendeu o conceito de documento para todos os suportes produzidos pelo homem e não somente para aqueles que contém a verdade sobre os fatos – exatamente porque, falso ou verdadeiro, todo documento tem capacidade para contar uma história, lembrando um velho preceito semiótico: tudo o que pode ser usado para mentir, também pode ser usado para dizer a verdade, senão não poderia ser usado para dizer nada.

Portanto, ressalta-se aqui a importância do jornal como fonte de informação histórica: o exame retrospectivo de algumas publicações pode mostrar como foi o comportamento do veículo, durante determinada época, ao revelar os fatos selecionados, o destaque que eles obtiveram no jornal, o tipo de texto sobre o qual foi construída a notícia. Essas são informações fundamentais para construir o retrato de determinada época e para ressaltar a importância do jornal, não só como um instrumento de acompanhamento diário de uma seleção de fatos ocorridos no mundo e no local de sua circulação, mas, exatamente por isso, como um documento histórico desse mesmo mundo. É curioso observar que, exatamente por causa de seu ritmo de produção diário, folhear um jornal ou revista antigos geralmente provoca uma sensação semelhante à de folhear um álbum de fotografias: rememoramos o que estávamos fazendo quando tal fato aconteceu e quando nos deparamos com ele diante das bancas de jornais ou numa conversa com amigos. Se o ritmo cotidiano de produção jornalística aproxima-se, acompanha e revela o nosso ritmo cotidiano, certamente também o fez em épocas passadas – daí mais uma razão para seu importante papel histórico. Esse papel fica claro quando se observa que muitos arquivos públicos incluem em seu acervo diversas coleções de jornais.

O jornal, enquanto documento histórico, não o exime de seu vínculo com o leitor do presente. Daí a responsabilidade do jornalista em assumir o compromisso com a máxima verossimilhança na apuração, descrição e narração dos fato; é essa espécie de contrato com o leitor que Umberto Eco chama de paratexto: uma espécie de acordo preestabelecido entre a expectativa do leitor e a natureza da mensagem de um texto. Se se está diante de um livro que traga a palavra *fábulas* na sua capa, se estabelece um paratexto que prepara e condiciona a nossa leitura. Espera-se, ao folhear as páginas do livro, encontrar, por exemplo, animais que falem ou objetos que voam. Mas, diante de um jornal, ao contrário, o pretexto é de que os fatos apresentados pelo jornal são verídicos, não são inventados, como na ficção. Ou, como diria Danton Jobim:

> O que o leitor exige do jornalista é que este lhe explique, enciclopédica e profeticamente, tudo o que de significativo está acontecendo e vai acontecer. As respostas não podem ser as de um ensaísta, porque ao jornalista não lhe sobra tempo para as longas meditações, nem as de um ficcionista, porque não lhe é lícito, helas!... suprir com a imaginação as lacunas da realidade. Neste particular, o público é severíssimo conosco. Pão, pão; queijo, queijo; fato é fato; poesia é poesia. (JOBIM, 1992, p. 43).

Boa parte dessa divisão tem sua origem na concepção positivista de ciência que fundamentou as bases para o bom jornalismo. Imparcialidade, objetividade e neutralidade eram aspectos cruciais para a elucidação de todo e qualquer problema científico. Quase que imediatamente, esses aspectos foram transportados para a apuração da veracidade da notícia jornalística.

Mas, foi exatamente a partir de novos avanços científicos, especialmente nas Ciências Humanas, que tais procedimentos ficaram relativizados. O avanço da Antropologia, da Psicologia e da Física subverteu a noção clássica do cientista: não existe neutralidade. O pesquisador (ou o jornalista) estará sempre sendo influenciado pelo resultado de uma complexa rede de circunstâncias. Existirá sempre um lugar e nunca um *não-lugar* de onde ele fala ou expõe suas ideias. Tal concepção acaba por desmontar igualmente o conceito de imparcialidade e objetividade: se ele trata de um determinado lugar, não pode ser de todo imparcial. Se fala e escreve, realiza um ato humano, cultural, que revela, sim, um estilo próprio, mas, também, uma capacidade de selecionar palavras de acordo com uma intenção específica. Afinal, se esses princípios fossem realmente eficazes, ter-se-ia como exemplo extremo a curiosa situação em que todos os jornais falariam sobre a mesma coisa e sempre com as mesmas palavras. O texto produzido seria sempre um só, homogêneo, irretocável e, talvez, verdadeiro. Mas não é. Essa peculiaridade, insiste-se, não exime o jornal e, tampouco, o jornalista, de expor o fato da maneira mais correta, precisa, honesta e responsável possível.

Depois de falar tanto nas diferenças entre jornalismo e literatura, conclui-se esse item, relembrando as semelhanças. Tanto um como outro operam por meio de palavras, portanto, a boa gramática vale para ambos os casos. Espremido pelo espaço, pelo tempo e, atualmente, pela ausência cada vez maior de revisores nas publicações – um dos preços pagos pela revolução informática na imprensa –, o jornalista está sujeito a cometer alguns erros, o que não justifica uma possível insistência ou desleixo em cometê-los.

Ainda na época dos revisores, uma das maneiras encontradas para resolver o problema foi a adoção dos manuais de redação. Ao lado de uma boa gramática e de um bom dicionário, o manual de redação compõe o tripé básico das fontes de informação necessárias para uma boa redação jornalística. Isso porque o manual não só retira dessas duas *bíblias* as palavras, regras e termos que correspondem às dúvidas mais frequentes no dia a dia da redação, como também oferece informações sobre a política editorial da empresa. Ou seja, o manual de redação recomenda como o jornalista deve abordar determinados tipos de notícia (como suicídios, sequestros, crimes) ou tratar das questões cruciais ao exercício e ao código de ética da profissão, como o sigilo da fonte e o limite entre público e privado.

Como autor de ficção, o escritor busca um texto literário, aberto a diversas interpretações. Como leitor dos fatos, o jornalista oferece a sua interpretação por meio de uma técnica jornalística que produz um texto menos aberto que o do escritor, balizado pela herança científica do positivismo e pela concepção editorial do periódico em que trabalha. Ancorado nos fatos e tendo como referência o jornal ou a revista, o jornalista consulta suas fontes e, aos poucos, inventa um estilo próprio de narrativa. Ancorado na ficção e tendo como referência o livro, o escritor pode inventar os fatos e descobrir seu estilo a partir de cada obra realizada.

O Jornal como fonte de informação para demandas específicas

Jornais e revistas podem ser trabalhados de várias formas e, até mesmo, atendendo a demandas específicas de indivíduos e grupos. Tome-se como exemplo as empresas: diante da explosão informacional, muitas instituições utilizam tais publicações para a confecção de *clippings*, isto é, uma seleção e organização de notícias e artigos publicados, recortados, reproduzidos de acordo com os interesses e distribuídos para diversos setores da empresa. Tais interesses podem ser entendidos sob duas diretrizes: *divulgação* e *mercadológica*.

Na divulgação, um *clipping* busca a visibilidade da empresa ou instituição. São as notícias em que o nome da organização aparece relacionado a algum fato jornalístico: lançamento de um produto, apoio a um determinado evento. Muitas vezes, os assessores das empresas apresentam, equivocadamente, tais notícias como sendo uma forma de publicidade gratuita – o que, se considerar a idoneidade do veículo, não é correto pois as funções de uma redação e do departamento comercial, em um jornal, devem ser bem definidas e independentes. Exatamente por causa disso, muitos jornais evitam citar nomes de empresas em suas matérias. Afinal, se o jornal confunde espaço de notícia com espaço publicitário, especialmente se movido por interesses espúrios, ele já não faz jornalismo, mas publicidade, atingindo em cheio o maior patrimônio de sua empresa: a credibilidade e o respeito que possui, muitas vezes adquirido a duras penas, canetas e computadores junto ao seu público leitor.

Na diretriz mercadológica, o *clipping* obedece a uma estratégia comercial da empresa, como, por exemplo, o interesse em acompanhar as notícias publicadas sobre sua principal concorrente, ou um assunto que considera fundamental para estimular o desempenho de seu negócio e/ou serviço ou mesmo a procura de novas oportunidades de investimento e decisão. Uma empresa de *marketing* cultural, por exemplo, deve ficar atenta para *clipar* todas as matérias voltadas para lançamento de produtos em uma determinada empresa, observando datas, público-alvo e linha do produto para confecção de propostas de patrocínio mais acertadas. Aqui, percebe-se que um bom *clipping* começa não só na seleção das notícias relevantes, mas na própria seleção de publicações: além daquelas de conteúdo mais geral, outras que atendam aos interesses específicos da empresa envolvida. A vasta oferta de revistas especializadas é, em parte, resultante de uma aposta muito intensa nessa perspectiva: atingir um segmento específico da sociedade que se interesse frequentemente pelas matérias que apresenta.

Utilizou-se o modelo empresarial para se abordar o *clipping*, mas ele pode perfeitamente ser aplicado para grupos, instituições e mesmo indivíduos, conforme seu grau de interesse sobre determinado assunto. O cientista da informação, além de orientar as aquisições adequadas de publicações que atendam mais diretamente à demanda verificada junto à comunidade, pode organizar e produzir *clippings* de assuntos que atendam a essa demanda com base em textos retirados destas publicações. É o que, nas bibliotecas, se produz nas hemerotecas: arquivos de recortes ou dossiês. Alguns exemplos: a questão dos sem-terra, críticas de cinema, pena de morte, tudo pode resultar em um dossiê, a partir da seleção, recorte e organização dos principais editoriais, artigos e notícias sobre o tema, publicados em diversos jornais e revistas. O resultado é uma compilação preciosa de opiniões, ideias e pensamentos, muitas vezes díspares, acerca do tema pesquisado, resultando em uma pasta, organizada pelo cientista da informação e colocada à disposição da comunidade em que atua.

Tendências

A forma do jornal atingiu sua apoteose clássica a partir da década de 1950. Desta época até agora, alguns formatos tradicionais permanecem, como o tabloide (um formato menor, típico dos suplementos dos grandes jornais, mas, ainda, muito utilizado em jornais de bairro, sindicatos e pelo gaúcho *Zero Hora*) ou o *standard*, que praticamente domina os jornais de grande circulação.

Uma outra forma de exposição da informação jornalística é o formato *on-line*, surgido nos últimos dez anos, que seria a *simples* transposição *on-line* no *site* do jornal das matérias veiculadas em sua versão impressa, sem explorar potencialmente os recursos oferecidos pela convergência de mídias, possibilitada pelo ambiente da internet. O *webjornalismo* é aquele, cujo fluxo de produção, desde o início, está voltado para a publicação de uma notícia em ambiente *web* ou que, pelo menos, possa explorar um pouco mais as características do suporte digital--eletrônico, como o fluxo hipertextual, o caráter de convergência multimidiática, a atualização constante, uma interação mais plena e a estocagem (capacidade de disponibilizar informações anteriores). Assim, o jornalismo *on-line* é um gênero e o *webjornalismo*, uma de suas mais sofisticadas espécies.

A esses aspectos, agrego os seguintes comentários (Teixeira, 2002):

- O caráter de hipertexto, embora não seja uma novidade apresentada pelo suporte eletrônico-digital, foi certamente potencializado por ele: chega-se ao ponto de não se contar apenas com conexões para outros textos, mas também outros suportes de linguagem, como trechos de áudio e vídeo (hipermídias).

- Uma das razões que possibilita essa convergência multimidiática é justamente o suporte digital. Ele transforma a internet e, por consequência, o jornalismo *on-line* em uma plataforma não só de publicação, mas também de distribuição (seu produto final pode ser acessado facilmente, tanto no Brasil, como no Japão, a um custo pequeno, se comparado com o jornal papel tradicional). Ou seja, há uma convergência não somente de linguagens, como também de funções.

- Outro impacto está na periodicidade: ao contrário dos suportes tradicionais jornalísticos, o jornalismo *on-line* oferece um conteúdo que pode ser atualizado continuamente. É a primeira vez na história da comunicação que o texto impresso informativo alcança uma velocidade em tempo real para o relato de situações e fatos, antes só possível via rádio e TV. Ao mesmo tempo, porém, pode manter o caráter de interpretação e análise que marcou a segmentação editorial do jornalismo impresso. Um projeto editorial para a internet pode optar por qualquer um desses caminhos ou mesmo buscar uma combinação dos dois.

- Sabe-se que o leitor de jornal é um sujeito seletivo. Não lê tudo aquilo que o jornal publica, mas navega pelas páginas impressas em busca de um título ou foto interessante, ou mesmo vai diretamente à sua seção preferida. O leitor de jornalismo *on-line* pode programar seu conteúdo para só receber aquelas notícias que lhe interessam – sem mencionar a programação de *sites* que lhe interessam (a pasta *Favoritos*).

- O usuário pode interagir com o emissário da notícia, enviando *e-mails* e contribuindo para a fomentação do debate e da crítica. Esse é um dos pontos mais sensíveis ao debate, uma vez que, para muitos, o conceito de interatividade torna-se mais pleno à medida em que descreve uma relação dada efetivamente em tempo *real*.

- O suporte digital pode também apresentar outra característica: sua convergência de mídias permite não só a publicação, a distribuição, mas também a pesquisa. O poder de compactação dos dados possibilita acesso mais amplo às informações passadas, a um arquivo de textos, sons e imagens que também pode ser incorporado ao projeto editorial em jornalismo *on-line*.

Algumas fontes para identificação de jornais

Um base de dados que serve como referência para publicações é, sem dúvida alguma, o *site* www.onlinenewspapers.com. Nele, pode-se obter o acesso a versões *on-line* de todos os jornais do Brasil e do mundo. Nos *sites*, tem-se a linha editorial de cada publicação, bem como endereços e *e-mails* para contato.

Para maior análise da imprensa brasileira, uma importante referência é o *site* do Observatório da Imprensa: www.observatoriodaimprensa.com.br, que realiza discussões sobre a cobertura da imprensa a diversos temas agendados pelas publicações. Comandado pelo jornalista Alberto Dines, o Observatório da Imprensa tem um programa de TV semanal que é retransmitido pela Rede Pública de Televisão, Radiobrás e canais a cabo universitários.

Outra importante referência para o entendimento da imprensa nacional é o *site* www.comuniquese.com.br, que inclui informações sobre o mercado jornalístico, bastidores e informações gerais sobre a mídia brasileira.

Referências

BURNETT, Lago. *A língua envergonhada*: e outros escritos sobre comunicação jornalística. Rio de Janeiro: Nova Fronteira, 1991.

CALVINO, Ítalo. *Seis propostas para o próximo milênio*. São Paulo: Cia. das Letras, 1990.

CASTRO, Maria Ceres; VAZ, Paulo Bernardo (Org.). *Folhas do Tempo* – imprensa e cotidiano em Belo Horizonte – 1895-1926. Belo Horizonte: Ed. UFMG, 1997.

DINES, Alberto. *O papel do jornal* – uma releitura. 4. ed. São Paulo: Summus, 1986.

ECO, Umberto. *Seis passeis pelos bosques da ficção*. São Paulo: Cia. das Letras, 1999.

FARIA, Maria Alice. *O jornal na sala de aula*. São Paulo: Contexto, 1994.

JOBIM, Danton. *O espírito do jornalismo*. São Paulo: EdUSP; Belo Horizonte: ComArte, 1992.

KUCINSKI, Bernardo. *Jornalismo econômico*. São Paulo: EdUSP, 1996.

LAGE, Nílson. *A estrutura da notícia*. São Paulo: Ática, 1985.

ORTIZ, Renato. *A moderna tradição brasileira* – cultura brasileira e indústria cultural. São Paulo: Brasiliense, 1988.

RUBIM, Antônio Albino. *Imprensa e indústria cultural*. Recife: EdUFPE, 1980.

SODRÉ, Nelson Werneck. *História da imprensa no Brasil*. Rio de Janeiro: Civilização Brasileira, 1966.

TEIXEIRA, Nísio. *Impacto da internet sobre a natureza do jornalismo cultural*. Belo Horizonte: PUC-MG, [s.d.]. Inédito (a ser publicado).

Televisão

Maria Beatriz Almeida S. Bretas

Conceitos e funções

A televisão constitui parte de um complexo institucionalizado, juntamente com outras estruturas informativas como os jornais, as revistas, o rádio e muitos outros meios de comunicação. Seu conceito transcende as meras especificações de sua classificação como mais um eletrodoméstico, já que a TV participa ativamente da composição do sistema comunicativo midiático contemporâneo, influenciando a sociedade e, ao mesmo tempo, sendo conformada pela vida social.

A palavra *televisão* agrega o prefixo *tele* (que quer dizer *longe* ou *ao longe*) ao termo *visão*, o que traduz a ideia de ver à distância. Destinada inicialmente à radiodifusão de imagens e sons, a televisão também é utilizada em circuitos fechados, para fins educacionais, domésticos, empresariais etc.

O papel desempenhado pela TV pode ser analisado por intermédio de suas funções informativa, formativa e de entretenimento. A primeira função, *informativa*, baseia-se na busca e difusão de notícias, marcadas pelo caráter de atualidade, de novidade e pelas mensagens que envolvem e situam a vida das pessoas. A função *formadora* da televisão está ligada às possibilidades educativas do meio. De um modo geral, as programações ditas educativas visam complementar os conteúdos trabalhados no sistema formal de ensino ou promover a capacitação de determinados segmentos de público. A função de *entreter* pode ser observada na veiculação de conteúdos destinados à distração, ao lazer e ao preenchimento do tempo livre da audiência.

Entretanto, essas funções não se apresentam necessariamente separadas, porque a informação noticiosa tanto atua na formação dos públicos quanto pode ser apreciada na perspectiva do entretenimento. Conteúdos notadamente de entretenimento também preenchem funções informativas e formativas. Junto a esse conjunto de papéis desempenhados, a televisão coloca-se como espaço de expressão de ideias e de motivação dos públicos ao consumo de bens, de serviços, de valores e de crenças.

No Brasil, a televisão apresenta uma ação fundamental na articulação da identidade nacional, ao integrar a sociedade e ao criar laços sociais. Por intermédio da difusão de um sentimento nacional, ou de uma ideia de nação, a produção de um olhar sobre o país, assim como sua disseminação, é, no entanto, desequilibrada, já que a indústria televisiva concentra-se primordialmente na região Sudeste, mais precisamente no eixo Rio-São Paulo. A visão daí gerada acaba sendo preponderante no desenho da identidade brasileira. As redes nacionais de TV acabam por suplantar as emissoras locais ou regionais, principalmente no volume de investimentos e nas condições de produção.

No bojo das transformações tecnológicas que moldam a sociedade da informação, assiste-se hoje a uma reformulação nas formas de organização do mercado de trocas dos bens simbólicos, caracterizado pela presença maciça de oligopólios no setor, a exemplo das grandes redes de TV. Mas, também, ainda que timidamente, observa-se o movimento da sociedade na reivindicação de seus direitos de comunicação no espaço das imagens eletrônicas.

Origem e evolução

Os episódios do fatídico 11 de setembro de 2001, cujas imagens repetidas incessantemente registraram e reafirmaram a intensidade da tragédia do *World Trade Center*, dão uma mostra da importância política da televisão na contemporaneidade. A capacidade de dar visibilidade ao mundo, por meio da cobertura dos eventos mundiais ou locais, coloca os indivíduos como testemunhas oculares da história. Esta constatação, entretanto, não implica em maior participação social na cena política, na medida em que a concentração da produção e da difusão televisiva marca a força das grandes corporações empresariais ligadas à produção de conteúdos informativos, de propagação cultural e de entretenimento. Mesmo com a criação de novas formas de televisão, ela continua a ser um meio de massa que atinge vastos contingentes de população, o que destaca sua relevância.

A televisão se desenvolve acompanhando os tempos de mudanças da sociedade, da economia e das reviravoltas políticas assistidas ao longo do séc. XX e neste início de milênio. Estrutura-se, de uma maneira geral, dentro da ótica capitalista, no que diz respeito às formas de organização, produção e distribuição de seus produtos. Os diferentes contextos em que as produções se inserem são fundamentais na definição da face tomada pela tecnologia, sendo que a televisão é regulamentada em todos os países. A configuração do meio, seja sob a forma de canais estatais ou administrados pela iniciativa privada, determina o tipo dos conteúdos veiculados.

Ao contrário do cenário televisivo norte-americano, de caráter preponderantemente privado, o panorama europeu foi marcado inicialmente pela consolidação da TV ligada ao Estado, direcionando as programações para a promoção cultural e para a informação. O Brasil, fortemente influenciado pelos Estados Unidos, firmou hegemonicamente o modelo da televisão privada, de caráter comercial e financiada pelo investimento publicitário.

O panorama brasileiro

O desenvolvimento inicial da tecnologia da televisão ocorreu na Inglaterra com as primeiras transmissões ao público, efetivadas a partir de 1936. Em seguida, difundiu-se na Alemanha (1938), nos Estados Unidos (1939), na França (1945) e chegou ao Brasil, pioneiro na América Latina, em 1950.

As gestões para a implantação da TV no Brasil foram iniciadas no começo da década de 1940, implementadas pelo maior empresário de comunicação do país, à época, Assis Chateaubriand, dirigente dos Diários e Emissoras Associados, pujante conglomerado de jornais, da revista *O Cruzeiro*, de emissoras de rádio e, mais tarde, de televisão. Chateaubriand reuniu informações sobre as condições de mercado necessárias à viabilização da TV, articulou grupos empresariais para a sustentação dos investimentos, analisou sua performance em outros países e planejou a criação de duas emissoras, encomendando equipamentos à RCA, empresa norte-americana fabricante de produtos eletroeletrônicos. As primeiras emissoras instaladas foram a TV Tupi de São Paulo, em 1950, e a TV Tupi do Rio de Janeiro, em 1951.

O público aguardava com expectativa a chegada do novo meio. Os próprios veículos de comunicação dos Diários Associados garantiam a manutenção dessa expectativa, encarregando-se de divulgar mensagens que suscitavam a curiosidade e, ao mesmo tempo, forneciam informações que demonstravam seu funcionamento – a TV era identificada como uma nova modalidade de rádio ou como *cinema a domicílio*, o que a caracterizava, desde já, como um novo espaço da imagem em movimento, cujo fascínio o cinema já havia possibilitado.

Entretanto, se as condições para o investimento, em termos do capital e da tecnologia, eram favoráveis, o mesmo não ocorria no tocante ao potencial de consumo instalado à época. Na verdade, o complexo da televisão exigia algo mais além da organização das emissoras e contemplava necessariamente a infraestrutura para a recepção, ou seja, a existência de aparelhos receptores e, consequentemente, de poder aquisitivo da população para adquiri-los. Neste período, 1950, a população do país não chegava à casa dos 60 milhões de habitantes, sendo que, a maioria, vivia na zona rural.

Os primeiros aparelhos de TV produzidos no Brasil surgiram em 1951, com a marca Invictus, que competia com marcas estrangeiras e apresentava desempenho satisfatório nas vendas. Porém, o acesso à compra era restrito a uma minoria e a posse do aparelho remetia ao *status* de seu proprietário. O incremento da produção dos aparelhos teve início no período desenvolvimentista, durante o governo de Juscelino Kubitscheck, cujas linhas de atuação perseguiam a expansão industrial rumo à substituição das importações. Acompanhando esse processo, acelera-se a urbanização e o aumento da taxa populacional. A audiência da TV era, então, restrita à população das grandes cidades, devido ao pequeno alcance das transmissões, em termos de distância. Sendo assim, os conteúdos apresentados pela televisão refletiam o modo de vida das cidades que abrigavam as emissoras, conferindo aos programas uma identidade com os aspectos culturais desses centros urbanos. Ao mesmo tempo, a TV contribuía para modificações dos hábitos de seu público, alterando, inclusive, as relações de vizinhança. A residência que possuía um aparelho reunia, em torno dele, os vizinhos, parentes e amigos, ávidos em assistir aos programas.

Como a industrialização determina a produção em massa e, por conseguinte, a venda em massa, a aquisição dos aparelhos tornou-se mais facilitada a partir do incremento dos sistemas de crediário. O consumo em massa, por sua vez, determinou a modificação das características dos conteúdos veiculados, que passaram a contemplar os gostos e preferências do brasileiro médio. Crescia, assim, a programação de cunho mais popular como telenovelas e shows de auditório.

Um fato que determinou os rumos da estruturação da televisão brasileira foi a articulação da iniciativa privada com as forças políticas que sustentaram o golpe de 1964. Um novo modelo institucional de televisão foi implantado pelas Organizações Globo, juntamente com o grupo norte-americano *Time-Life*, fornecedor de condições técnico-financeiras para o desenvolvimento da Rede Globo, em escala nacional. O empreendimento foi amparado pelo regime militar, que propiciou um campo adequado à formação de redes, por intermédio do desenvolvimento da infraestrutura de telecomunicações, quando foi implantada uma gigantesca malha de microondas capaz de transmitir sinais de telefonia, rádio e televisão. A entrada da Rede Globo em cena rapidamente derruba a hegemonia das Emissoras Associadas, pertencentes ao grupo dos Diários Associados, já instaladas em várias capitais do país. A consolidação das redes, de uma forma geral, ocorreu na década de 1980, quando o número de emissoras independentes não chegava a uma dezena. O quadro da época colocava, de um lado, a Rede Globo e, de outro, a rede Bandeirantes, a Manchete, a Record e o SBT – Sistema Brasileiro de Televisão.

No Brasil, os serviços de radiodifusão, nos quais se inclui a televisão, são estabelecidos por legislação própria, que destaca sua finalidade educativa e cultural, sendo considerados como de interesse nacional. Atualmente, pelo menos 70% do capital total e do capital votante das empresas de televisão ou rádio devem ser pertencentes a brasileiros natos ou naturalizados há mais de dez anos, restringindo a participação de capital estrangeiro na composição dos empreendimentos.

As emissoras de TV, abertas ou por assinatura, são concessionárias do Estado, já que realizam a exploração de serviço público. O Ministério das Comunicações é encarregado de emitir as permissões para o funcionamento de emissoras de caráter local, sendo que a concessão para serviços de caráter regional deve passar pelo aval do Presidente da República. A administração do uso do espectro radioelétrico é da competência da Agência Nacional de Telecomunicações – ANATEL.

No rastro do desenvolvimento da TV no Brasil, muitas emissoras nasceram e várias outras se extinguiram. O modelo de rede prevaleceu sobre as pequenas emissoras isoladas que, no entanto, começam a se reconstituir por meio de outras possibilidades de televisão, na perspectiva dos canais locais e dos canais comunitários de TV a cabo.

Mudanças na forma de fazer TV

Um acontecimento marcante que chegou para reorientar a produção televisiva no país foi a assimilação, a partir de 1962, da tecnologia do videoteipe, o VT, apresentado, inicialmente, em 1955, num congresso de locutores de rádio e TV, em Chicago, nos Estados Unidos.

Antes do uso regular das gravações em fita magnética, os programas se caracterizavam como apresentações ao vivo ou exibição de filmes (películas). O videoteipe, além de possibilitar a eventual correção de erros, entre outras vantagens, também viabilizava o intercâmbio das produções com maior rapidez, diminuindo os efeitos de sua concentração no eixo Rio-São Paulo. O vídeo doméstico, comumente utilizado nos dias de hoje, tem sua origem na tecnologia do videoteipe.

A partir de 1965, a indústria japonesa introduziu câmeras de televisão acopladas a gravadores portáteis, possibilitando o que resultaria no videocassete, que opera com fitas magnéticas embutidas em cartucho plástico. Esta forma, atualmente, vem sendo substituída pela tecnologia digital.

A noção de vídeo é correlata à ideia de televisão, já que, entre outras aproximações, ambos se referem à tela ou ao monitor, em que as imagens se definem para a recepção. O início da popularização do uso do vídeo no Brasil acontece em 1986 – o ano do Plano Cruzado. Na ocasião, observa-se uma tendência de segmentos da classe média desviarem seus investimentos do mercado financeiro para a aquisição de bens de consumo, entre os quais se destacavam os aparelhos de videocassete. É a época áurea da abertura e expansão de empresas locadoras de fitas de vídeos e da procura desenfreada por variados títulos de filmes pelos consumidores.

Os gravadores domésticos de videocassete (VCR), operando principalmente com fitas no formato VHS (*Video Home System*), tornaram-se presentes no cotidiano de boa parte da população brasileira, permitindo-lhe gravar e reproduzir a programação transmitida via TV, ver filmes alugados ou simplesmente assistir a sua própria produção, com o registro de diversos tipos de eventos, entre outras possibilidades.

Atualmente, verifica-se a apropriação do vídeo pela multimídia, por meio dos produtos veiculados em CD-ROM, como é o caso das enciclopédias eletrônicas e dos *clips* musicais de astros do *show business*, disponíveis também na Internet. Seguindo os rumos da digitalização, outro suporte para os vídeos vem substituindo o videocassete e proporcionando recursos interativos não disponíveis no suporte de fita magnética. Trata-se do DVD (*Digital Versatile Disc* ou *Digital Video Disc*) – um formato de *compact disc*, mas com uma capacidade de armazenamento muito maior que o CD-ROM.

O vídeo adquiriu um espaço privilegiado, com seu uso estendido para diversas áreas, além do entretenimento, e vem propiciando avanços importantes no campo da educação, da documentação, da pesquisa científica, da arte, do jornalismo e da comunicação institucional em vários tipos de organizações. Como recurso pedagógico, o vídeo favorece as práticas de ensino-aprendizagem, superando o caráter extremamente volátil da simples emissão de TV. Diferentemente desta, seus recursos técnicos permitem, entre outras possibilidades, interromper a transmissão e fixar a imagem.

Nos últimos anos, observa-se que, apesar do fechamento de salas tradicionais de cinema, o consumo de filmes nunca foi tão grande. A explicação para este fato decorre da facilitação do acesso doméstico, por meio da TV e do vídeo, a este tipo de produção da indústria cultural.

Paralelamente à crescente expansão da TV paga, que exibe diariamente uma enorme quantidade de títulos cinematográficos, as locadoras de vídeos também os oferecem em numerosos pontos de venda, espalhados até mesmos em bairros de periferia das grandes cidades. Coexistindo com as pequenas lojas, as grandes locadoras de vídeo, muitas vezes organizadas em redes nacionais, estão sendo forçadas a abaixar preços e melhorar seus serviços, em virtude da implantação de franquias como a Blockbuster, rede americana presente em 14 países, introduzida no Brasil pelo Grupo Moreira Salles, proprietário do Unibanco.

A Internet é, atualmente, um grande celeiro de informações sobre filmes em vídeos, apresentando guias completos, sendo muitos destes munidos de sistemas interativos de busca por gênero, título, atores, direção etc. Centros populares de documentação, produtoras de vídeos educativos e de treinamentos, entre outros, publicam catálogos impressos sobre produtos para empréstimo, locação ou venda. Além do rentável mercado de locação, os vídeos, em fitas ou DVD, são também comercializados em numerosos pontos de venda, como bancas de jornais, supermercados, livrarias etc.

A partir da década de 1980, o vídeo foi sendo apropriado, também, pelos movimentos sociais, gerando, entre outras experiências, as chamadas TV's comunitárias, a exemplo da TV Maxambomba – projeto experimental de comunicação e educação popular apresentado nas ruas e praças da Baixada Fluminense, desde 1986; da TV Sala de Espera – projeto de intervenção videográfica em salas de espera de Centros de Saúde Municipais da região nordeste de Belo Horizonte, e da TV Mocoronga – cujo *slogan*, *A Amazônia do caboclo pelo caboclo da Amazônia*, expressa a ideia da participação popular na produção de vídeo.

Todo esse potencial vislumbrado acaba por instaurar novas formas de fazer televisão permitindo, inclusive, a existência da TV de pequenos grupos e a expansão das possibilidades de acesso público ao meio.

Tendências

O sistema televisivo brasileiro comporta hoje a televisão aberta, de caráter geralista e gratuito, e a segmentada, paga e orientada por temas, gêneros de programação, sexo e idade da audiência potencial, dentre outros parâmetros norteadores. Em ambas as modalidades a ideia de interatividade com o público é uma tendência expressa, ainda que realizada em níveis e intensidades diferentes: quanto mais o usuário puder determinar o conteúdo, escolher seu próprio momento para acessar determinadas informações e até mesmo interferir na produção de mensagens, mais interativo será o meio. Dentro dessa perspectiva, inclui-se o desenvolvimento de tecnologia para a TV Digital, cujo padrão de transmissão digital vem sendo definido pelo Ministério das Comunicações em conjunto com a Associação Brasileira de Emissoras de Rádio e Televisão – ABERT.

É na perspectiva da digitalização que se destaca a ideia de TV interativa, ou seja, a televisão capaz de se conectar à Internet, permitindo que os usuários façam suas navegações através da tela da TV. Trata-se de uma integração entre equipamento de TV e computador que possibilitará o acesso a diversos tipos de serviços, como *home-banking* e *home-shopping*. Por intermédio dessa nova modalidade de TV, será possível acessar verdadeiras locadoras digitais de vídeos, escolher os títulos e assistir aos filmes preferidos. Incorporando os recursos da telemática, a linguagem televisiva deverá utilizar elementos em formato de hipertexto para propiciar a interatividade.

Tais inovações acabam por modificar, rapidamente, a natureza da televisão, tornando-a um veículo híbrido, com potencial para atingir cada usuário em um momento específico, mas, também, conservando suas características de meio de massa. A *Web Câmera* é uma realidade – com um pequeno equipamento acoplado ao computador conectado à Internet, é possível ao usuário enviar imagens a todos os cantos do planeta, criando uma nova modalidade de TV – a TV pessoal.

Características

A televisão pode ser caracterizada a partir da peculiaridade de sua linguagem, das formas utilizadas para produzir e veicular conteúdos, bem como pela composição das audiências, cujo contexto cultural influencia na formulação dos vários tipos de demandas.

A linguagem televisiva é de natureza icônica, ou seja, as imagens compõem o código de base para a estruturação das mensagens transmitidas pela televisão ou registradas em vídeo. Incorpora, também, subcódigos linguísticos, que se referem às formulações verbais, e subcódigos sonoros que compreendem os sons da escala musical e os ruídos. Carregando a herança da linguagem cinematográfica, a televisão incorporou outras linguagens como as provenientes do rádio e do teatro.

A linguagem televisiva utiliza uma série de recursos para evocar significações aos conteúdos que apresenta, mas não se trata de defini-la como *língua*, já que não apresenta nem alfabeto nem léxico. As imagens se colocam como frases, constituindo uma sintaxe peculiar, marcada por vários elementos que compõem o discurso televisivo.

A iluminação da cena é de fundamental importância na construção do sentido da mensagem. Os jogos de claro/escuro, a acentuação ou eliminação de sombras bem como a utilização de filtros na definição de cores são recursos que conferem à luz capacidades de criar entonações aos argumentos apresentados.

Os planos das tomadas, ou unidades de cena, definem a dimensão dos objetos focalizados na tela através das lentes das câmeras, proporcionando os enquadramentos. Entre estes se destacam o *plano geral*, que mostra a cena por inteiro; o *plano médio*, que mostra objetos desprezando parte da cena; o *close-up*, que se atém ao realce de um determinado objeto e o *big close-up*, ou plano de detalhe, que mostra um pormenor do objeto focalizado.

Também os movimentos de câmera colaboram na construção de sentido para o que é apresentado na tela de TV. Entre estes se evidenciam o *traveling*, movimento físico da câmera na aproximação ao objeto focalizado, e a panorâmica, movimento vertical ou horizontal da câmera em torno do seu eixo. Os planos e os movimentos de câmara articulam-se na configuração das tomadas.

As tomadas, por sua vez, recebem um tratamento sequencial de acordo com o argumento, por meio do processo de edição, caracterizado como etapa de pós-produção. Na veiculação de programação ao vivo, a sequência é trabalhada no próprio momento de realização.

O código televisivo vem sofrendo modificações, influenciadas pelas novas tecnologias de informação e comunicação. Com o desenvolvimento tecnológico, entre outras possibilidades, torna-se factível transmitir uma programação em duas línguas, à escolha do telespectador, que também pode praticar o *zapping* (ato de percorrer rapidamente vários canais de TV, por meio do controle remoto) sem perder cenas de sua telenovela preferida, enquadrada numa pequena janela dentro da tela. São novos modos de viabilizar as imagens, dando à TV e ao vídeo alternativas que vão da comunicação de massa até o diálogo interpessoal, na perspectiva interativa que se coloca como tendência. É importante notar que a linguagem televisiva, por intermédio do alcance de todos os segmentos sociais, acaba por influenciar outras mídias, a exemplo de jornais e revistas, cujos projetos gráficos seguem modelos que lembram a composição visual das mensagens na tela. Por outro lado, a linguagem televisiva vem se utilizando de formas plásticas das interfaces gráficas de páginas da *web*, aproximando cada vez mais as telas dos aparelhos de TV com as telas dos computadores.

A lógica da produção televisiva pode ser enfocada por meio de duas vertentes que se integram para a elaboração dos produtos. A primeira diz respeito às políticas de produção de emissoras, de agências e de outras organizações responsáveis pela realização de programas de TV. Estas políticas podem ser observadas por meio de determinados fatores, tais como os critérios para a confecção da programação, a definição de públicos-alvo, as formas de financiamento, os custos de produção e a rentabilidade dos investimentos.

Uma segunda vertente de análise diz respeito à divisão do trabalho intelectual e técnico no processo produtivo. Ao trabalho intelectual estão afeitas as atividades de elaboração de argumentos, o desenvolvimento de roteiros, a direção de programas e todas as atividades que apresentem características de reflexão e criação – o trabalho dos atores, dos locutores, dos cenografia, de figurinos etc. Ao trabalho técnico são imputadas as operações de equipamentos necessários à geração de imagens. Referem-se à ação de profissionais que operam câmeras, equipamentos de iluminação, dos que realizam trabalhos de carpintaria na armação de cenários etc. O que se verifica, no entanto, é o cruzamento das duas modalidades de trabalho, embora a maioria das operações técnicas deva se submeter à direção do trabalho intelectual. Sendo assim, é possível perceber a quantidade de interferências que atuam na produção de mensagens, com todos esses fatores contribuindo para a formulação do produto final. Os produtos televisivos são resultados da combinação de vários elementos e fruto do trabalho de equipe.

As condições de recepção da produção televisiva não se referem apenas aos aspectos tecnológicos relativos à qualidade da imagem na tela, mas têm no terreno sociológico um amplo espaço de estudo. A TV, em sua supremacia como meio de comunicação eletrônico, é capaz de moldar formas de sociabilidade, criando laços e tornando-se referência significativa na modelação dos valores, das formas de percepção do mundo e da cultura, de um modo geral. Mas, ao mesmo tempo, é condicionada pelas demandas da sociedade, refletindo, em parte, suas estruturas e relações sociais.

A mensagem televisiva, configurada como bem simbólico, é decodificada de maneiras diversas pelos vários segmentos que compõem a audiência, que pode ou não atribuir legitimidade aos conteúdos veiculados. Assim, qualquer análise de produtos televisivos deve levar em conta o quadro de referência cultural dos públicos, constituído por posições ideológicas, éticas, estéticas e religiosas, bem como por suas disposições psicológicas, preferências e sistemas de valores.

Tipologia

A televisão pode ser classificada como aberta e fechada, de acordo com a forma de recepção dos sinais de vídeo e de áudio.

O termo *TV aberta* designa genericamente as emissoras cujos sinais não são codificados, tornando-os assim disponíveis para o público em geral. Dentro do sistema aberto todos têm o direito de acessar os canais a partir da simples posse do aparelho receptor de TV, que permite capturar, sem decodificadores e sem pagamento de taxas, sinais de *VHF (very high frequency)* e UHF (*ultra high frequency*). Neste sistema prevalecem hoje, no Brasil, as grandes redes.

Nesse campo, as emissoras *cabeças de rede* encarregam-se de gerar e distribuir a maior parte da programação, deixando pouco espaço para as produções locais ou regionais. A disputa por audiência é acompanhada por toda a sociedade brasileira, que elegeu a televisão como uma das principais fontes de informação e de entretenimento. Vários gêneros de programação, principalmente novelas, já se tornaram produtos de exportação e têm sido comercializados em diversos países.

A disputa pela conquista do público determina que a programação lance mão de recursos, muitas vezes grotescos, para captar a atenção dos telespectadores e garantir os investimentos publicitários. Desde 1965, a TV vem liderando o *ranking* dos meios de comunicação de massa na captação das verbas empregadas em publicidade.

A sociedade brasileira é a grande prejudicada nesse embate colossal entre as grandes redes de TV, na busca de pontuação nas pesquisas de audiência. Assim, movimentos sociais começam a se organizar na luta por seus direitos e pela ética na TV diante de várias ocorrências que, notadamente, criam constrangimentos aos telespectadores pela baixa qualidade dos produtos veiculados. Nesta direção, registra-se a ONG Tver, voltada para a defesa dos direitos dos telespectadores, bem como para a formação crítica da recepção.

Dentro da abrangência da TV paga, a grande aceitação da TV por assinatura nos lares dos telespectadores brasileiros surge como uma alternativa de escolha de programação, possibilitando sintonizar emissoras de outros países, além das nacionais, e visualizar, de maneira clara, o fenômeno da globalização.

Para o usuário médio, no entanto, os custos da TV paga (basicamente referentes às mensalidades, à aquisição de decodificadores e antenas e aos serviços de instalações) ainda são proibitivos, considerando-se a situação econômica da maioria da população brasileira. Entretanto, observa-se que, cada vez mais, assim como aconteceu com o rádio e com a TV aberta, a expansão da TV paga é crescente.

As empresas operadoras são responsáveis pela distribuição de sinais de TV por assinatura e, normalmente, não produzem conteúdo, que, por sua vez, é elaborado pelas empresas programadoras. A operadoras captam os sinais dos canais contratados ou dos canais abertos, processando-os e enviando-os aos assinantes pelo cabo, microondas ou satélite. Também são responsáveis pelo atendimento e cobrança dos assinantes.

Para auxiliar aos usuários na seleção dos programas exibidos pela TV por assinatura, as operadoras editam periódicos, distribuídos aos assinantes, contendo os horários de transmissão, comentários sobre programas e sinopses de filmes. Muitos jornais da grande imprensa também publicam a grade de programação de alguns canais, além de notícias e opiniões sobre os produtos apresentados.

A TV paga pode utilizar diferentes sistemas de transmissão como cabo ou satélite. O serviço de TV a cabo é o sistema de distribuição mais utilizado no Brasil. Instituído pela Lei nº 8.977 e regulamentado pelo Decreto 2206/97 é uma atividade de telecomunicações que consiste na distribuição de sinais de vídeo e/ou áudio a assinantes, mediante transporte por meios físicos.

A concessão do serviço de TV por assinatura às operadoras é uma outorga do Ministério das Comunicações. Uma das exigências feitas às empresas operadoras de canais de TV a cabo é que as mesmas disponibilizem, gratuitamente, pontos de acesso público ao serviço, por intermédio de entidades como universidades, escolas, bibliotecas, museus, hospitais e postos de saúde.

As operadoras, de acordo com a lei, devem deixar disponíveis canais sem fins lucrativos – canais comunitário, educativo-cultural, universitário, da Câmara dos Deputados, do Senado e da Assembleia Legislativa/Câmara dos Vereadores da área de abrangência do serviço. No caso dos três primeiros, essa determinação prevê a garantia de veiculação para as produções locais e regionais, possibilitando, assim, espaços de interlocução à sociedade. Tais determinações da lei podem ser creditadas ao esforço de várias organizações sociais, reunidas no Fórum Nacional pela Democratização dos Meios de Comunicação, atentas à necessidade de fazer valer os direitos de informação e expressão dos cidadãos. O movimento de criação do Fórum teve início em 1991, originário da preocupação de várias entidades em construir formas de controle público dos meios de comunicação e, também, da necessidade de realizar um projeto nacional de cultura, no qual a mídia deveria marcar seu compromisso.

Fontes e seus produtores

O atual cenário da TV, demarcada pelas modalidades geralista e segmentada, abrange várias opções de canais, concentrando grande diversificação e quantidade na esfera da TV paga. Esta TV no Brasil vem se caracterizando como um empreendimento restrito a grandes investidores e como uma iniciativa de segmentação de mercado.

Não obstante a magnitude da Rede Globo de Televisão na TV aberta, as Organizações Globo demonstram seu poderio por meio do desempenho da programadora Globosat, fundada em novembro de 1991, que reúne vários canais específicos (Sportv, Telecine, Multishow, GNT, Usa, Globonews, Shoptime, Futura, Canal Rural e Premiére) para a veiculação de programas jornalísticos, educativos, esportivos, filmes, compras etc.

Nesse quadro, é importante destacar o sistema de radiodifusão educativa como alternativa à hegemonia da televisão comercial no Brasil. Evidencia-se aí a constituição da Rede Pública de Televisão em 1999, na qual as emissoras associadas transmitem, ao mesmo tempo, uma programação de caráter educativo e cultural, para todo país. Esta iniciativa visa dar visibilidade à diversidade da produção cultural, observando os direitos das pessoas e os valores da solidariedade, fraternidade e igualdade.

A Rede Pública de Televisão mantém atualmente oito horas de programação nacional, originada da TV Cultura de São Paulo, da TVE do Rio de Janeiro, da TV Minas, da TV Cultura do Pará, da TV Cultura do Amazonas, da TV Educativa do Rio Grande do Sul e da TV Universitária do Recife, entre outras emissoras associadas à ABEPEC – Associação Brasileira das Emissoras Públicas, Educativas e Culturais.

Na esfera da televisão educativa, também é importante ressaltar as ações da TV Escola, iniciativa de educação à distância incentivada pela Secretaria de Educação à Distância, do Ministério da Educação. Ao longo dos últimos anos, muitas escolas da rede pública de educação do país foram equipadas com os chamados kits tecnológicos: aparelhos de TV, videocassete (instalados, geralmente, no espaço da biblioteca) e antena parabólica com recepção de satélite. Os principais objetivos da TV Escola, lançada experimentalmente no Piauí, em setembro de 1995, são o aperfeiçoamento e valorização dos professores da rede pública, o enriquecimento do processo de ensino-aprendizagem e a melhoria da qualidade do ensino. Financiada pelo Fundo Nacional de Desenvolvimento da Educação – FNDE, a TV Escola é transmitida para todo o país, mas a forma de utilização depende do projeto pedagógico dos sistemas de educação estaduais, municipais e de cada escola. Além de programas dirigidos ao treinamento de professores do ensino fundamental e médio, apresenta, também, vídeos educativos que servem de apoio aos conteúdos desenvolvidos em sala de aula. Atualmente, as antenas parabólicas analógicas estão sendo substituídas por antenas para recepção de sinal digital.

O futuro da TV, que inclui necessariamente a digitalização, passará por sua veiculação em suportes telemáticos, o que pode permitir avanços na interatividade com os públicos. Porém, na perspectiva de democratização da televisão, este avanço só se realizará com a efetiva participação da sociedade na definição de suas políticas de produção.

Referências

ALMEIDA, Cândido José Mendes. *Uma nova ordem audiovisual*: comunicação e novas tecnologias. São Paulo: Summus, 1988.

BRASIL. Ministério da Educação. Secretaria de Educação à Distância. *TV Escola*: relatório 1996-2002. Brasília: MEC, 2002. 55p.

BRITTO, Bráulio; LIMA, Rafaela. *Cartilha do acesso*. Belo Horizonte: Idéias Bizarras, 1997. 30p.

BUCCI, Eugênio (Org.). *A TV aos 50*: criticando a televisão brasileira no seu cinqüentenário. São Paulo: Fundação Perseu Abramo, 2003. 207p.

CANCLINI, Nestor Garcia. *Consumidores e cidadãos*: conflitos multiculturais da globalização. Rio de Janeiro: UFRJ, 1995. 266p.

DUARTE, Luiz Guilherme. *É pagar para ver*: a TV por assinatura em foco. São Paulo: Summus, 1996. 208p.

MACHADO, Arlindo. Notas sobre uma televisão secreta. In: LIMA, Fernando Barbosa *et al. Televisão e vídeo*. Rio de Janeiro: Zahar, 1985. p. 53-75.

SIMÕES, Inimá Ferreira. TV à Chateaubriand. In: COSTA, Alcir Henrique *et al. Um país no ar*: história da TV brasileira em 3 canais. São Paulo: Brasiliense - Funarte, 1986. p. 11-126.

WOLTON, Dominique. *Elogio do grande público*: uma teoria crítica da televisão. São Paulo: Ática, 1996.

Endereços na Internet:

ASSOCIAÇÃO BRASILEIRA DAS EMISSORAS PÚBLICAS, EDUCATIVAS E CULTURAIS. São Paulo. Disponível em: <http://www.abepec.com.br>. Acesso em: 19 nov. 2003.

ASSOCIAÇÃO BRASILEIRA DE TELEVISÃO POR ASSINATURA. São Paulo. Disponível em: <http://www.abta.com.br>. Acesso em: 20 nov. 2003.

BRASIL. Ministério das Comunicações. Disponível em: <http://www.mc.gov.br>. Acesso em: 10 nov. 2003.

FÓRUM NACIONAL PELA DEMOCRATIZAÇÃO DOS MEIOS DE COMUNICAÇÃO. Brasília. Disponível em: <http://www.fndc.org.br>.Acesso em: 14 nov. 2003.

Bibliotecas

Antônio Agenor Briquet de Lemos

Uma das principais consequências sociais da invenção da escrita e de suportes de baixo custo, duráveis e portáteis, para os registros escritos, foi a formação de coleções desses registros. Coleções que viriam a ser conhecidas pelo nome de bibliotecas. Assim, as bibliotecas têm uma origem muito antiga. Sua sobrevivência como instituição, adaptando-se às mudanças políticas, sociais e tecnológicas, por si só, seria suficiente para deixar evidente que lhe cabe desempenhar uma importante função, embora essa função nem sempre alcance pleno reconhecimento em todas as sociedades, por razões de ordem histórica e cultural.

Basicamente, tidas como repositórios de materiais impressos, tem-se uma visão mais adequada de sua função quando se encara a biblioteca sob a perspectiva cultural, como memória coletiva do grupo social e, por extensão, da própria humanidade, e da perspectiva de serviço público voltado para o fornecimento de informações/conhecimentos necessários ao exercício de atividades profissionais, e de meios que ensejem a fruição do saber e o prazer da leitura. Mais recentemente incorporou-se à biblioteca, particularmente, à biblioteca pública, a preocupação em propiciar o acesso a informações que contribuam para o pleno usufruto da cidadania.

Conceito

Nem toda coleção de livros é uma biblioteca, do mesmo modo que nem toda biblioteca é apenas uma coleção de livros. Para haver uma biblioteca, no sentido de instituição social, é preciso que haja três pré-requisitos: a intencionalidade política e social, o acervo e os meios para sua permanente renovação, o imperativo de organização e sistematização; uma comunidade de usuários, efetivos ou potenciais, com necessidades de informação conhecidas ou pressupostas, e, por último, mas não menos importante, o local, o espaço físico onde se dará o encontro entre os usuários e os serviços da biblioteca.

A palavra biblioteca, que tem origem na forma latinizada do vocábulo grego *bibliotheca* (de *biblion*, livro, e *theke*, o estojo, compartimento, escaninho onde se guardavam os rolos de papiro ou pergaminho, por extensão a estante e, finalmente, o lugar das estantes com livros) passou a ser a forma dominante na língua portuguesa apenas no começo do séc. XIX. Antes, a palavra preferida era livraria, assim como, em inglês, *library* é biblioteca e não livraria.

Em geral, define-se hoje a biblioteca como um acervo de materiais impressos (livros, periódicos, cartazes, mapas etc.), ou não impressos, como filmes cinematográficos, fotografias, fitas sonoras, discos, microformas, cederrons, devedês, programas de computador etc.), organizados e mantidos para leitura, visualização, estudo e consulta.

Quanto aos materiais que reúne, há situações em que a biblioteca parece duplicar as atividades dos museus, quando, por exemplo, reúne e conserva artefatos e objetos diversos. A Biblioteca Nacional do Rio de Janeiro, durante alguns anos, abrigou uma rica coleção de moedas e medalhas, posteriormente transferidas para o Museu Histórico Nacional, na mesma cidade. De seu acervo atual, como em outras bibliotecas, consta uma excelente coleção de manuscritos importantes para a história do Brasil e a história da literatura brasileira.

Para fins práticos, e da perspectiva de sua função, considera-se os centros de documentação como uma forma de biblioteca especializada, sendo que, muitas vezes, não se consegue vislumbrar a diferença existente entre um centro de documentação que assim se denomine e uma biblioteca especializada que assim se denomine.

Além dos pré-requisitos citados, o conceito de biblioteca baseia-se em cinco postulados que foram até mesmo erigidos em leis da biblioteconomia pelo bibliotecário indiano S. R. Ranganathan: a) os livros são para usar; b) a cada leitor seu livro; c) a cada livro seu leitor; d) poupe o tempo do leitor; e) a biblioteca é um organismo em crescimento. Desses postulados resulta a ideia de que a finalidade da biblioteca é promover a efetiva utilização de seus materiais e não ser um mero local de custódia; de que os acervos devem ser formados segundo as necessidades efetivas dos usuários; de que estes devem ter ao seu dispor serviços organizados e eficientes; e que, pelo fato de tender ao crescimento incessante, é preciso que haja mecanismos de seleção e descarte adequados.

Para tornar mais clara a compreensão do papel da biblioteca, talvez valha a pena apelar, como já fizeram inúmeros outros autores, para uma analogia com o ser humano. Este, em sua memória, é capaz de armazenar conhecimentos, informações, experiências de sua vida pessoal, enfim, o arquivo de sua existência. Ao morrer, porém, por mais rica e avantajada que seja sua memória, tudo isso, todas essas informações desaparecem, apagam-se, sem chance de recuperação. Nas últimas palavras do androide de *Blade runner*, tudo que foi visto e experimentado acaba por se perder como lágrimas na chuva. Por exemplo, em sociedades ágrafas, cada indivíduo, por meio da transmissão oral da cultura, torna-se depositário da história do grupo. A morte do último indivíduo leva consigo toda a memória do grupo.

Foi a escrita que permitiu a fixação, de forma mais ou menos perene, a depender de seu suporte, de tudo aquilo que antes se confiava à memória individual, endossomática. E, dos diferentes suportes que se utilizaram e se utilizam para a escrita, foi o papel, principalmente quando empregado na forma de códice ou livro, que permitiu que se criasse uma memória social duradoura – uma memória dita exossomática, isto é, externa ao corpo do indivíduo.

Da mais antiga coleção de tábulas de argila dos assírios e babilônios até as mais avançadas concepções de bibliotecas virtuais, eletrônicas ou digitais, todas giram em torno da mesma ideia de memória exossomática: o local onde se reúnem dados, informações, conhecimentos, em síntese, mentefactos (obras que são produto da criação intelectual), de modo organizado e dinâmico, tendo em vista sua eventual recuperação e utilização.

Histórico

A existência de coleções de documentos é comprovada já na primeira metade do terceiro milênio a. C. Na cidade babilônica de Nipur havia um templo com salas onde foram encontradas, como se ali houvessem sido propositalmente colocadas tábulas de argila com escrita cuneiforme. Assim, essa primeira biblioteca primitiva teria surgido há cerca de 5 mil anos.

Menciona-se a famosa biblioteca de Assurbanipal, rei da Assíria, que viveu de 668 a 627 a.C. Situada em seu palácio de Nínive, contava com cerca de 25 mil tábulas, que continham transcrições e textos que Assurbanipal mandara coletar sistematicamente em templos de seu reino, antecipando uma prática que seria comum entre monarcas europeus, do Renascimento até praticamente o séc. XIX, para não citar a prática de coleta de materiais bibliográficos em vários países, mantida regularmente pela Library of Congress.

Os egípcios, que foram os primeiros a utilizar os talos do papiro na fabricação de um suporte da escrita, também tiveram suas bibliotecas. Há indícios delas nas ruínas dos templos de Karnak, Marieta, Denderah e Edfu. Diodoro da Sicília descreveu a biblioteca do templo de Tebas, onde estava sepulto Ramsés II. Há dúvida sobre a real existência dessa biblioteca de Tebas, cuja fama certamente se deve ao relato de Diodoro, que disse que em sua fachada estava a inscrição lugar de cura da alma ou templo da alma, segundo alguns autores. Se esta biblioteca existiu ou não, o fato é que essa inscrição seria, por muitos séculos, uma das mais surradas metáforas usadas para simbolizar a biblioteca. Para Milkau, um dos maiores estudiosos da história das bibliotecas, a única biblioteca egípcia, de cuja existência não cabe duvidar, seria a do templo de Hórus em Edfu.

A origem da biblioteca nos templos, a serviço da casta sacerdotal, por certo marcará, durante muito tempo, a imagem que dela se construiria em diversas sociedades, tanto do Ocidente quanto do Oriente. Foi muito longo o tempo para que a biblioteca, como instituição social, se laicizasse, por assim dizer. (No Brasil, que é um caso extremo, somente em 1808, é que passou-se a ter uma biblioteca fora do comando das ordens religiosas).

Sabe-se que na Grécia havia bibliotecas nos templos, mas as primeiras bibliotecas importantes coincidiram com o período áureo da cultura helênica, a partir do séc. IV a.C. Delas conquistou grande renome a que Aristóteles criou em sua escola de filosofia e que teria sobrevivido, pelo menos em parte, até a Roma Imperial, onde teria sido consultada por Cícero no séc. I a.C. Diz-se que a biblioteca de Aristóteles foi o modelo que inspirou Ptolomeu I Soter a fundar no séc. III a.C a famosíssima e quase lendária biblioteca de Alexandria, que, depois de sucessivos desastres naturais e saques cometidos pelo fanatismo de diferentes grupos religiosos ou conquistadores rapaces, acabaria se perdendo totalmente.

Vale a pena abrir um parêntese para lembrar que, em outubro de 2002, o governo do Egito inaugurou a nova biblioteca de Alexandria, ou, em sua denominação oficial, a Bibliotheca Alexandrina. Trata-se, efetivamente, de um complexo cultural, com bibliotecas, museus, áreas para exposições, centros educacionais e um centro para convenções internacionais. Seu acervo tem como temas dominantes os relativos às antigas civilizações de Alexandria e do Egito, da Antiguidade até a Idade Média, além de material sobre as disciplinas contemporâneas. São 69 mil m² de área construída, com capacidade para 4 a 8 milhões de volumes e 3.500 lugares para leitores. Dispõe de todos os modernos recursos da tecnologia da informação *www.bibalex.gov.eg*.

A Idade Média foi a grande época das bibliotecas ligadas a ordens religiosas. Foram elas, não só no Ocidente mas também no Oriente Médio, e não só entre sacerdotes católicos mas também nos centros árabes de cultura, inclusive na Espanha, para não se falar no trabalho minucioso dos mosteiros irlandeses espalhados na Irlanda e no continente europeu, que preservaram para as gerações futuras o legado cultural da Antiguidade greco-romana. A essas bibliotecas de mosteiros iriam somar-se, a partir do séc. XIII, as bibliotecas das universidades europeias que então começavam a ser fundadas.

Entre os séculos XIII e XV alguns membros da nobreza europeia também se destacaram como colecionadores de livros e algumas dessas coleções viriam a formar mais tarde o núcleo de importantes bibliotecas nacionais.

A partir da publicação do primeiro livro impresso com tipos móveis por Johann Gutenberg (cerca de 1452), rompe-se o longo monopólio que o livro manuscrito exerceu no campo da cultura letrada, além de também se começar a romper o monopólio que a Igreja exercia, em matéria de produção editorial. A revolução tecnológica provocada pela imprensa promoveu, nos dois primeiros séculos seguintes, o que se poderia chamar de primeira grande explosão bibliográfica, com consequências políticas, econômicas, sociais e religiosas de longo alcance.

Foi no séc. XVII que surgiu em alguns dos países mais adiantados da Europa, de modo quase simultâneo, o conceito de biblioteca pública moderna, aberta gratuitamente para os interessados, funcionando em horários regulares, e que colocavam à disposição dos leitores grandes acervos de livros. Eram bibliotecas financiadas por mecenas ilustres, membros, obviamente, da classe dominante. Esse é um movimento que continua até praticamente o séc. XX, quando se destacam as figuras de filantropos (Andrew Carnegie (1835-1918), Henry Edwards Huntington (1850-1927), John Pierpoint Morgan (1837-1913), Henry Clay Folger (1857-1930) e vários outros) que investiram pesadamente em bibliotecas, principalmente nos Estados Unidos. Andrew Carnegie, industrial do setor siderúrgico, nascido na Escócia, mas radicado nos EUA, financiou a construção de inúmeras bibliotecas públicas no Reino Unido e nos EUA. Henry Edwards Huntington formou uma das melhores coleções de literatura americana e literatura inglesa, desde 1920, abrigada na Huntington Library em San Marino, Califórnia, que possui mais de 400 milvolumes e cerca de 3 milhões de manuscritos. John Pierpoint Morgan formou a Pierpoint Morgan Library, em Nova York, cuja coleção de manuscritos medievais iluminados é insuperável. A Folger Shakespeare Library, em Washington, contém cerca de 300 mil volumes sobre a cultura inglesa dos séculos XVI e XVII, sendo a maior coleção do mundo de obras de e sobre William Shakespeare.

No Brasil, tudo indica que o primeiro grande mecenas em matéria de biblioteca foi Pedro Gomes Ferrão de Castelo Branco (-1814). Homem rico, um dos grandes senhores de engenho de seu tempo (sua ampla residência ainda existe, no centro histórico de Salvador, onde funciona a sede do Instituto do Patrimônio Artístico e Cultural da Bahia; é o solar Ferrão). Em seu plano de criação de uma biblioteca pública em Salvador, em 1811, deixou para essa instituição todos os seus livros, e 50 mil-réis. Modernamente, pode-se citar, como exemplo de mecenato, a Biblioteca José Mindlin – Centro Internacional de Estudos Bibliográficos e Luso-Brasileiros, em São Paulo, que reúne as bibliotecas de dois grandes bibliófilos: José Mindlin e Rubens Borba de Moraes (1899-1986), formando um acervo superior a 20 mil volumes, aberta à consulta por estudiosos.

Além desse mecenato individual, lembre-se o trabalho de comunidades organizadas, principalmente as de imigrantes portugueses e seus descendentes, que criaram e mantêm os gabinetes portugueses de leitura, de que é exemplo magnífico, pela sua história, pelas instalações e acervo, o do Rio de Janeiro.

O desenvolvimento do sistema capitalista de produção, particularmente ao longo dos últimos 150 anos, ao colocar novas exigências educacionais, visando à produção e reprodução de mão de obra mais qualificada, acarretou uma grande ampliação das matrículas escolares e a elevação do nível educacional das populações dos países, hoje chamados centrais ou hegemônicos. Na onda da valorização da educação como mecanismo de mobilidade entre as classes sociais, algumas instituições culturais, como as bibliotecas, particularmente as bibliotecas universitárias e públicas, adquiriram, a partir de meados do séc. XIX, grande impulso, passando a ser vistas como instrumentos auxiliares do processo de educação formal e um dos mais democráticos mecanismos de realização da chamada educação permanente.

Fenômeno semelhante se deu, já no séc. XX, com as bibliotecas especializadas de apoio à pesquisa científica e ao desenvolvimento tecnológico. Pode-se considerar a década de 1950 como o momento em que se deu a grande virada no processo de desenvolvimento científico e tecnológico, processo que passou a ser, nas sociedades industrializadas, o principal motor de seu desenvolvimento econômico e social. Tornava-se evidente, não apenas para uma elite reduzida mas também para setores mais amplos da vida política e social, que se estava lidando com um novo fator de produção, que era o conhecimento novo, ou, como se passou a dizer, a informação. Passa-se a falar da sociedade da informação, como antes se falara da sociedade da máquina a vapor, da sociedade do carvão ou da sociedade do aço.

A partir do fim da Segunda Guerra Mundial, começa a ocorrer um aumento vertiginoso da produção científica expressa na forma de artigos e livros científicos. Fala-se da explosão da informação. E pouco tempo depois, começam a ser feitas as primeiras experiências de aplicação do computador, a mais importante invenção do século e cuja matéria-prima que irá processar será exatamente a informação, visando a permitir a organização adequada do volume crescente de publicações científicas e técnicas.

Ao mesmo tempo, as bibliotecas públicas beneficiaram, a partir de meados da década de 1960, com o revivalismo das ideias de democratização da cultura. Na esteira dos anos de euforia econômica que assinalaram o advento do chamado Estado do bem-estar social (*welfare state*), a biblioteca pública adquiriu novo vigor que se traduziu em empreendimentos que associavam numa única instituição um conjunto de atividades culturais antes dispersas. Os centros culturais começam a se multiplicar e, como símbolo ainda insuperado desse momento, ergue-se em Paris o Centre National d'Art et de Culture Georges Pompidou, também conhecido simplesmente como *Beaubourg* ou *Pompidou*. Lá, a biblioteca não será simplesmente biblioteca pública mas biblioteca pública de informação, como a assinalar que se estava agora distante do ideal de biblioteca pública, como mero local de espairecimento e lazer, e mais perto de uma instituição voltada para objetivos práticos e mundanos. Transformado, desde sua inauguração, em 1977, numa das grandes atrações de Paris, a afluência de visitantes que fora prevista, na fase de projeto, para ser de 5 mil pessoas por dia havia alcançado, 20 anos depois, a média de 25 mil visitantes diários, e só a biblioteca respondia por 14 mil dessas pessoas. Essa máquina cultural recebeu, nos 20 anos seguintes à sua fundação, 150 milhões de visitantes.

É ainda com o *surplus* econômico dos anos de vacas gordas que Grã-Bretanha e França construirão os novos prédios de suas bibliotecas nacionais, talvez as últimas expressões monumentais da arquitetura de grandes bibliotecas típicas da época da hegemonia do livro como principal meio de comunicação.

Até mesmo um país emergente, como o México, além do já mencionado Egito, resolveu, no final de 2002, dar início ao processo de construção do prédio de sua nova biblioteca nacional: a Nueva Biblioteca de México "José Vasconcelos", desde logo apelidada a *megabiblioteca*, principalmente por seus críticos que a veem como uma obra de perfil faraônico. O custo estimado da obra é de 80 milhões de dólares.

Nesse processo evolutivo, as bibliotecas foram se diversificando, seja por causa do tipo de material que reúnem, seja por causa do tipo de usuário a que atendem prioritariamente. Quanto ao tipo de material, existem bibliotecas apenas de periódicos (hemerotecas), de filmes (filmotecas ou cinematecas), de partituras musicais, de textos em braile, de discos (discotecas), de vídeos (videotecas), de materiais didáticos, de gibis (gibitecas) etc. A ideia do acervo de coisas úteis e educativas amplia-se aos brinquedos e jogos dando origem às brinquedotecas ou ludotecas. Quanto aos usuários, há bibliotecas públicas (abertas aos membros da comunidade em geral), bibliotecas escolares e universitárias (para estudantes e professores), bibliotecas especializadas (para estudiosos e pesquisadores) e bibliotecas especiais (para grupos especiais de usuários). Em geral, porém, a tipologia da biblioteca refere-se a bibliotecas nacionais, públicas, escolares, universitárias, especializadas e especiais.

As bibliotecas públicas, que são, por definição, abertas a toda a comunidade, possuem em geral um acervo que abrange todas as áreas do conhecimento, mas sem incluir materiais muito especializados ou de natureza estritamente técnica ou científica, a não ser em caráter esporádico e quando o desenvolvimento de suas coleções está mais sujeito ao acaso de doações aceitas sem critério e da ausência de uma política de seleção realista. São, em geral, bem supridas de livros didáticos e de obras de ficção. Algumas bibliotecas estaduais e municipais procuram ser depositárias da produção bibliográfica do estado ou do município. Outras formam ainda uma coleção especial, onde ficam reunidos os materiais relativos ao município ou estado, o que facilita o estudo pelos pesquisadores locais.

Todas as capitais contam com bibliotecas públicas, mas sua qualidade é variada e a maioria padece de inúmeros problemas, que se traduzem em atendimento insatisfatório. Merecem destaque a Biblioteca Mário de Andrade, em São Paulo, a Biblioteca Pública Estadual, no Rio de Janeiro, a Biblioteca Pública Estadual Luís de Bessa, em Belo Horizonte, a Biblioteca Pública Estadual, em Salvador, a Biblioteca Pública do Paraná, em Curitiba, a Biblioteca Pública Estadual, em Porto Alegre. Outros municípios que não são capitais possuem bibliotecas de algum interesse e serventia, como é o caso das bibliotecas municipais de Pelotas, Campos, Campinas, Santos, Niterói e outras poucas.

Brasília possui uma pequena biblioteca pública, dita demonstrativa, subordinada à Biblioteca Nacional, além de outras, modestas e de precário funcionamento, subordinadas ao governo local. No final do primeiro semestre de 2003, decorridos 43 anos de fundação da capital, teve início o trabalho de construção do edifício projetado por Oscar Niemeyer para abrigar a biblioteca do Setor Cultural de Brasília, a um custo estimado de 70 milhões de reais, cerca de 24 milhões de dólares.

Não se conhecia, até o primeiro semestre de 2004, qualquer projeto operacional para essa biblioteca. Será a biblioteca nacional? Será uma biblioteca pública? Será uma biblioteca de referência? Nem mesmo se sabe a qual órgão estará subordinada.

As listas de bibliotecas públicas existentes no país podem chegar a arrolar entre 2.000 e 4.000 dessas instituições. Segundo levantamento feito em 1999, pelo Instituto Brasileiro de Geografia e Estatística – IBGE, quatro de cada cinco municípios possuem bibliotecas públicas. No entanto, em 68,6% dos municípios que possuem bibliotecas públicas existe somente uma. E um percentual ínfimo de 0,8% corresponde aos municípios, onde se encontram mais de seis bibliotecas. Estima-se que haja mais de 1.200 municípios sem biblioteca pública.

São pouquíssimas de fato as bibliotecas que possuem acervos dinâmicos e prestam serviços compatíveis com o grau de desenvolvimento de seus respectivos municípios e com as necessidades das populações locais. Isso não quer dizer que, na busca de informações, o usuário as despreze de imediato. Às vezes, podem ser encontradas agradáveis surpresas.

Existe uma espécie de perfil-padrão na maioria das bibliotecas públicas brasileiras, cujos acervos caracterizam-se por possuir os seguintes tipos de materiais: publicações feitas por órgãos de governo, municipais, estaduais ou federais, principalmente os livros que eram editados ou coeditados pelo antigo Instituto Nacional do Livro; livros didáticos, quase sempre imprestáveis; romances que foram *best-sellers* em diferentes épocas; uma variedade desconexa e obsoleta de textos de nível universitário, principalmente de ciências humanas e sociais, muitas vezes doados, com pompa e cerimônia, por figuras gradas da sociedade local. Além disso, pela pouca atenção dada à preservação, os acervos, formados por brochuras rotas e cheias de orelhas (vão longe os dias em que havia dinheiro para encadernar os livros), assemelham-se, às vezes, a lojas de livros de segunda mão. Verdadeiros e literais sebos.

A lei nº 10.753, promulgada em 31 de outubro de 2003, conhecida como Lei do Livro, é mais uma das tentativas de reverter esse quadro, na medida em que torna obrigatória a alocação de recursos orçamentários, pela União, estados e municípios, para a manutenção de bibliotecas e aquisição de livros.

Se as bibliotecas públicas são as instituições mais pobres do universo bibliotecário, as bibliotecas escolares são paupérrimas. Relegadas a um canto, sob a custódia de um professor afastado da função docente (como se a função da biblioteca não fosse por si só essencialmente educacional), sobrevivendo às custas de doações de livros muitas vezes inadequados, levam uma existência vegetativa. É claro que há exceções, tanto no setor público quanto no privado, mas são tão poucas no quadro geral do país, que se torna dispensável procurar mencioná-las.

As bibliotecas universitárias são, em geral, mais bem aquinhoadas do que as públicas e escolares. Nelas se concentra a maioria esmagadora do acervo bibliográfico de todo o país. Delas existe grande pluralidade e diversidade. Podem ser únicas, como é o caso da Biblioteca Central da Universidade de Brasília, ou se multiplicar em várias, às vezes dezenas, dentro da mesma universidade, como é o caso da Universidade de São Paulo. Também é, dentre as que se acham abertas à comunidade em geral, onde existe a possibilidade de se contar com serviços de primeira categoria e atendimento profissional.

Por definição, os acervos das bibliotecas universitárias refletem grandemente as necessidades de informação dos pesquisadores e professores. Lá se encontram as maiores e melhores coleções de periódicos especializados e também os melhores acervos de obras de referência. Em sua maioria dispõem de acesso a bases de dados bibliográficos, em diversas áreas do conhecimento, seja em coleções próprias de cederrons, seja nos serviços que se acham disponíveis para acesso pela Internet.

Têm longa experiência nas atividades de obtenção de cópias de artigos científicos, em outras bibliotecas do país e do exterior, o que certamente as tornam um recurso importantíssimo para qualquer estudioso. Uma das dificuldades que podem apresentar em alguns casos é a existência de normas que restringem o uso a docentes e estudantes da universidade a que se vinculam. Mas, pelo menos, permitem a consulta de materiais no próprio recinto da biblioteca a qualquer interessado. Algumas bibliotecas universitárias possuem seus catálogos disponíveis na Internet.

Também se encontram bons serviços de bibliotecas, centrais ou departamentais, na Universidade Federal de Minas Gerais, Universidade Federal do Rio de Janeiro, Pontifícia Universidade Católica do Rio de Janeiro, Universidade de São Paulo, Universidade Federal de São Paulo, Universidade Estadual de Campinas, Pontifícia Universidade Católica de São Paulo, Universidade Federal de Pernambuco, Universidade Federal da Bahia, Universidade Federal do Paraná e Universidade Federal do Rio Grande do Sul.

Assumem importância cada vez maior as bibliotecas de faculdades, centros universitários e universidades particulares. Em cidades do interior, principalmente, são muitas vezes as melhores (e talvez únicas) fontes de informação a que a população pode recorrer.

As bibliotecas ditas especializadas são as que se acham vinculadas a instituições, públicas e privadas, que se destinam prioritariamente ao atendimento de uma clientela formada por especialistas, dedicados integralmente à pesquisa ou à prestação de serviços, embora possam também desenvolver atividades docentes. Podem ser formadas de grandes acervos, como é o caso da Biblioteca Central do Instituto Oswaldo Cruz, no Rio de Janeiro, até coleções de pequeno porte e superespecializadas, como é o caso da Biblioteca da Rede Sarah de Hospitais, em Brasília, para não falar das bibliotecas e centros de documentação do Instituto de Pesquisas Tecnológicas – IPT, de São Paulo.

Costumam ser de boa qualidade, com serviço eficiente e bom atendimento. Podem estar abertas ao público externo, mas apenas para consulta no recinto. Constituem, quando abertas a usuários externos, uma excelente opção para realização de pesquisas bibliográficas especializadas, em virtude de suas coleções de referência, inclusive bases de dados. Ademais, seus bibliotecários são profissionais que detêm bom conhecimento da terminologia e das questões da área de assuntos abrangida pela biblioteca, o que assegura uma melhor qualidade de atendimento.

Por meio dos mecanismos de buscas (*Altavista, Google, Yahoo* etc.) e dos vínculos encontrados em páginas pertinentes da Internet, é possível identificar um grande número de bibliotecas e serviços que prestam.

Alguns desses exemplos, particularmente os de órgãos do Legislativo e do Executivo, são excelentes fontes de documentos sobre os respectivos setores de atuação, além de serem depositários das publicações e outros materiais produzidos pelo órgão, sua chamada memória técnica. Seus acervos às vezes alcançam uma ampla gama de interesses, como acontece com as bibliotecas do Senado Federal e da Câmara dos Deputados, que, sendo muito fortes na área do direito, não descuidam da cobertura de outras áreas, inclusive literatura, de forma seletiva.

As bibliotecas especiais são as que, devido a peculiaridades de sua clientela ou dos materiais com que lidam, ocupam categoria que as diferencia das demais. Uma biblioteca de estabelecimento carcerário é considerada especial por causa de sua clientela e localização, embora seu acervo em nada a distinga de uma pequena biblioteca pública. O mesmo se pode dizer de uma biblioteca de textos em *braile*, destinada a deficientes visuais. Não é muito grande o número de bibliotecas especiais.

A Biblioteca Nacional é o órgão responsável, como biblioteca depositária da produção bibliográfica brasileira, pela coleta, organização, preservação e difusão de nossos bens culturais de natureza bibliográfica. É uma biblioteca de último recurso, ou seja, em princípio, recorre-se a ela depois de esgotadas as possibilidades das outras bibliotecas.

A Biblioteca Nacional é a biblioteca do Novo Mundo que mais se aproxima do modelo histórico de formação e desenvolvimento das antigas bibliotecas nacionais europeias. Como estas, sua origem está na livraria de um monarca, o rei de Portugal. Seu acervo básico atual foi constituído com o mesmo objetivo que presidia à formação das grandes coleções da nobreza e da aristocracia europeia nos séculos XVIII e XIX: reunir a melhor amostra possível do que se publicava nos mais importantes centros editoriais de então.

Além de ali se encontrar a coleção mais representativa da produção editorial brasileira desde a introdução da imprensa em 1808 até os dias atuais, a Biblioteca Nacional é fundamental para os pesquisadores de história do Brasil e de literatura brasileira. O catálogo da Biblioteca Nacional acha-se disponível na internet, embora ainda apresente muitas deficiências, erros e omissões.

A utilização da Biblioteca Nacional exige que sejam obedecidas regras rígidas. É recomendável que a pessoa interessada procure conhecê-las antecipadamente, para não perder a viagem ou passar por dissabores. Na página da Biblioteca Nacional na Internet, encontram-se essas informações na parte que trata do atendimento ao leitor. Por exemplo, somente é permitido portar lápis e papéis que não possuam nada escrito. Há várias restrições quanto ao manuseio e cópia de materiais. Recomenda-se aos interessados que, para evitar contratempos, procurem antes um contato direto com a direção da instituição ou o responsável pelo setor de atendimento aos usuários, pois nem sempre a recepção oferecida pelo serviço de portaria ao cidadão anônimo é receptiva ou bem-informada, e tende a interpretar, no mínimo literalmente, as regras adotadas pela Biblioteca Nacional.

Desde que o catálogo informatizado entrou em funcionamento, não é permitido ao leitor consultar diretamente o catálogo em fichas, o que nem sempre é satisfatório, tendo em vista as deficiências do primeiro. Observe-se que, em 1990, a Biblioteca Nacional registrava possuir cerca de 8 milhões de peças (assim chamados todos os materiais possuídos pela biblioteca, isto é, livros, manuscritos, discos etc.). Havia uma previsão de que em 2000 esse número chegaria a dez milhões de peças. Em janeiro de 2004, o catálogo informatizado disponível em linha na Internet registrava menos de 600 mil peças, das quais 370 mil eram livros. Ou seja, se o acervo for hoje de dez milhões de peças, o acesso disponível pela Internet cobre menos de 6% do total.

A Biblioteca Nacional mantém no Rio de Janeiro, no prédio antigamente ocupado pelo Ministério da Educação, e hoje denominado Palácio da Cultura, uma biblioteca pública que, inclusive, oferece serviço de empréstimo domiciliar para as pessoas residentes naquela cidade. Trata-se da Biblioteca Euclides da Cunha. Seu catálogo está disponível na Internet no mesmo sítio da Biblioteca Nacional.

Finalmente, nesse elenco de tipos de bibliotecas não se podem deixar de citar as bibliotecas particulares. Hoje não têm a mesma envergadura e riqueza que ostentavam há alguns anos, em grande parte devido ao custo do espaço físico em áreas urbanas mas também devido a mudanças nas formas de busca e obtenção de informação e, quem sabe, a mudanças nos critérios que valiam para a conquista de reconhecimento social em certas camadas ditas de elite.

Mas, existem bibliotecas de excelente qualidade, ainda que, na maioria das vezes, fechadas ao acesso do público. Quando morrem seus detentores, o destino que lhes é dado pelos herdeiros podem ser os sebos e antiquários, quando então se dispersam, ou algumas poucas instituições que as adquirem em bloco e as tornam disponíveis para um público maior.

Um dos problemas com relação às bibliotecas particulares é saber de sua existência ou do destino que tomaram após a morte de seus proprietários. Há casos em que essa informação foi aos poucos se divulgando até alcançar amplas camadas da população de estudiosos. Muitas vezes são acervos inigualáveis na sua área de interesse.

Estrutura organizacional

As bibliotecas são organizações de maior ou menor complexidade, em função das dimensões de seu espaço físico, de seu acervo, do número e diversidade de usuários, recursos humanos etc. No entanto, todas possuem certas características organizacionais básicas, que mencionaremos a seguir.

Em relação às atividades técnicas que se desenvolvem na biblioteca, encontram-se em geral os serviços de seleção e aquisição de materiais; processamento técnico (catalogação/classificação); atendimento aos usuários (que inclui orientação e referência e empréstimo).

No serviço de seleção e aquisição são recebidas sugestões dos usuários para aquisição de materiais para o acervo. Essas sugestões são avaliadas, normalmente, por uma comissão de seleção, formada por bibliotecários e usuários, que toma as decisões com base em uma política de seleção e aquisição estabelecida para a biblioteca. O mesmo serviço providencia a aquisição dos materiais, em geral por meio de compra. Várias bibliotecas também obtêm material por doação ou permuta com duplicatas ou publicações feitas pela instituição a que está vinculada. Os materiais relevantes e que atendem à maior demanda dificilmente se obtêm por tais processos.

O aumento da produção bibliográfica e a rápida obsolescência da informação científica em certas áreas das ciências puras e aplicadas têm suscitado a adoção de políticas de descarte de materiais. Em bibliotecas, onde a função de preservação é prioritária ou onde inexiste a possibilidade de ampliação de áreas de depósito, adota-se a microfilmagem de materiais ou, mais recentemente, seu armazenamento em formato digital, em geral em discos ópticos ou cederrons. Ressalte-se, porém, que há dúvida quanto à durabilidade desses novos suportes e a permanência das informações nele gravadas.

O serviço de processamento técnico concentra-se nas atividades de catalogação/classificação dos materiais e sua preparação para colocação nas estantes. A catalogação constitui um processo de criação de representações sintéticas dos documentos, as fichas catalográficas dos catálogos tradicionais ou os registros eletrônicos nos catálogos informatizados. É um processo submetido a padronização internacional, que tem facilitado não só a adoção da informática para a construção de catálogos de acesso em linha mas também para uma maior cooperação nacional e internacional no setor, reduzindo a duplicação de tarefas nas bibliotecas.

Qualquer que seja o tipo de biblioteca, a utilização eficiente de seu acervo depende de um instrumento essencial que é o catálogo da biblioteca. É essa ferramenta que vai dizer ao usuário se a biblioteca possui uma obra de determinado autor, ou sobre determinado assunto, ou com determinado título ou que pertence a uma série. Em muitos catálogos é também possível se fazer uma busca pelos nomes de tradutores, colaboradores, ilustradores ou por outros pontos de acesso.

Hoje em dia, são relativamente comuns os catálogos informatizados. Neles prevalecem os mesmos pontos de acesso encontrados nos catálogos em fichas e outros mais elaborados. Por exemplo, por meio dos chamados operadores booleanos (*e*, *ou*, *não*) é possível, num catálogo informatizado, realizar buscas por meio da combinação ou exclusão de termos que representam os assuntos. Também é possível solicitar buscas baseadas em palavras-chave que ocorram em qualquer um dos diferentes campos de dados que constituem a representação do documento. Outros recursos podem ser encontrados, dependendo da complexidade do programa de busca utilizado, como buscas por prefixos ou sufixos de palavras, por números de classificação etc.

O advento de sistemas operacionais de computador que empregam as chamadas interfaces gráficas permitiu aumentar a facilidade de uso de programas de recuperação, que se tornam cada vez mais amigáveis para o usuário. Isso pode ser constatado, por exemplo, em diversos catálogos de bibliotecas disponíveis na Internet e até mesmo em livrarias virtuais.

No processo de catalogação, atribuem-se aos documentos números ou códigos que servirão para definir sua localização em acervos que podem ser formados desde algumas centenas até alguns milhões de volumes, como acontece nas grandes bibliotecas nacionais. Essa localização pode ser fixa, sem levar em conta o assunto do documento; simplesmente, no exemplo mais simples, é como se se colocasse o documento mais recente no final de uma fila que começou com o documento de número um. O novo documento receberá o número que lhe cabe na sequência e será colocado no lugar correspondente. Esses números ou códigos de localização fixa são chamados às vezes de cotas. Esta solução é adotada por bibliotecas que não permitem o acesso do público ao acervo.

Normalmente, a forma de localização dos materiais é feita por meio de códigos (numéricos, alfabéticos ou alfanuméricos) de algum esquema de classificação previamente definido. Isto é, os documentos são ordenados segundo a sucessão lógica (ou convencionada) desses códigos, de modo que serão colocados juntos os documentos que possuem códigos de localização iguais, quer dizer, que tratam dos mesmos assuntos. Esse código é conhecido como número de chamada, contendo muitas vezes um nível adicional de ordenação que permite a reunião de obras de um mesmo autor dentro da classificação respectiva. As classificações de âmbito geral mais usados são a Classificação Decimal Universal – CDU, a Classificação Decimal de Dewey – CDD – e a classificação da Library of Congress, dos Estados Unidos. No Brasil predominam as duas primeiras.

O serviço de atendimento aos usuários é responsável pela prestação de informações, realização de pesquisas bibliográficas na coleção de referência da biblioteca ou nas bases de dados a que tiver acesso, administração do empréstimo externo de materiais aos leitores (onde essa prática é adotada), realização de programas de treinamento sobre uso da biblioteca e pesquisa bibliográfica voltados para os usuários, realização de diferentes atividades culturais e de promoção dos serviços da biblioteca etc.

Essa, como dissemos, é a estrutura básica de qualquer biblioteca. Dependendo de suas dimensões, variedade dos materiais, diversidade e número de usuários efetivos e potenciais, grau de informatização, e área geográfica de atuação, a estrutura organizacional de uma biblioteca pode ser comparável à de uma grande empresa.

Acervo

Os acervos das bibliotecas variam segundo a natureza de seus objetivos e da clientela a que servem. Uma biblioteca infantil terá um acervo formado majoritariamente por títulos de literatura infantil e materiais de iniciação à aprendizagem, consentâneos com as faixas etárias que forem atendidas pela biblioteca. Já uma biblioteca universitária será formada basicamente por textos voltados para o apoio ao ensino de graduação e pós-graduação e para a pesquisa.

A título de exemplo, pode-se dizer que nas bibliotecas públicas a parte mais importante do acervo é formada por livros. Nas bibliotecas especializadas os periódicos técnicos e científicos ocupam lugar mais importante do que os livros, devido à própria dinâmica do processo de comunicação dos resultados de pesquisas.

As bibliotecas, principalmente as mais antigas e de maior porte, possuem acervos que refletem, muitas vezes, uma história peculiar de criação e desenvolvimento. Com relação à Biblioteca Nacional brasileira, por exemplo, não basta apenas saber que ela desempenha as funções de organismo responsável pelo controle bibliográfico no país e que é depositária de, pelo menos, um exemplar da produção editorial do país. Para o estudioso, é importante saber que ela possui uma parte significativa de livros trazidos da Real Biblioteca, de Lisboa. Que dela fazem parte coleções particulares importantes como a de Diogo Barbosa Machado, bibliófilo e bibliógrafo português, a do imperador Dom Pedro II, conhecida como Coleção Teresa Cristina, a do bibliófilo José Carlos Rodrigues, o acervo da extinta Biblioteca Fluminense etc. Que a biblioteca do Instituto de Estudos Portugueses da Universidade de São Paulo incorpora a biblioteca e o arquivo particular de Mário de Andrade. Que a Casa de Rui Barbosa possui não apenas a biblioteca e arquivo do famoso jurista, mas, também, de outros intelectuais brasileiros, além de um acervo importantíssimo sobre história e literatura brasileiras. Que a biblioteca de Sérgio Buarque de Holanda hoje faz parte da Biblioteca Central da Universidade Estadual de Campinas. Que as bibliotecas de Homero Pires, Fernando de Azevedo, Agripino Grieco, Carlos Lacerda, Pedro Nava e outros intelectuais foram incorporadas à Biblioteca Central da Universidade de Brasília.

Assim, convém sempre procurar conhecer as peculiaridades que algumas bibliotecas apresentam em matéria de acervo.

Serviços aos usuários

Uma biblioteca-padrão oferece os seguintes serviços aos usuários: a) consulta aos materiais no próprio recinto; b) empréstimo domiciliar; c) empréstimo entre bibliotecas; d) realização de buscas bibliográficas a pedido; e) respostas a consultas recebidas no serviço de referência; f) orientação dos usuários quanto ao uso da biblioteca e seus serviços; g) acesso a bases de dados disponíveis na própria biblioteca; h) acesso a bases de dados disponíveis na internet; i) acesso aos serviços disponíveis na internet, inclusive correio eletrônico; j) encaminhamento do usuário a bibliotecas mais pertinentes às suas necessidades; k) fornecimento de cópias de materiais de pesquisa e estudo, respeitadas as restrições definidas pela lei do direito autoral.

O grau de sofisticação desses serviços pode variar. Há bibliotecas, por exemplo, que oferecem serviços de notificação corrente, que são boletins bibliográficos que anunciam os últimos documentos recebidos. Outras, podem fazer boletins de resumos, quase sempre numa área especializada do conhecimento. Em bibliotecas públicas são comuns as atividades de extensão, envolvendo várias iniciativas que visam a promover a utilização do livro, como horas do conto, teatro infantil, exposições diversas etc.

Bibliotecas especializadas podem implantar e manter bases de dados de artigos científicos e outros materiais sobre assuntos de maior relevância para sua clientela.

Nem sempre todos os usuários têm acesso igualitário a todos os serviços. Há bibliotecas universitárias, por exemplo, que limitam a consulta de periódicos aos professores e alunos de pós-graduação. Também os serviços de obtenção de fotocópias de artigos em outras bibliotecas podem não ser acessíveis a alunos de graduação. Da mesma forma podem haver diferentes critérios quanto ao prazo de duração dos empréstimos.

Com exceção de bibliotecas de estabelecimentos de ensino particulares, que podem embutir no custo das mensalidades ou anuidades uma taxa pelo uso da biblioteca, a totalidade das bibliotecas mantidas pelo poder público presta serviços gratuitamente. Em vários países, foi introduzida, nos últimos anos, alguma forma de pagamento pelos serviços prestados pelas bibliotecas públicas.

Arquitetura

Talvez como herança do caráter sacro que a biblioteca tem no imaginário universal (lembremo-nos do templo de Tebas), sua arquitetura foi e continua sendo marcada por preocupações de monumentalidade, muitas vezes sendo estruturas conspícuas na paisagem urbana.

Toda biblioteca conta, pelo menos, com duas importantes divisões de espaço: uma destinada ao público, onde também pode estar o acervo, e uma destinada às pessoas que trabalham na biblioteca. Nas grandes bibliotecas que não permitem o acesso direto às estantes, têm-se as áreas de leitura do público, áreas de depósitos e áreas de trabalho. Em torno dessas exigências básicas surgem as mais diversas variações.

Prevalecem hoje as preocupações com o equilíbrio entre identidade arquitetônica, funcionalidade e conforto para os usuários. Por outro lado, nota-se intenso aproveitamento dos mais avançados recursos da tecnologia da construção e da preservação do material do acervo.

O surgimento de novos e diferentes tipos de suportes da informação deu origem ao conceito de midiateca, que seria uma instituição voltada para a reunião, organização e uso dos chamados multimeios (*multimedia*), como fitas de vídeo, fitas sonoras, cederrons, discos compactos, filmes etc. Na prática, soa muitas vezes como um neologismo de origem francesa (*médiathèque*), próximo dos *media centers*, de fins da década de 1960, nos Estados Unidos, que, muitas vezes, eram bibliotecas escolares a que se haviam incorporado os suportes de informação que exigem para sua leitura a intermediação de algum equipamento. Por exemplo, a *Médiathèque* de Rézé, na periferia de Nantes, França, inaugurada em 1990: uma biblioteca moderna, onde os livros convivem com outros suportes da informação.

A propósito da onda de construção de novos e grandiosos museus que atingiu a Europa e também os Estados Unidos nas décadas de 1980 e 1990 alguém disse que, enquanto as grandes catedrais do passado foram poderosos símbolos da riqueza ou importância das cidades europeias, a cultura teria agora substituído a religião como o sinal mais óbvio de sucesso. Exemplos disso estariam na nova Bibliothèque Nationale, em Paris, com suas quatro enormes torres em forma de livro aberto, a nova sede da British Library, em Londres, a citada Biblioteca de Alexandria, ou as novas bibliotecas públicas de San Francisco e Phoenix, nos Estados Unidos.

As bibliotecas na era da informática

Desde a década de 1950 que o uso de processos de mecanização/automação começou a ser experimentado em serviços de bibliotecas e informação. Inicialmente, máquinas de processamento de informações que usavam cartões perfurados (conhecidas como máquinas *Hollerith*) serviram para a produção de listas de referências bibliográficas, empréstimos de materiais e outras atividades de natureza gerencial. Com a aceleração do desenvolvimento científico e tecnológico, particularmente a partir de meados dessa década, e o consequente aumento da produção bibliográfica, foram feitas várias experiências de utilização de computadores no processamento da informação bibliográfica.

Em meados da década seguinte, havia em alguns países vários serviços bibliográficos totalmente informatizados, que ofereciam a possibilidade de buscas à distância por meio de terminais de telex, e, mais tarde, por terminais de computador. Assim é que, no início da década de 1970, por exemplo, no Brasil, vários usuários institucionais, em diferentes cidades, podiam ter acesso a bases de dados com informações legislativas e bibliográficas organizadas e mantidas pelo Senado Federal, em Brasília. Posteriormente, com o surgimento de redes dedicadas à transmissão de dados, ampliou-se a possibilidade de acesso a bases de dados sediadas em computadores remotos, inclusive em outros países.

A grande mudança nesse setor se deu a partir do início da década de 1990, com a implementação da Internet, que possibilitou a interconexão de computadores de diferentes marcas e com diferentes sistemas operacionais, utilizando linhas telefônicas comuns combinadas com linhas de transmissão de dados de alta velocidade. Antes da universalização da Internet, a França, com seu serviço Minitel, já antecipava o conceito de colocar ao alcance imediato das pessoas, em seu trabalho ou em sua residência, o maior volume possível de informações de qualquer tipo.

No campo das bibliotecas, a Internet ensejou uma ampla difusão dos OPACS (*online public access catalogs*), que são exatamente isso: catálogos de bibliotecas disponíveis em linha e abertos à consulta remota por parte de qualquer interessado. Muitas bibliotecas que haviam informatizado seus catálogos para acesso em redes locais tornaram-nos assim imediatamente disponíveis em escala mundial. Citem-se os catálogos da Library of Congress, da Universidade de São Paulo, da Universidade Estadual de Campinas, da Universidade Federal do Rio Grande do Sul, da Universidade Federal de Minas Gerais, de várias bibliotecas nacionais, todos facilmente acessíveis na internet.

De grande utilidade são os catálogos coletivos em linha. Eles proporcionam acesso num único local e de forma integrada ao acervo de várias bibliotecas. Podem ser catálogos coletivos de periódicos, como o mantido pelo Instituto Brasileiro de Informação em Ciência e Tecnologia – IBICT, ou de livros, como o da França, Itália, Reino Unido, Portugal e outros países. No Brasil, existe o Catálogo Coletivo Bibliodata, de livros, acessível na Internet, que informa sobre os acervos de bibliotecas participantes da rede Bibliodata de catalogação cooperativa.

No campo da informação especializada, um número cada vez maior de bases de dados de artigos de periódicos acopla-se a serviços que tornam disponíveis os textos integrais dos artigos referenciados ou resumidos nessas bases, fornecidos por editoras, cujas revistas já se encontram de forma integral na Internet ou por bibliotecas que fornecem fotocópias, como as que no Brasil participam do programa Comut, ou o Document Supply Centre da British Library, no Reino Unido. No Brasil, encontram-se mais de uma centena de revistas científicas nacionais, com texto completo, de acesso gratuito, no Scielo. Este é um repositório mantido pelo Centro Latino-Americano e do Caribe de Informação em Ciências da Saúde – BIREME. Embora sejam, na maioria, da área biomédica, ali se encontram revistas das ciências exatas, sociais, humanas e humanidades.

Nesse contexto, tem-se falado muito de bibliotecas virtuais, bibliotecas digitais e bibliotecas eletrônicas. Estas novas construções da era da informática teriam chegado para acabar com as bibliotecas tradicionais e, por extensão, com o próprio livro. Na realidade, ainda existe muita confusão a respeito do que se poderia chamar genericamente de bibliotecas eletrônicas. Em primeiro lugar, nenhuma das bibliotecas que se intitulam virtuais ou digitais correspondem, no mesmo plano ou em plano superior, às bibliotecas tradicionais. Estas continuam sem ter substituto.

Uma biblioteca virtual seria aquela que, proporcionando todos ou a maior parte dos serviços de uma biblioteca tradicional, inclusive o acesso aos textos dos documentos, somente existiria de forma latente (como a imagem fotográfica, registrada no negativo, mas ainda não revelada), revelando-se na medida em que, lançando mão dos recursos disponíveis na Internet, com o emprego dos vínculos de hipertexto, se fosse colhendo, aqui e ali, as informações de interesse. Ao final de uma sessão de consulta o usuário teria construído, pelas passagens por diferentes sítios (*sites*), uma biblioteca única, que dificilmente se repetiria para outro consulente. Um sítio na Internet, que se autodenomine biblioteca virtual e apresente, basicamente, uma série de vínculos (*links*) com outros sítios é, no máximo, um cadastro eletrônico de unidades de informação. A rapidez do salto que o usuário dá, de onde está para onde quer ir, não altera a natureza cadastral do sítio. Às vezes, um vínculo leva o usuário de um sítio, que já é uma série de vínculos, para outros que também são conjuntos de vínculos, sem que nenhum possua verdadeiramente informação substantiva. Como uróboros, engolindo a própria cauda, o usuário sente-se tonto, como quando nos perdemos naqueles dicionários que apresentam definições circulares em que a definição do vocábulo *alfa* é a definição do vocábulo *beta* que tem como definição o vocábulo *alfa*; e se volta ao início do círculo.

A biblioteca digital seria aquela que teria, além de seu catálogo, também os textos dos documentos de *seu acervo,* armazenados de forma digital, permitindo sua leitura na tela do monitor ou sua importação (*download*) para o disco rígido do computador que funcionasse como porta de acesso à Internet. Sem desprezar toda a gama de opções que o sistema de hipertexto poderá oferecer em termos de interligação de sítios no universo da Internet. No momento, o projeto mais importante de biblioteca digital é o National Digital Library, nos Estados Unidos.

Nessa questão da biblioteca digital, podem, ainda, ser citados vários projetos de digitalização de textos integrais e sua oferta na Internet. Alguns podem estar vinculados a bibliotecas tradicionais enquanto outros podem até mesmo ser iniciativas isoladas de pessoas físicas ou o resultado do trabalho voluntário de inúmeras pessoas.

A facilidade que a Internet oferece para que ali se coloquem textos de livre acesso suscita a necessidade de os usuários da Rede se acautelarem quanto à qualidade e confiabilidade das informações que esses textos contêm. É importante que o internauta verifique sempre qual a origem do texto que está consultando, quem foi o responsável pela sua elaboração, que dê preferência aos que são divulgados por meios institucionais reconhecidos ou por pessoas que mereçam confiança. Não é raro encontrarem-se na Internet as informações mais disparatadas e equivocadas.

O fato de haver confusão de conceitos e termos reflete as condições ainda pouco sólidas desse terreno que há bem pouco tempo se começou a trilhar. Mas não significa que não se venha, bem antes do que se costuma imaginar, a dispor na Internet de uma variedade, cada vez maior, de informações como as que se encontram numa biblioteca tradicional. É claro que não será tarefa fácil clonar em forma digital os milhões de textos em formato analógico que seriam potencialmente relevantes para o maior número possível de usuários. Mas o fato de ser uma tarefa difícil não significa que seja impossível.

Referências

BATTLES, Matthew. *A conturbada história das bibliotecas*. São Paulo: Planeta, 2003. p. 240.

FONSECA, Edson Nery da. *Introdução à biblioteconomia*. São Paulo: Pioneira, 1992. p. 153.

HARROD, Leonard Montague. *The librarian's glossary of terms used in llibrarianship, documentation and the book crafts and reference book*. 4th ed. London: A. Deutsch, 1977. p. 903.

LIBRARIES and Library Science. In: THE NEW Encyclopaedia Britannica. 15th ed. Chicago, Il.: Encyclopaedia Britannica, 1977. v. 22, p. 968-984.

MCGARRY, Kevin. *O contexto dinâmico da informação*: uma análise introdutória. Tradução de Helena Vilar de Lemos. Brasília: Briquet de Lemos / Livros, 1999. p. 206.

MASSON, André; SALVAN, Paule. *Les bibliothèques*. Paris: Presses Universitaires de France, 1961. p. 128. (Que sais-je?, 944).

MILANESI, Luís. *Biblioteca*. São Paulo: Ateliê Editorial, 2002. p. 116.

Arquivos

José Maria Jardim
Maria Odila Fonseca

Ao abordar os arquivos como fontes de informação, o leitor é convidado a um universo singular. Aparentemente, este universo encontra similaridades imediatas com outros: bibliotecas, centros de documentação, museus etc. Efetivamente, há vários pontos de convergência entre estes campos. Circunstâncias históricas permitem reconhecer seus aspectos comuns e específicos. O esforço interdisciplinar, inerente à Ciência da Informação, vem apostando nas vantagens da harmonização de conhecimentos informacionais e políticas de gestão institucional. Tais esforços têm como perspectiva favorecer o usuário no processo de *transferência da informação,* seja ela de natureza arquivística, biblioteconômica ou museológica, no âmbito de um espaço documental *tradicional* ou virtual.

A busca pela interface entre arquivos, bibliotecas, centros de documentação etc. pressupõe, portanto, que se reconheça suas singularidades. Trata-se de um desafio – ainda que diferenciado – para o profissional e o usuário da informação. Como tal, procurar-se-á a seguir reconhecer os *arquivos como fontes de informação,* analisando o fenômeno arquivístico em sua especificidade: desde o enquadramento teórico da informação e documento de arquivos, passando pela Arquivística como disciplina e pelas organizações gestoras de arquivos. Buscou-se ainda explicitar tais dimensões no âmbito da realidade brasileira.

O arquivo e a informação arquivística

Segundo o *Dicionário Internacional de Terminologia Arquivística*, publicado pelo Conselho Internacional de Arquivos, arquivo é

> o conjunto de documentos, quaisquer que sejam suas datas, suas formas ou seus suportes materiais, produzidos ou recebidos por pessoas físicas e jurídicas, de direito público ou privado, no desempenho de suas atividades. (1984, p. 25).

Tal definição pode ser considerada a síntese do pensamento dos principais fundadores do saber arquivístico a partir de meados do séc. XX. No entanto, algumas nuances devem ser consideradas, especialmente no que se refere à inclusão explícita da característica de *organicidade* da acumulação arquivística. Assim, por exemplo, o *Manual de Arquivística,* publicado pela Direção dos Arquivos de França, em conjunto com a Associação dos Arquivistas Franceses, afirma que arquivo é:

> o conjunto de documentos, de qualquer natureza, que qualquer corpo administrativo, qualquer pessoa física ou jurídica, tenha automática e organicamente reunido, em razão mesmo de suas funções e atividades. (1970, p. 23).

No Brasil, na ausência de uma consolidação terminológica consensual, a definição de arquivo encontra a sua melhor expressão no texto da Lei nº 8.159, de 8 de janeiro de 1991, que dispõe sobre a política nacional de arquivos públicos e privados:

> Consideram-se arquivos, para os fins desta Lei, os conjuntos de documentos produzidos e recebidos por órgãos públicos, instituições de caráter público e entidades privadas, em decorrência do exercício de atividades específicas, bem como por pessoa física, qualquer que seja o suporte da informação ou a natureza dos documentos. (Art. 2).

Vale comparar tais definições com o conceito de arquivo vigente desde o final do séc. XIX até meados deste século. Em 1898, o mais antigo manual de arquivística, elaborado por arquivistas holandeses, conceituava arquivo como o conjunto de

> documentos escritos, desenhos e material impresso", recebidos ou produzidos oficialmente por determinado órgão administrativo ou por um de seus funcionários, na "medida em que tais documentos se destinavam a permanecer na custódia deste órgão ou funcionário. (ASSOCIAÇÃO DOS ARQUIVISTAS HOLANDESES, 1973, p. 13, destaque nosso).

As *transformações do conceito de arquivos* a partir da segunda metade do séc. XX referem-se a dois pontos básicos:

a) o uso, cada vez mais extensivo, dos diversos suportes materiais da informação arquivística, eliminando da definição de arquivo qualquer tentativa de delimitar os possíveis suportes dos documentos arquivísticos;

b) o surgimento dos princípios da *gestão de documentos,* nos Estados Unidos e no Canadá, no final da década de 1940, superando-se a ideia predominante de que os arquivos constituem conjuntos de documentos destinados a permanecer sob custódia permanente das instituições arquivísticas.

Apesar dessas transformações, o conceito de arquivo mantém inalteradas as suas características básicas de *conjunto orgânico produzido por uma dada atividade jurídico-administrativa,* salientando-se o caráter testemunhal do conjunto documental arquivístico, conservado em sua *organicidade.*

> Eles [os arquivos] têm, consequentemente, uma estrutura, uma articulação e uma natural relação entre suas partes, as quais são essenciais

para sua significação. A *qualidade* de um arquivo só sobrevive em sua totalidade se sua forma e relações originais forem mantidas. (JENKINSON *apud* LAROCHE, 1971, p. 8)

Ficam claros, desta forma, os dois níveis de informação contidos num arquivo:
* a informação contida no documento de arquivo, isoladamente;
* a informação contida no arquivo em si, naquilo que o conjunto, em sua forma, em sua estrutura, revela sobre a instituição ou sobre a pessoa que o criou.

A *informação* não tem sido considerada como objeto privilegiado da Arquivística, aparecendo, na literatura clássica da área, como uma consequência do *documento de arquivo*, que, por sua vez, é visto como um elemento do *arquivo*: "*Importa muito que não percamos de vista a tríplice dimensão do objeto da Arquivística e 'sua ordem': arquivos – documentos de arquivo – informação.*" (HEREDIA, 1993, p. 32, destaque nosso).

A noção de *informação arquivística* é recente na literatura da área e ainda carece de verticalização teórica. Na verdade, a Arquivística tende a reconhecer os *arquivos* como seu objeto e não a *informação arquivística*. Em torno dessas duas perspectivas situam-se as escolas de pensamento mais conservadoras – ainda predominantes – e as mais renovadoras. De modo geral, a primeira tendência encontra acolhida nos arquivos públicos europeus e a segunda em escolas de Ciência da Informação de universidades dos Estados Unidos e Canadá.

É sobretudo entre os arquivistas canadenses e norte-americanos que vem se consolidando, a partir dos anos 1990, o conceito de *informação arquivística*. Embora recorrente à definição de arquivo, este esforço inaugura um importante espaço de reflexão em torno das questões mais específicas do fenômeno informacional e preconiza uma maior relação entre a Arquivística e a Ciência da Informação, ou Ciências da Informação.

> Todos os membros da organização têm necessidade de informação para cumprir suas funções respectivas. As informações necessárias serão buscadas no interior ou no exterior da organização. Estas informações podem ser verbais ou registradas sobre suportes como, por exemplo, o papel, a fita magnética, o disco ótico ou o microfilme. "Podem ser orgânicas, quer dizer, elaboradas, expedidas ou recebidas no quadro das funções do organismo ou não orgânicas, quer dizer, produzidas fora do quadro das funções do organismo..." As informações registradas orgânicas nascem no arquivo do organismo. (COUTURE; DUCHARME; ROUSSEAU, 1988, p. 53-54, destaque nosso).

A par das divergências presentes nas diferentes escolas de pensamento da arquivística, reconhece-se que algumas das características mais comuns em qualquer organização como *função* e *organização* formalmente estabelecidas são a geração, processamento técnico e consulta a informações registradas decorrentes das suas atividades. Nesse sentido, os serviços de gerenciamento da *informação arquivís-*

tica representariam um aspecto institucionalizante. Por outro lado, os documentos arquivísticos produzidos pela organização *constituiriam uma linguagem que lhe é própria e indispensável à sua sobrevivência e operações*. As demandas de funcionamento e coesão das organizações públicas justificariam, assim, seus serviços de informação arquivística, além de outros com características específicas. Dois fenômenos sinalizam, segundo Ampudia Mello (1988, p. 12-13, tradução nossa), os processos informacionais arquivísticos no caso das administrações públicas:

> ... o primeiro pode denominar-se *objetivação* e consiste em que a informação institucional se assenta sempre sobre um suporte material...; o segundo fenômeno pode chamar-se *formalização* e consiste em que, dentro das instituições, a informação circula através de canais prévia e claramente estabelecidos, integrando redes que unem hierarquicamente a todas e cada uma das partes que as compõem. [...] tal informação objetivada são os documentos e arquivos que durante tantos séculos a Administração Pública tem se empenhado em produzir, assim como os canais formais de informação são os sistemas internos que esta criou para gerar, distribuir e conservar seus registros.

Os *arquivos* expressam, portanto, o conjunto dessas *informações institucionais ou orgânicas*, quaisquer que sejam sua data de produção, seu suporte material, sua natureza, acumuladas por uma organização (ou pessoa física), em decorrência das suas ações.

O ciclo da informação arquivística

A informação arquivística produzida pelas organizações cumpre um *ciclo* que envolve sua produção, processamento, uso e estocagem em dois contextos: primeiramente, no *ambiente organizacional da sua produção* e, num segundo momento, no marco das *instituições arquivísticas* responsáveis pela normalização da gestão de documentos correntes e intermediários, bem como pela preservação e o acesso ao patrimônio documental arquivístico.

No primeiro cenário, a informação arquivística encontra-se relacionada às demandas do processo decisório governamental (*arquivos correntes*). À medida em que esta informação torna-se menos utilizada ao longo do processo decisório, tende-se a eliminá-la ou a conservá-la temporariamente (*arquivos intermediários* gerenciados pela própria administração produtora ou pelas instituições arquivísticas). Para tal, consideram-se as possibilidades de uso eventual da informação pelo organismo produtor ou a sua condição de documento de valor permanente. A esta configuração chegariam, segundo a Unesco, em torno de 10% dos documentos produzidos (*arquivos permanentes*). A utilização da informação arquivística difere, neste momento, daquela inicial, quando associada ao processo decisório. Constituindo os arquivos permanentes, estes documentos têm sua guarda e acesso pelas instituições arquivísticas, justificados pelo seu uso para a pesquisa científica ou como fator de testemunho das ações do Estado e garantia de direitos dos cidadãos.

No âmbito da cadeia informacional arquivística, referente às três idades (corrente, intermediária e permanente) dos arquivos, *o ciclo da informação arquivística* envolve, por princípio, as seguintes etapas:

a) *no contexto organizacional de produção:*

- produção;
- processamento técnico;
- uso privilegiado pelo administrador e, excepcionalmente, pelo cidadão e o pesquisador científico;
- estocagem das informações de uso corrente e, em alguns casos, das que se encontram em fase intermediária;
- eliminação e transferência / recolhimento para as instituições arquivísticas.

b) *nas instituições arquivísticas:*

- recolhimento dos documentos de valor permanente produzidos pela administração;
- estocagem das informações consideradas de valor permanente e, em certas situações, daquelas em fase intermediária;
- processamento técnico;
- uso pelo cidadão e o pesquisador científico e, eventualmente, pelo administrador público.

O gerenciamento da informação arquivística pressupõe o controle dessas etapas, contempladas na formulação e implementação de políticas arquivísticas.

Características dos registros arquivísticos

Os documentos arquivísticos são simultâneamente instrumentos e subprodutos das atividades institucionais e pessoais. Como tal, constituem fontes primordiais de informação e prova para as suposições e conclusões relativas a estas atividades, sua criação, manutenção, eliminação ou modificação.

Segundo Duranti, dois pressupostos básicos determinam a habilitação probatória e informativa dos documentos arquivísticos: "a) que os registros documentais atestam ações e transações, e b) que sua veracidade depende das circunstâncias de sua criação e preservação." (1994, p. 51).

Na decomposição analítica destas duas afirmativas pode-se chegar à identificação de certas características gerais dos registros documentais arquivísticos:

- *Autenticidade*: a autenticidade está ligada ao processo de criação, manutenção e custódia; os documentos são produtos de rotinas processuais que visam ao cumprimento de determinada função, ou consecução de alguma atividade, e são autênticos quando são criados e conservados de acordo com procedimentos regulares que podem ser comprovados, a partir destas rotinas estabelecidas.
- *Naturalidade*: os registros arquivísticos não são coletados artificialmente, mas acumulados nas administrações, em função dos seus objetivos práticos; os registros arquivísticos se acumulam de maneira contínua e progressiva, como sedimentos de estratificações geológicas, e isto os dota de um elemento de coesão espontânea, embora estruturada (organicidade).
- *Organicidade*: os documentos estabelecem relações no decorrer do andamento das transações para as quais foram criados; os documentos estão ligados por um elo que é criado no momento em que são produzidos ou recebidos, que é determinado pela razão de sua criação e que é necessário à sua própria existência, à sua capacidade de cumprir seu objetivo, ao seu significado e sua autenticidade; os registros arquivísticos são um conjunto indivisível de relações.
- *Unicidade*: cada registro documental assume um lugar único na estrutura documental do grupo ao qual pertence; exemplares de um registro podem existir em um ou mais grupos de documentos, mas cada exemplar é único em seu lugar, porque o complexo de suas relações com os demais registros do grupo é sempre único.

Os registros arquivísticos são provas confiáveis das ações a que se referem e devem esta confiabilidade às circunstâncias de sua criação e às necessidades de prestar contas.

> Sendo imparciais no que diz respeito à criação, autênticos no tocante aos procedimentos, e inter-relacionados no que tange ao conteúdo, os registros documentais estão aptos a satisfazer os requisitos da legislação sobre valor probatório e constituem a melhor forma não só de prova documental mas de prova em geral. De fato, os registros, além das necessidades do direito e da história, servem à "transparência das ações", um novo e atraente nome para o que mais tradicionalmente constitui a obrigação de prestar contas (*accountability*) tanto do ponto de vista administrativo quanto histórico (DURANTI, 1994, p. 55).

Revela-se, ao longo deste processo, a importância da função social do arquivista e das instituições arquivísticas, como agentes e órgãos de uma dada administração, aos quais é delegada a responsabilidade de gestão e acesso a tais registros, através de procedimentos técnicos específicos.

As instituições arquivísticas

A história das instituições documentais pressupõe reconhecermos a emergência de um tipo de organização que rompe com os tesouros do príncipe e do papa medievais ou o *gabinete de curiosidades* do homem culto renascentista. Tais instituições nascem associadas à invenção do Estado Nacional e a necessidade de construção de uma memória nacional que desse suporte à nacionalidade como componente ideológico do Estado burguês nascente.

A partir do séc. XIX, no interior do projeto de Estado Nacional, desenham-se concepções de memória e inventam-se tradições para uma *nação* que reserve um passado comum aos seus integrantes. A noção de *patrimônio histórico-cultural* insere-se neste processo pelo qual o Estado se organiza mediante a criação de um patrimônio comum e uma identidade própria. Os arquivos, bibliotecas e museus nacionais são produtos da construção desse patrimônio, que pressupõe valores, norteadores de políticas públicas, a partir dos quais são atribuídos qualificativos a determinados registros documentais. Valores, conforme Menezes (1992, p.189), que são historicamente "produzidos, postos em circulação, consumidos, reciclados e descartados", referidos a dimensões cognitivas, formais, afetivas e pragmáticas. Como tal, o patrimônio é *político por natureza* (MENEZES, 1992, p. 191).

O uso da palavra *arquivo* para designar tanto um dado conjunto de documentos quanto as instituições, órgãos e serviços responsáveis pelos mesmos, é demonstrativo da estreita relação entre o desenvolvimento da Arquivística e o surgimento e evolução das instituições arquivísticas.

Apesar de terem havido iniciativas no sentido da centralização de arquivos desde o séc. XIII, os depósitos de arquivos surgem, na Europa, entre os séculos XIII e XIV, associados a administrações locais e nacionais que emergem das práticas feudais.

> O *Trésor dês Chartes*, na França, tem seu primeiro arquivista, Pierre d'Etampes, em 1307. Os arquivos do Reino de Aragão são criados em 1346. Praticamente todas as cidades italianas e flamengas organizam a organização e administração de seus arquivos dentro de suas instituições municipais. Depósitos de arquivos como estes são definidos como *loci publici in quibus instrumenta deponuntur*, i.e. "locais públicos onde documentos legais são guardados" (DUCHEIN, 1992, p. 15, tradução nossa).

O surgimento das instituições arquivísticas, como hoje as identificamos, iniciou-se com a criação, em 1789, do Arquivo Nacional da França. Criado inicialmente como arquivo da Assembleia Nacional, é transformado, em 24 de junho de 1794, no estabelecimento central dos arquivos do Estado, ao qual foram subordinados os depósitos existentes nas províncias. Para estes depósitos, deveriam ser recolhidos os documentos produzidos pelos diferentes níveis da administração pública.

São três os aspectos básicos do modelo pioneiro criado na França:

- criação de uma administração orgânica para cobrir toda a rede de repartições públicas geradoras de documentos e os antigos depósitos porventura existentes;
- reconhecimento do Estado sobre sua responsabilidade em relação ao cuidado devido ao patrimônio documental do passado e aos documentos por ele produzidos.
- a proclamação e o reconhecimento do direito público de acesso aos arquivos: "[...] *todo cidadão tem direito de pedir em cada depósito... a exibição dos documentos ali contidos.*" (DECRETO MESSIDOR, artigo 37).

Esta concepção de instituição arquivística, ressalvadas as necessárias especificidades de cada país, foi amplamente reproduzida na Europa e nas Américas, estabelecendo um modelo institucional. Este modelo permaneceu o mesmo até meados do séc. XX, privilegiando tais instituições como espaços a serviço da História.

Após a Segunda II Guerra Mundial, modifica-se a concepção de instituição arquivística, ampliando-se seu espectro e funções, à luz dos preceitos da gestão de documentos. Revolucionando a Arquivística tradicional, as instituições arquivísticas são obrigadas à reformulação de suas estruturas e redefinição de seu papel. A partir de então, considera-se *instituição arquivística* o órgão responsável pela gestão, recolhimento, preservação e acesso dos documentos gerados pela administração pública, nos seus diferentes níveis de organização.

A *gestão de documentos*, tal como aparece no *Dicionário de Terminologia Arquivística* do Conselho Internacional de Arquivos, diz respeito a uma área da administração geral relacionada com a busca de economia e eficácia na produção, manutenção, uso e destinação final dos documentos. Originou-se na impossibilidade de se lidar, de acordo com os moldes tradicionais, com as massas cada vez maiores de documentos produzidos pelas administrações. Os volumes documentais crescem numa progressão geométrica e é necessário que se estabeleçam parâmetros para sua administração. Esta perspectiva surge a partir de reformas administrativas instaladas nos Estados Unidos e no Canadá, no final da década de 1940. Nos primeiros momentos do pós-guerra, estabelecem-se princípios de racionalidade administrativa, a partir da intervenção nas diferentes etapas do ciclo documental: produção, utilização, conservação e destinação de documentos.

Estas transformações tiveram impacto bastante relevante no perfil das instituições arquivísticas – como também na Arquivística e nos profissionais da área –, levando-as a uma inserção mais profunda na gestão da informação produzida pela administração pública. A partir de então, as instituições arquivísticas não mais se limitavam a receber, preservar e dar acesso aos documentos produzidos pelo Estado, assumindo a liderança na execução das políticas públicas relacionadas à gestão de documentos.

A arquivística como campo de conhecimento

Aquilo que tem sido legitimado internacionalmente como Arquivística permite abordá-la como um *saber de Estado*. Resultado do Estado europeu do séc. XIX, a literatura da área aponta para uma Arquivística com forte caráter de *saber do* e *para* o Estado. A Arquivística pode ser interpretada, inclusive, como uma das narrativas do Estado europeu e norte-americano. Constitui parte daqueles escritos que, "*longe de serem simples descrições teóricas, são verdadeiras prescrições práticas*". (BOURDIEU, 1997, p. 65).

Historicamente, a Arquivística tem sido produzida e reproduzida no aparelho de Estado, em especial nas instituições arquivísticas. Esta tendência se reflete ainda hoje na formação dos profissionais nas áreas, historicamente uma iniciativa dos arquivos públicos, voltada predominantemente para eles.

Ao longo do séc. XIX, os princípios arquivísticos foram emergindo no âmbito das instituições arquivísticas europeias, como, por exemplo, o princípio da proveniência enunciado em 1841, resultado da centralização dos documentos produzidos pela administração pública nos Arquivos Nacionais, prática inaugurada pelo estado francês, conforme anteriormente mencionado.

Durante as primeiras décadas do séc. XIX, os planos de classificação para documentos reunidos nos grandes depósitos centralizados eram elaborados sem levar em conta a origem administrativa desses documentos. Assim, por exemplo, a classificação adotada no Arquivo Nacional da França considerava como um conjunto único a grande massa documental ali reunida. Os documentos eram divididos em cinco seções metódico-cronológicas: seção legislativa, para os documentos das assembleias revolucionárias; seção administrativa, para os papéis dos novos ministérios; seção dominial, para os títulos de propriedade de Estado; seção judiciária, para os papéis de tribunais e, por fim, a seção histórica, constituída de documentos arbitrariamente selecionados como de particular interesse histórico.

Tal forma de classificação era reflexo da ótica historiográfica predominante então: o documento era considerado por seu valor intrínseco, independentemente de seu contexto gerador. Tal *desrespeito* às características mais fundamentais dos conjuntos arquivísticos gerou uma grande dispersão dos documentos e informações, dificultando enormemente o controle e o acesso aos acervos custodiados nos grandes depósitos arquivísticos. Em 1841, no entanto, o arquivista francês Natalis de Wailly, marca uma reviravolta na história do tratamento dos arquivos quando inspira uma circular administrativa na qual se recomenda:

> [...] reunir os documentos por fundos, isto é, reunir todos os títulos provindos de uma corporação, instituição, família ou indivíduo, e dispor em determinada ordem os diferentes fundos... Documentos que apenas se refiram a uma instituição, corporação ou família não devem ser confundidos com o fundo dessa instituição, corporação ou família... Se, em lugar desse

método fundamentado, por assim dizer, na natureza das coisas, se propõe uma ordenação teórica... os arquivos cairão numa desordem difícil de remediar... Em qualquer outra classificação que não seja por fundos corre-se o grande risco de não se saber onde encontrar um documento. (WAILLY apud DUCHEIN, 1982, p.16).

Proclamava-se, desta forma, o *princípio da proveniência*, que se constitui até hoje, apesar de algumas releituras, no paradigma da disciplina arquivística. Estabeleciam-se, assim, princípios de classificação e organização próprios para os acervos arquivísticos, subordinados àquelas características mencionadas anteriormente, especialmente as que se referem à *organicidade* e à *unicidade*.

Um dos marcos do desenvolvimento da Arquivística como disciplina foi a publicação, em 1898, do chamado *Manual de Arranjo e Descrição de Arquivos*, produzido pelos holandeses Muller, Feith e Fruin. Estes arquivistas holandeses tiveram a iniciativa de expor os princípios da proveniência e da ordem original pela primeira vez, iniciando a tradição dos manuais arquivísticos. O percurso da área encontrará, ao longo do séc. XX, apesar das suas semelhanças, expressões distintas no mundo anglo-saxônico e outras tradições arquivísticas, como nos casos da Itália, França e Espanha. Portanto, o discurso arquivístico deste último século é variado, resultado de épocas, lugares, experiências e ideias distintas. Cada campo do conhecimento tem seus ciclos de transformação e redefinição de paradigmas e com a Arquivística não seria diferente.

Para muitos, a Arquivística é uma ciência, enquanto para outros, trata-se de uma disciplina ainda marcada pelo empirismo, além dos que a consideram uma disciplina científica, atualmente sob profundas transformações. A emergência de novos padrões de produção, uso e transferência da informação, associada a um quadro de profundas alterações científicas e tecnológicas no capitalismo avançado, trouxe uma série de confrontos no campo arquivístico. Estes confrontos têm se dado, fundamentalmente, nos seguintes aspectos:

• na gestão da informação arquivística;
• no funcionamento dos serviços de informação arquivística;
• na identidade do arquivista;
• na formação profissional do arquivista;
• na produção de conhecimento arquivístico;
• nos marcos teóricos da área.

Neste quadro, certas correntes de pensamento identificam uma Arquivística *pós-custódia*: sem excluir o foco tradicional do arquivista sobre o documento físico, a ênfase estaria deslocada para o contexto da produção da informação, suas inter-relações, seu produtor, independentemente do local físico onde tal ocorra. O enfoque na gestão da informação desloca-se do acervo para o *acesso*, do estoque para o *fluxo da informação*, dos sistemas para as *redes*.

Avaliação e seleção de documentos:
a construção do patrimônio

Tais considerações remetem-nos à singularidade da informação arquivística e aos termos em que esta é avaliada e selecionada sob a lógica do seu gerenciamento. À medida que a informação arquivística torna-se menos utilizada, ao longo do processo decisório, tende-se a eliminá-la ou a conservá-la temporariamente (*arquivos intermediários* administrados pela própria agência produtora ou pelas instituições arquivísticas). Para tal, consideram-se as possibilidades de uso eventual da informação pelo organismo produtor, ou a sua condição de documento de valor permanente. A esta configuração chegariam, segundo a Unesco, 10% dos documentos produzidos (*arquivos permanentes*), após submetidos a um processo de avaliação e seleção que se inicia na fase corrente, ou seja, ainda nos órgãos da administração pública, embora sob normas estabelecidas pelos arquivos públicos. Constituindo os arquivos permanentes, estes documentos têm sua guarda pelas instituições arquivísticas públicas justificada em dois aspectos. De um lado, em função do uso desses documentos para a pesquisa científica e, de outro, como fator de testemunho das ações do Estado e garantia de direitos dos cidadãos. Com frequência, estas práticas buscam legitimar-se no discurso da preservação do patrimônio histórico e democratização da *memória nacional*.

A literatura e a prática arquivísticas destacam, sobretudo a partir dos anos 1950, a importância da avaliação e seleção de documentos. A quantidade e a variedade de suportes e formatos documentais, de um lado, e a escassez de recursos arquivísticos, de outro, implicam que os documentos produzidos e acumulados por uma organização devam inevitavelmente passar por um processo de avaliação que teria objetivos aparentemente muito simples: identificar o valor dos documentos de maneira a estabelecer prazos de retenção nas fases corrente e intermediária, definindo assim as possibilidades de eliminação, microfilmagem e recolhimento aos arquivos permanentes. Seus elementos teóricos e metodológicos fundamentais são partilhados pela comunidade profissional arquivística no plano internacional. As práticas daí decorrentes encontram-se, porém, em relação direta com as diferentes tradições administrativas e arquivísticas como, por exemplo, aquelas dos universos anglo-saxônico e ibero-americano. Cabe ressaltar que a teoria e a prática de avaliação encontram sua base histórica nos países anglo-saxônicos.

Dois conceitos norteiam o processo de avaliação: *valor primário* e *secundário* dos documentos.

O *valor primário* refere-se aos aspectos gerenciais do documento e à demanda de uso que este recebe por conta da administração que o produziu. Detectar o valor primário dos documentos é identificar seu potencial de uso no âmbito do processo decisório, considerando suas dimensões gerenciais, legais e financeiras.

O *valor secundário* diz respeito às possibilidades de utilização do documento por usuários que o procuram por razões distintas e posteriores àquelas do seu produtor. Um registro civil, um documento de recrutamento militar, por exemplo, contém, independentemente dos motivos pelos quais foram gerados, informações sobre alfabetização, nível cultural e estado de saúde da população. A literatura tende a considerar o valor secundário mais relativo que o primário: *"a apreciação atribuída hoje sobre o interesse a longo prazo de certos documentos em função de conhecimentos e temas de pesquisa atuais não está a salvo de uma retomada de questionamento no futuro"* (PETILLAT, 1994, p. 22, tradução nossa). Um documento com valor secundário apresentaria sempre um *valor informativo,* ou seja, derivado *"da informação contida nos documentos oficiais relativa aos assuntos de que tratam as repartições públicas e não da informação ali existente sobre as próprias repartições".* (SHELLEMBERG, 1974, p. 170).

Dotado de valor primário ou secundário, todo documento de arquivo apresenta um *valor de prova* enquanto *"testemunhos privilegiados e objetivos de todos os componentes da vida da pessoa física ou jurídica que os constituiu"* (COUTURE, 1994, p. 13) ou, conforme Shellemberg (1974, p.153), são decorrentes da *"prova que contêm da organização e funções do órgão que o produziu".*

Enquanto suporte material de uma dada memória, o documento apresentaria atributos de valor permanente, valor secundário, valor de prova e valor informativo. As quatro noções de valor estariam entrecruzadas, embora a literatura a respeito pouco aprofunde esta dimensão teórica e suas consequências práticas.

Norteada por estes conceitos, a avaliação documental é acionada como o recurso técnico mais eficaz (na verdade, o único legitimado pela Arquivística) para a escolha de documentos *históricos* arquivísticos, passíveis de integrarem o patrimônio documental de uma sociedade, em razão da sua capacidade de expressar a memória desse grupo.

Instrumentos de recuperação da informação

Os usuários dos arquivos podem representar, segundo as fases do ciclo vital dos documentos – corrente, intermediária e permanente –, conjuntos diferenciados de indivíduos. Nas duas primeiras fases, em que predomina o interesse pelos valores primários dos documentos, estes usuários constituem, em sua maioria, um grupo determinado, formado por membros das organizações produtoras dos conjuntos arquivísticos em questão e/ou por indivíduos relacionados diretamente com as informações ali contidas. Na fase permanente, quando, em geral, se observa a centralização dos acervos nas instituições arquivísticas, o grupo de usuários passa a ser indeterminado, uma vez que a atenção se desloca para os valores secundários dos documentos, predominando os interesses da pesquisa científica. Neste momento, faz-se necessária a elaboração dos instrumentos de pesquisa, denominação genérica utilizada na Arquivística para designar o conjunto de instrumentos elaborados para orientação do usuário em direção à informação desejada. Os instrumentos de pesquisa se organizam de forma distinta nos diferentes países. No Brasil, são cinco os mais tradicionais, cujas definições, segundo o *Dicionário de Terminologia Arquivística* (1996), são:

- *Guia*: instrumento de pesquisa que fornece informações básicas sobre um ou mais arquivos e seus fundos. Pelo seu caráter sintético, deve ser o primeiro instrumento a ser consultado pelo usuário ao acessar, pela primeira vez, uma instituição arquivística;
- *Inventário*: instrumento de pesquisa em que a descrição exaustiva ou parcial de um fundo ou de uma ou mais de suas subdivisões toma por unidade a série, respeitada ou não a ordem de classificação;
- *Catálogo*: instrumento de pesquisa em que a descrição exaustiva ou parcial de um fundo ou de uma ou mais de suas subdivisões toma por unidade a peça documental, respeitada ou não a ordem de classificação;
- *Repertório*: catálogo que toma por unidade documentos previamente selecionados, pertencentes a um ou mais fundos ou arquivos, segundo um critério temático;
- *Índice*: instrumento de pesquisa autônomo ou complementar produzido pela indexação.

A descrição arquivística vem sendo objeto de estudos liderados pelo Conselho Internacional de Arquivos, desde a década de 1980, com vistas à adoção de padrões normativos. Duas normas são hoje referência nas atividades de descrição arquivística: a ISAD, norma geral internacional de descrição arquivística e a ISAAR (CPF), Norma internacional de registro de autoridade arquivística para entidades coletivas, pessoas e famílias. Segundo a norma ISAD, instrumento de pesquisa é *"o termo mais amplo que abrange qualquer descrição ou meio de referência elaborado ou recebido por um serviço de arquivo, com vistas ao controle administrativo ou intelectual do acervo arquivístico"*.

Recentemente, vem se ampliando as possibilidades de acesso à informação arquivística na Internet. É significativa a quantidade de *sites* de instituições arquivísticas na rede. A tendência crescente são as instituições arquivísticas disponibilizarem *on-line* os seus instrumentos de recuperação da informação e, em determinados casos, os próprios documentos. Isto depende, evidentemente, do grau de controle arquivístico que as instituições exercem sobre os seus acervos. Neste sentido, ainda são poucas as instituições arquivísticas brasileiras que oferecem este serviço na Internet, ao contrário de países nos quais são mais sistematizadas as formas de gestão dos seus arquivos.

Os arquivos públicos no brasil

No Brasil e na América Latina em geral, a precariedade organizacional dos arquivos públicos e o uso social incipiente da informação governamental expressam a trajetória de suas administrações públicas, bem como suas condições políticas, econômicas e sociais. Os arquivos públicos latino-americanos institucionalizaram-se como resultado de um processo de independência e formação dos Estados modernos na região. Sob os projetos emergentes de nação, estas instituições foram consideradas arquivos históricos e, portanto, repositórios de uma memória tida como forjadora da identidade nacional. Isto implicou o desenvolvimento de arquivos públicos e serviços arquivísticos *periferizados* na administração pública, incapazes de fornecer informações suficientes para a pesquisa científica e tecnológica e à sociedade como um todo.

As instituições arquivísticas públicas brasileiras apresentam aspectos comuns no que se refere às suas características fundamentais. Tratam-se de organizações voltadas quase que exclusivamente para a guarda e acesso de documentos considerados, sem parâmetros científicos, como de valor histórico, ignorando-se a gestão de documentos correntes e intermediários na administração que os produziu.

A lógica de constituição desses acervos de valor *permanente* resulta, em geral, menos de uma política de recolhimento por parte dos arquivos públicos do que de ações isoladas, associadas a determinadas situações, como a extinção de órgãos públicos, falta de espaço físico em determinadas repartições etc. A prática de avaliação é quase sempre desconhecida por parte das instituições arquivísticas, quando ocorrem estes recolhimentos. Após o recolhimento, atividade pouco frequente nos arquivos públicos brasileiros, a salvaguarda dos documentos na instituição confunde-se com um processo de sacralização que implica sua transmutação em acervo *histórico*.

Paralelamente, quilômetros de documentos tendem a ser acumulados sem critérios, junto aos serviços arquivísticos da administração pública, dada a inexistência de programas básicos de avaliação, eliminação e recolhimento às instituições arquivísticas.

Seja nos arquivos públicos ou nos serviços arquivísticos dos órgãos governamentais, a ausência de padrões de gerenciamento da informação, somada às limitações de recursos humanos, materiais e tecnológicos, resulta em deficiências no processamento técnico. Ao não desenvolverem a interação inerente ao controle do ciclo da informação arquivística, ambas as instâncias organizacionais tornam-se desvinculadas do processo político-decisório governamental.

Por outro lado, as restrições de consulta e as condições de acesso físico e intelectual dos arquivos limitam consideravelmente sua utilização pelo administrador público e pelo cidadão. O acesso do cidadão à informação governamental com objetivos científicos ou de comprovação de direitos mostra-se, portanto, extremamente limitado.

Cabe reconhecermos que, nas últimas três décadas, têm sido ampliadas as possibilidades de acesso às fontes arquivísticas. A partir da década de 1970, consolidaram-se iniciativas desenvolvidas em relação a arquivos privados de valor permanente. São os casos, por exemplo, do Centro de Pesquisa e Documentação em História Contemporânea do Brasil – CPDOC – da Fundação Getúlio Vargas, da Fundação Casa de Rui Barbosa e do Arquivo Edgar Leuenroth da Universidade de Campinas.

A chamada *modernização* do Arquivo Nacional na década de 1980 reforça a liderança dessa instituição entre os arquivos públicos do país e a comunidade profissional. No mesmo período, diversas instituições arquivísticas públicas estaduais (Arquivo Público do Estado de São Paulo, Arquivo Público do Distrito Federal etc.) e municipais (Arquivo Municipal de Rio Claro, Arquivo Municipal de São Paulo etc.) desenvolveram projetos de controle e acesso à informação com resultados significativos.

Em 1991, é aprovada a Lei nº 8.519 que dispõe sobre a política nacional de arquivos públicos e privados, após uma década de esforços, liderados pelo Arquivo Nacional, no sentido de dotar o país de uma legislação arquivística. Esta lei de Arquivos apresenta características marcadamente conceituais, assegurando o princípio de acesso do cidadão à informação governamental, bem como o sigilo de determinadas categorias de documentos. Prevê-se a identificação de arquivos privados como de interesse público e social, "desde que sejam considerados como conjunto de fontes relevantes para a história e desenvolvimento científico nacional" (art.12).

Estabelece a ordenação da malha arquivística pública do país nos seguintes termos:

- Arquivos Federais: o Arquivo Nacional e outros arquivos do Poder Executivo (Ministérios da Marinha, Relações Exteriores, Exército e Aeronáutica), os arquivos dos Poderes Legislativo e Judiciário Federais;
- Arquivos Estaduais: o arquivo do Poder Executivo, o arquivo do Poder Legislativo e o arquivo do Poder Judiciário;
- Arquivos do Distrito Federal: o arquivo do Poder Executivo e o arquivo do Poder Legislativo e o arquivo do Poder Judiciário;
- Arquivos Municipais: o arquivo do Poder Executivo e o arquivo do Poder Legislativo.

O Arquivo Nacional tem como competências, "*a gestão e o recolhimento dos documentos produzidos e recebidos pelo Poder Executivo Federal. bem como preservar e facultar o acesso sob sua guarda, acompanhar e implementar a política nacional de arquivos*" (art.18).

O Conselho Nacional de Arquivos – CONARQ, "*integrado por representantes de instituições arquivísticas e acadêmicas, públicas e privadas*" (art. 26), tem a atribuição de definir a política nacional de arquivos e atuar como órgão central do Sistema Nacional de Arquivos.

A Lei n° 8.159 tem sido regulamentada em diversos aspectos. No plano federal, decretos presidenciais e resoluções do Conselho Nacional de Arquivos respondem pela maioria dos dispositivos legais sobre os arquivos. Em escala menor, a legislação arquivística tem sido ampliada também nos estados e municípios.

Embora a legislação arquivística tenha ampliado, do ponto de vista legal, os avanços arquivísticos pós-1970, o país ainda carece de um política nacional de arquivos. A consagração do *direito à informação* e os avanços no tratamento arquivístico registrados nas últimas três décadas não se expressam ainda numa efetiva garantia de acesso ao patrimônio arquivístico do país. Como tal, no Brasil, o acesso às fontes informacionais arquivísticas ainda constitui, para o cidadão, um caminho nem sempre fácil de ser trilhado. A reversão deste quadro implica num processo de dimensões políticas, científicas e tecnológicas, envolvendo necessariamente a cumplicidade entre os profissionais da área e os usuários que recorrem aos arquivos como fonte de informação.

Referências

AMPUDIA MELLO, J. Enrique. *Institucionalidad y gobierno*. Un ensayo sobre la dimensión archivística de la administración pública. México: Archivo General de la Nación, 1988.

ARQUIVO NACIONAL. *Cadastro nacional de arquivos federais*. Brasília: Presidência da República, 1990.

ARQUIVO NACIONAL. *Guia preliminar dos arquivos estaduais*. São Paulo: Imprensa Oficial, 1987.

ARQUIVO NACIONAL. *Orientação para avaliação e arquivamento intermediário em arquivos públicos*. Rio de Janeiro, 1985.

ARQUIVO NACIONAL. *Proposta para um programa de modernização dos sistemas arquivísticos dos países latino-americanos*. Rio de Janeiro, 1988.

ASSOCIAÇÃO DOS ARQUIVISTAS BRASILEIROS. Núcleo Regional de São Paulo. *Dicionário de terminologia arquivística*. São Paulo: CENADEM, 1990.

ASSOCIAÇÃO DOS ARQUIVISTAS HOLANDESES. *Manual de arranjo e descrição de arquivos*. Rio de Janeiro: Arquivo Nacional, 1975.

ASSOCIATION DES ARCHIVISTES FRANÇAIS. *Manuel d'Archivistique*. Théorie et pratique des archives publiques en France. Paris: Direction des Archives de France, 1970.

BELLOTTO, Heloisa Liberalli. *Arquivos permanentes*: tratamento documental. São Paulo: T.A. Queiroz, 1991.

BERNARDES, Ieda Pimenta. *Como avaliar documentos de arquivo.* São Paulo: Divisão de Arquivo do Estado, 1998. Projeto Como fazer, v. 1.

BRASIL. Lei n° 8159, de 9 de janeiro de 1991. Dispõe sobre a política nacional de arquivos públicos e privados e dá outras providências. *Diário Oficial da República Federativa do Brasil.* Brasília, n. 6, p. 455, 29 jan. 1991. Seção I.

CAMARGO, Ana M. Almeida. Arquivo, documento e informação. *Arquivo & Administração,* Rio de Janeiro, v. 15-23, p. 34-40, jan./dez. 1994.

CAMARGO, Ana M. Almeida; BELLOTTO, H. Liberalli. *Dicionário de terminologia arquivística.* São Paulo: Associação dos Arquivistas Brasileiros; Núcleo Regional de São Paulo; Secretaria de Estado da Cultura, 1996.

COMISSÃO ESPECIAL DE PRESERVAÇÃO DO ACERVO DOCUMENTAL – CEPAD. *A importância da informação e do documento na administração pública brasileira.* Brasília: FUNCEP, 1987.

CONSELHO INTERNACIONAL DE ARQUIVOS. *Dictionary of Archival Terminology.* Paris: K-G; Munchen: Sauer, 1984.

COSTA, Célia Maria Leite. *Os arquivos pessoais de ontem e de hoje*: a experiência do CPDOC. Rio de Janeiro: [s.n.], 2000.

COUTURE, Carol; MARTINEAU, Jocelyne; DUCHARME, Daniel. *A formação e a pesquisa em arquivística no mundo contemporâneo.* Trad. Luís Carlos Lopes. Brasília: Finatec, 1999.

COUTURE, Carol; ROUSSEAU, Jean-Yves. *Les archives au XXe siècle*: une réponse aux besoins de l'administration et de la recherche. Montréal: Université de Montréal, 1982.

DIRECTION DES ARCHIVES DE FRANCE; ASSOCIATION DES ARCHIVISTES FRANÇAIS. *Manuel d'Archivistique.* Paris: Imprimerie Nationale, 1970.

DISTRITO FEDERAL. Arquivo Público. *Manual Interno de Gestão Documental.* Brasília: ArPDF, 1998.

DOLLAR, Charles M. O impacto das tecnologias da informação sobre princípios e práticas de arquivos: algumas considerações. *Acervo,* Rio de Janeiro, v. 7, n. 12, p. 3-38, jan./dez. 1994.

DUCHEIN, Michel. O respeito aos fundos em Arquivística: princípios teóricos e problemas práticos. *Arquivo & Administração,* Rio de Janeiro, v. 10-14, n. 11, p. 14-33, abr. 1982/ ago. 1986.

DUCHEIN, Michel. The history of European archives and the development of the Archival Profession in Europe. *The American Archivist,* Washington, v. 55, p. 14-25, winter 1992.

DURANTI, Luciana. Registros documentais contemporâneos como provas de ação. *Estudos históricos,* Rio de Janeiro, v. 7, n. 13, p. 49-64, jan./jun. 1994.

FLORES, Daniel. *Gestão de Documentos Eletrônicos – GDE.* Universidade Federal de Santa Maria/RS, 1998. Disponível em: <http://www.arquivologia.ufsm.br/daniel/ artigos.html>.

FONSECA, Maria Odila; JARDIM, José Maria. As relações entre a Arquivística e a Ciência da Informação. *Cadernos BAD*, Lisboa, v. 2, 1992.

FONSECA, Maria Odila. *Direito à informação*: acesso aos arquivos públicos municipais. 1996. Dissertação (Mestrado em Ciência da Informação) – IBICT/UFRJ, Rio de Janeiro.

FONSECA, Maria Odila. Informação, arquivos e instituição arquivística. *Arquivo & Administração*, Rio de Janeiro, v. 1, n. 1, p. 33-44, 1998.

FRANÇA. Direction des Archives de France. *La pratique archivistique française*. Paris: Archives Nationales, 1993.

FREITAS, Maria José Rabello de (Coord.); NAGEL, Rolf (Ed.). *Dicionário de termos arquivísticos* – subsídios para uma terminologia arquivística brasileira. Bonn: Fundação Alemã para o Desenvolvimento Internacional, Salvador: Universidade Federal da Bahia, 1989.

INDOLFO, Ana Celeste; CAMPOS, Ana M. V. Cascardo *et al. Gestão de documentos:* conceitos e procedimentos básicos. Rio de Janeiro: Arquivo Nacional, 1995.

JARDIM, José Maria. *Sistemas e políticas públicas de arquivos no Brasil*. Niterói: EDUFF, 1995.

JARDIM, José Maria. A arquivologia e as novas tecnologias da informação. *Estudos Históricos*, Rio de Janeiro, v. 5, n. 10, p. 251-260, 1992.

JARDIM, José Maria. *A arquivologia, os arquivistas e a sociedade da informação no Brasil*, 2000. Disponível em: <http://infocafe.cjb.net>. Acesso em: 25 out. 2000.

JARDIM, José Maria. A produção do conhecimento arquivístico: perspectivas nacionais e o caso brasileiro. In: JARDIM, J. M.; FONSECA, M. O. *A formação arquivística no Brasil*. Rio de Janeiro: EDUFF, 1999. p. 87-111.

JARDIM, José Maria. Instituições arquivísticas: a situação dos arquivos estaduais. *Revista do Patrimônio Histórico e Artístico Nacional,* Rio de Janeiro, n. 21, 1986.

JARDIM, José Maria. Novas perspectivas da arquivologia nos anos 90. *Estudos e Pesquisas*, Rio de Janeiro, n. 1, p. 27-38, 1995.

JARDIM, José Maria. O conceito e a prática de gestão de documentos. *Acervo*, Rio de Janeiro, v. 2, n. 2, p. 35-42, jul./dez. 1987.

JARDIM, José Maria. *Sistemas e políticas públicas de arquivos no Brasil*. Niterói: EDUFF, 1995.

JARDIM, José Maria. *Transparência e opacidade do Estado no Brasil*: usos e desusos da informação governamental. Niterói: Eduff, 1998.

LAROCHE, Carlo. Que signifie le respect des fonds? Esquisse d'une archivistique structurale. *La Gazette des Archives,* Paris, n. 73, 1971. Supplement.

LODONI, Elio. *Archivistica.* Principi e problemi. Milano: Franco Angeli,1990.

MENEZES, Ulpiano Bezerra de. O patrimônio cultural entre o público e privado. In: SECRETARIA MUNICIPAL DE CULTURA. *O direito à memória*: patrimônio histórico e cidadania. São Paulo: DPH, 1992.

MIGUEIS, Maria Amélia. Roteiro para elaboração de instrumentos de pesquisa em arquivos de custódia. *Arquivo & Administração*, Rio de Janeiro, v. 5, n. 2, p. 7-20, 1976.

PAES, Marilena Leite. Os arquivos e os desafios de um mundo em mudanças. *Acervo*, Rio de Janeiro, v. 7, n. 1-2, p. 65-74, 1994.

POSNER, Ernest. Alguns aspectos do desenvolvimento arquivístico a partir da Revolução Francesa. *Administração de Arquivos e Documentação*, Rio de Janeiro, v. 12, 1964.

RONDINELLI, Rosely Curi. *Gerenciamento arquivístico de documentos eletrônicos*: uma abordagem teórica da diplomática arquivística contemporânea. Rio de Janeiro: FGV, 2002.

RONDINELLI, Rosely Curi. A gestão dos documentos eletrônicos: o desafio do século XX. *Boletim da Associação dos Arquivistas Brasileiros*, Rio de Janeiro, v. 8, n. 2, maio/ ago. 1998.

ROUSSEAU, Jean-Yves; COUTURE, Carol. *Os fundamentos da disciplina arquivística*. Lisboa: Dom Quixote, 1998.

SANTOS, Vanderlei Batista dos. *Gestão de documentos eletrônicos*: uma visão arquivística. Brasília: ABARQ, 2002. 140p.

SCHELEMBERG, T. R. *Documentos públicos e privados*: arranjo e descrição. Rio de Janeiro: Arquivo Nacional, 1963.

SCHELLENBERG, T. R. *Arquivos modernos*. Princípios e técnicas. Rio de Janeiro: FGV, 1974.

SILVA, Armando Malheiro da et al. *Arquivistica*: teoria e prática de uma ciência da informação. Porto: Afrontamento, 1999.

Museus

Paulo da Terra Caldeira

Segundo o conceito antropológico, cultura constitui o

> conjunto complexo dos códigos e padrões que regulam a ação humana individual e coletiva, tal como se desenvolvem em uma sociedade ou grupo específico, e que se manifesta em praticamente todos os aspectos da vida: modos de sobrevivência, normas de comportamento, crenças, instituições, valores espirituais, criações materiais etc. (FERREIRA, 1999. p. 591).

O conceito filosófico considera que a cultura é a

> categoria dialética de análise do processo pelo qual o homem, por meio de sua atividade concreta (espiritual e material), ao mesmo tempo que modifica a natureza, cria a si mesmo como sujeito social da história. (FERREIRA, 1999, p. 591)

Uma instituição cultural pode ser definida como pertencente ao conjunto das estruturas sociais estabelecidas pela tradição, relacionadas com a coisa pública, dedicadas à preservação e à divulgação das manifestações artísticas emanadas de indivíduos, grupos ou nações (FERREIRA,1975, p. 771). Os arquivos, as bibliotecas e os museus incluem-se entre as instituições culturais responsáveis pela armazenagem, conservação e divulgação dos acervos coletados ao longo de suas trajetórias. Os arquivos cuidam da organização e preservação de documentos históricos, administrativos e culturais. As bibliotecas, inicialmente, preocupavam-se com as obras impressas e multigrafadas; atualmente, selecionam, adquirem, recuperam e disseminam a informação para o usuário, independente de seu suporte. Os museus realizam mostras nas quais exibem todo tipo de objeto que apresente interesse histórico, arquitetônico, etnológico, antropológico, tecnológico, artístico e cultural.

O termo museu, do latim *museum*, tem sua origem nas palavras gregas *mousa* (templo e morada das musas, lugar consagrado às nove musas) e *mouseion*, que designava a parte do palácio de Ptolomeu I (c. 367/366-283/282 a.C.), em Alexandria, Egito, onde sábios e filósofos se reuniam para estudar as ciências, as letras e as artes. Este local, constituído de biblioteca, salão de leitura, jardim botânico, zoológico, observatório, entre outros, é considerado como o primeiro museu. Todo esse complexo foi destruído durante distúrbios civis ocorridos por volta de 270 a.C. (ENCICLOPÉDIA, 1975, v. 15, p. 7942). No séc. III d.C. o escritor grego Diógenes Laércio utilizou o termo *museu* na acepção de "*escola para o ensino de filosofia e biblioteca*", conforme o modelo da escola de Platão (cerca de 428–399 a. C.), em Atenas (ENCICLOPÉDIA, 1975, v. 15, p. 7942).

A ciência que trata da teoria e dos princípios de conservação e apresentação das obras de arte nos museus é denominada *museologia*; a descrição prática do trabalho neles desenvolvido constitui a *museografia*.

O papel social dessas instituições manifesta-se no estímulo à participação da comunidade em suas programações e na divulgação da cultura entre os diversos segmentos da população, por meio da contemplação das peças expostas. Os museus expressam as necessidades educacionais e culturais da sociedade contemporânea, constituindo-se em instrumentos para atendê-la em suas pretensões, por intermédio da frequência de seus cidadãos, estudiosos e viajantes estrangeiros que a eles acorrem para satisfazer seus anseios intelectuais. Evidenciam, por meio de suas coleções, tudo o que concerne à história natural, à arqueologia, à etnologia, à antropologia, à arte, apresentando os indícios de sociedades primitivas, os patrimônios permanentes naturais, as novas invenções e descobertas, desvelando-os para os visitantes como um legado para a preservação da história, da biologia, da moral, da religião, da cultura e da estética.

Em países desenvolvidos, atividades e serviços como publicidade, relações públicas, informação, documentação, entre outros, e facilidades como restaurantes, lanchonetes e lojas de *souvenir* existem na maioria dos museus. Os mais sofisticados possuem sistemas eletrônicos de vigilância, seguro contra vandalismo e roubo de peças de seu acervo, refletindo o prestígio que a preservação cultural desfruta em países avançados.

Entre as atividades educacionais desenvolvidas destacam-se a pesquisa e a divulgação do acervo, conduzidas por meio do estudo de peças da coleção de reserva e de exposições permanentes, além de mostras especiais, dirigidas a estudantes, principalmente. No atendimento de sua função educativa muitos museus mantêm programas sistemáticos de visitas guiadas, geralmente para estudantes, além de cursos para professores e educadores que lhes possibilitem desenvolver técnicas de ensino que utilizam o estudo de coleções museológicas, criando situações lúdicas e reflexivas frente às obras, procurando questioná-las e compreendê-las, de modo que sejam assimiladas e relacionadas com o cotidiano (MAGALHÃES, 1982, p. 10). Essas atividades e o interesse despertado pelos museus vêm gerando um aumento na produção de livros sobre suas coleções e incrementando a realização de treinamento de guias especializados na condução de grupos, observando-se a tendência em substituí-los por gravações em fitas cassetes, para atendimento de maior número de pessoas.

A visita a museus desperta a curiosidade, aprimora a opinião, exercita o espírito crítico sobre o legado das diversas civilizações, desenvolve novos hábitos culturais e possibilita uma visão de mundo diversificada. Os museus devem servir à população e ao país como um todo. Para isso, devem: a) definir a amplitude e seu campo de atuação, suas atividades e meios materiais para fornecer suporte ao seu programa; b) conhecer seus usuários, entender suas necessidades, suas diversidades (classes sociais, minorias etc.), e as exigências dos estudantes dos diversos níveis de ensino; c) avaliar suas atividades e identificar instituições com interesses comuns para desenvolverem ações integradas, visando o aprimoramento cultural da comunidade.

Os novos recursos tecnológicos vêm compelindo os museus a se modernizarem, no sentido de realizarem exposições mais condizentes com os interesses da população, utilizando todas as possibilidades para realçarem o ambiente e os objetos, divulgando seus acervos, tendo como resultado a ampliação do número de visitantes presenciais ou à distância. Muitos deles publicam catálogos de qualidade de suas coleções ou incluem sítios na Internet, destacando, por intermédio de fotografias e ilustrações, peças importantes de seu acervo, desenvolvendo, assim, atividades de *marketing* que vão de encontro aos anseios de seu público.

Os museus tradicionais, com acervos estáticos, à espera de visitantes esporádicos, não atendem as expectativas da população, atualmente. A comunidade demanda instituições dinâmicas e atuantes, preocupadas em satisfazer necessidades conflitantes como educar, entreter e contribuir para o aprimoramento do conhecimento individual, embora alguns museus deem pouca importância a seu papel cultural e social; consideram que as exposições permanentes e as atividades de pesquisa são os principais motivos de sua criação. No entanto, seu papel mais importante é, sem dúvida, o de estimular a habilidade artística, avivando a curiosidade, o interesse artístico e cultural, latente em cada indivíduo. Mais ainda, eles devem atuar como

> [...] polo irradiador do conhecimento da cidade e da região, [...] captador de questões e fórum onde elas seriam discutidas e encaminhadas. O museu se transformaria, assim, do "lugar do passado" em "lugar do presente", onde ambos, passado e presente, estariam sob constantes discussão e avaliação. E não apenas passado e presente em forma de criação artística, mas também social e política, verdadeiras molas da cultura (SUANO, 1986, p. 93).

O Conselho Internacional de Museus – ICOM – reconhece "a qualidade de museu a qualquer instituição permanente que conserve e apresente coleções de objetos de caráter cultural ou científico, para fins de estudo, educação e satisfação" (CARRAZZONI, 1978, p. 7). Incluem-se entre elas as

> galerias permanentes de exposição, dependentes de bibliotecas ou centros de documentação, os monumentos históricos, as partes de monumentos

históricos ou suas dependências, assim como os tesouros de igrejas, os locais históricos, arqueológicos e naturais, desde que abertos oficialmente à visitação pública [...] e outras instituições que apresentem espécimes vivos[...] (CARRAZZONI, 1978, p. 7).

Outros termos associados à preservação de obras culturais são *galeria* e *gabinete*. No séc. XVI, obras de arte pertencentes à nobreza eram exibidas aos visitantes nos corredores ou galerias dos palácios. Eram salas compridas, com numerosas arcadas ou janelas, planejadas com o objetivo de permitir a entrada de luz para iluminação adequada das peças. Esse uso fez com que o termo *galeria* passasse a designar também locais onde obras de arte são dispostas para serem apreciadas.

Nesta mesma época, coleções de pequenos objetos e curiosidades eram guardados em gabinetes, nome dado aos aposentos ou compartimentos isolados da área social da edificação, destinados a determinados trabalhos ou usos. O mesmo acontece, portanto, com o termo *gabinete*, que passou a designar o local onde eram guardados objetos preciosos (KAPLAN, 1993-1996).

Histórico

Desde a época helenística, os gregos colecionavam objetos de arte, materiais preciosos, raros e exóticos. Os templos da Grécia antiga continham, em suas fachadas e dependências, estátuas, vasos, pinturas, peças em ouro, prata e bronze, expostos à admiração pública. Esse gosto por obras de arte foi continuado pelos romanos e, no final da República e do Império, são formadas coleções de tais objetos obtidos durante as guerras, com a pilhagem de peças. As obras assim adquiridas eram apreciadas pelos cidadãos, durante os ofícios religiosos, em procissões, em acontecimentos políticos, nos templos, foruns, teatros, saunas e jardins públicos. A construção feita pelo imperador Publius Aelius Hadrianus (76-138) em sua vila em Tívoli, Itália, de um suntuoso templo, para lembrar os locais favoritos que visitara no Egito e na Grécia, pode ser considerada como a precursora dos atuais museus ao ar livre.

No séc. XIV, desenvolveu-se entre os senhores feudais o hábito de colecionar objetos, não tanto pelo seu valor pecuniário, mas pelo que eles representavam em termos científicos e culturais; reunir obras de arte tornou-se uma questão de prestígio para os grandes senhores. A Igreja Católica utilizava esculturas, pinturas, murais, mosaicos, vitrais e tapeçarias para cativar seus fiéis. Desse modo, durante a Idade Média, igrejas, conventos e mosteiros europeus transformaram-se em verdadeiros museus, ao abrigarem imagens, estátuas, pinturas, pratarias, manuscritos, joias e relíquias de toda espécie.

No Renascimento, os palácios dos príncipes, nobres, autoridades eclesiásticas e famílias italianas notáveis e abastadas abrigavam importantes coleções de obras de arte. Nesta época, os ricos acervos dos Médici e dos duques de Urbino em Florença, dos Este em Módena, dos Gonzaga em Mântua, dos Borghese e dos Farnese em Roma, dos Aldovrandi em Bolonha, entre outros, passaram a ser denominados museus. É, portanto, na segunda metade do séc. XV que o termo *museu* passa a ser usado para designar uma coleção de objetos considerados belos e valorizados comercialmente.

A criação dos museus modernos toma impulso com as doações de coleções particulares que passaram ao domínio público: os Grimani doam seu acervo para Veneza; os Crespi, para Bolonha; os Maffei para Verona.

Visando preservar seu acervo, John Tradescant (+1662) presenteia-o a Elias Ashmole (1617-1692) que, posteriormente, o repassará à Universidade de Oxford, originando, assim, o *Ashmole Museum of Art & Archaeology*, em 1683. (ENCICLOPÉDIA, 1975, v.15, p. 7943).

Nesse período, coleções reais são abertas à visitação pública culminando com a ampliação do acesso a esses acervos. É, portanto, a partir dessa consciência social de disponibilização de tais preciosidades que são criados os grandes museus europeus, no final do séc. XVIII.

Seguindo essa tendência, em 1750, o governo francês autoriza o acesso ao público, ao palácio Luxemburgo, em Paris, que abrigava o acervo do Rei Francisco I (1494-1547). Posteriormente, esta coleção foi transferida para o edifício denominado Louvre, tornando-se o primeiro grande museu de arte aberto ao público.

Três anos depois, o Parlamento inglês adquiriu a coleção de Sir Hans Sloane (1660-1753), a qual constitui o núcleo do atual *The British Museum*, em Londres. Naquela época, os cidadãos deviam solicitar autorização, por escrito, para conhecê-lo e aguardavam durante uma quinzena pelo bilhete. As visitas, permitidas somente a pequenos grupos, duravam, no máximo, duas horas.

Foi, portanto, a partir do séc. XVIII que difundiu-se a criação dos grandes museus. Na Europa, destacam-se os museus do Vaticano, em Roma: o Sacro (1756) e o Pio Clementino (1770-1774); o Belvedere (1783), em Viena; o Museu Nacional de Ciência (1771), em Madri; o Real dos Países Baixos, em Amsterdam (1808); o Altes (1810), em Berlim; o dos Artistas Vivos (1818) em Paris; o de *Versailles* (1833); o *Hermitage* (1852), em São Petersburgo; o Prado (1919), em Madri; entre outros (KAPLAN, 1993-1996). Nos Estados Unidos, destacam-se o *American Museum of Natural History* (1869) e o *Metropolitan Museum of Art* (1870), em Nova York.

No Brasil, Dom João VI foi o responsável pela criação de dois importantes museus: o primeiro, em 1816, por meio de doação dos quadros adquiridos na Europa por Joachim Lebreton, chefe da Missão Francesa de Artistas e Artífices, à Escola Real das Ciências, Artes e Ofícios do Rio de Janeiro. Esse acervo foi repassado, posteriormente, à Escola Nacional de Belas Artes e ali permaneceu, até 1937, quando foi criado o Museu Nacional de Belas-Artes. O segundo, em 1818, foi o Museu Real, instalado no prédio do atual Arquivo Nacional, até 1892, quando foi transferido para o Palácio de São Cristóvão, na Quinta da Boa Vista, no Rio de Janeiro. Iniciou-se com uma pequena coleção de história natural, conhecida como *Casa dos Pássaros*, de propriedade do Vice-Rei, Dom Luís de Vasconcelos, e foi a primeira instituição científica brasileira voltada ao estudo da antropologia, etnografia, botânica, mineralogia, zoologia e geologia.

O séc. XIX testemunhou a criação de museus dos mais variados tipos no país, como o museu do Exército (1864), o da Marinha (1868), ambos no Rio de Janeiro; o Museu Paraense Emílio Goeldi (1866), em Belém; o Museu Paranaense (1876), em Curitiba; o Museu Paulista da USP, ou do Ipiranga (1892), em São Paulo; o Museu do Instituto Histórico e Geográfico da Bahia (1894), em Salvador (SUANO, 1986, p. 33-34), totalizando cerca de trinta instituições até 1930. A partir desta década, foram criados a maioria dos museus brasileiros, que, nos anos 1980, constituíam cerca de 1300, resultantes de iniciativas de órgãos governamentais e de instituições particulares.

Tipologia

Os museus são, geralmente, mantidos pelo poder público ou fundações. Assim sendo, pode-se classificá-los, inicialmente, como museus públicos e museus privados, sendo os primeiros subordinados a um ministério (educação, cultura, turismo etc.) ou a um município. Os diversos tipos de museus podem ser representados pelos museus de arte, de ciências, históricos etc., dependendo das peças integrantes de seus acervos.

Nos museus de arte, as coleções estão concebidas e dispostas pelo seu valor estético, independentemente de serem os objetos expostos criados ou não como obras de arte. Incluem-se nessa categoria os museus de arte sacra, de pintura, de escultura, de artes decorativas, primitivas, aplicadas, industriais, antiguidades e folclore. O estado de conservação da peça, o cuidado da restauração, o meio ambiente e a iluminação ressaltam a qualidade da obra e são fatores essenciais para o bom êxito da mostra (ENCYCLOPAEDIA, 1977, v. 12, p. 654).

Alguns museus contemporâneos realizam exposições experimentais e outras atividades artísticas como apresentação de peças teatrais, concertos musicais e espetáculos de dança. Seu público é constituído de artistas, estudiosos, amadores, curiosos e turistas, demonstrando ser um nicho a ser explorado pelos governantes ao estabelecerem suas políticas sociais, culturais, de turismo e de lazer em seus países. Oferecem cursos ligados ao estudo da arte, assumindo valioso papel no processo educacional, propiciando desenvoltura de seus usuários na fruição estética.

São exemplos de museus de arte: o Museu Nacional de Belas-Artes (1937), no Rio de Janeiro, que inclui em seu acervo pinturas, esculturas, gravuras, medalhística, mobiliário, artes decorativas e popular brasileira, pinturas italianas, francesas, flamengas, holandesas, portuguesas e espanholas; o Museu de Arte

Sacra de São Paulo (1970), contém esculturas, pinturas, mobiliários, oratórios, relíquias, pratarias, ouriversaria e objetos sacros; o MASP – Museu de Arte de São Paulo Assis Chateaubriand (1947) possui excelente coleção de pintura nacional e estrangeira, do séc. XIII ao XX; o Museu de Arte Contemporânea da USP (1963) tem como núcleo as coleções de Francisco Matarazzo Sobrinho, do Museu de Arte Moderna de São Paulo e, posteriormente, a de Yolanda Penteado, e obras de artistas brasileiros e estrangeiros; o Museu Chácara do Céu, no Rio de Janeiro (1968), possui acervo diversificado, composto de pintura oriental, francesa, contemporânea brasileira, argentina, chilena; mobiliário brasileiro e oriental, prataria brasileira, tapeçaria persa, turca e caucasiana; escultura oriental (Han, Sung Ming e T'Ang), brasileira, francesa e chilena, cerâmica oriental, torsos clássicos gregos e porcelana da Companhia das Índias; o Museu de Arte Moderna do Rio de Janeiro (1958: Bloco Escola) e (1967: Bloco das Exposições) mantêm acervo de pinturas, esculturas, desenhos e gravuras de artistas nacionais e estrangeiros; e o Museu do Folclore (1969), no Rio de Janeiro, mantêm acervo de arte popular em cerâmica, principalmente de Caruaru, Pernambuco, com obras de Mestre Vitalino, Zé Cabloco, Lidya, Manoel Eudócio, Cândido e Rafael Mário, cestaria, rendas, bordados, artesanato em couro, e de cultos afro-brasileiros.

Nos museus históricos, as coleções são concebidas e apresentadas em uma perspectiva histórica; seus objetivos são essencialmente os de documentar uma sequência cronológica ou um conjunto representativo de um momento histórico, em uma área do conhecimento humano. Têm origem nas galerias iconográficas dos palácios que expunham retratos de pessoas ilustres como nobres, militares, filósofos, sábios e artistas (ENCYCLOPAEDIA, 1977, v. 12, p. 655). Esse tipo de museu representa a história de determinado país, cidade ou região, suas origens (história natural e geografia) as perspectivas de desenvolvimento, expansão e crescimento urbano. Integram a ciência e a arte por meio do uso de novas tecnologias, recursos audiovisuais, documentos gráficos, mapas e modelos de reconstrução ecológica. Para sediá-los, buscam-se, de preferência, construções antigas, por constituírem símbolos históricos da cidade.

Incluem-se nesta categoria os sítios arqueológicos, os museus instalados em monumentos históricos ou em campos de batalha e aqueles constituídos em memória de uma pessoa. Esses museus têm uma característica essencialmente didática, ao usarem modelos e reproduções.

Exemplos são o *Musée de l'Históire de France*, criado pelo Rei Louis-Phillipe (1773-1850), em Versalhes que mostra, por intermédio de peças de mobiliário, pinturas, esculturas, porcelanas e tapeçarias, um panorama da história do país, durante mais de 1.000 anos; o Museu da Inconfidência em Ouro Preto, MG (1938), que mantêm relíquias dos Inconfidentes, mobiliário, luminárias, prataria, viaturas e pinturas de Manoel da Costa Ataíde; e o Museu Histórico Abílio Barreto (1944), em Belo Horizonte, instalado em um casarão colonial de 1883, que contêm mobiliário, maquetes, fotografias, pinturas, arte sacra, peças decorativas, documentos e objetos ligados à memória da cidade.

Os *museus de ciência* preocupam-se com o meio ambiente, o aperfeiçoamento cultural dos povos, a educação da comunidade e os avanços tecnológicos. Demonstram esforços significativos no sentido de conservar e preservar a natureza, possibilitando o contato dos pesquisadores e cientistas com as várias espécies e o estudo da evolução do conhecimento em uma perspectiva multidisciplinar. Associam o objeto real ao modelo, permitindo demonstrações, experiências físicas, exibições planetárias, viagens virtuais etc., desempenhando papel significativo ao mostrarem os progressos científicos da humanidade. Destacam-se nessa categoria os museus de instituições ligadas à indústria e à tecnologia.

Exemplos são o Museu de Ciências de São Paulo (1960), que inclui aparelhos, modelos, maquetes ilustrativas de fenômenos mecânicos, físicos e celestes; o Museu de Ciências Naturais da PUC-MG (1983) em Belo Horizonte, com coleções de paleontologia (60 mil fósseis) da América do Sul e cerca de 17 mil exemplares de coleções de plantas, animais invertebrados, peixes, anfíbios, répteis, aves e mamíferos, realiza atividades de pesquisa, educacionais, culturais e de lazer; e *The Natural History Museum*, que tornou-se independente do Museu Britânico em l963, com as coleções de botânica, entomologia, mineralogia, paleontologia e zoologia.

Nos *museus especializados,* as coleções se voltam para determinadas áreas do conhecimento ou para objetos específicos como: rádio, telefone, máquinas, faianças e uma infinidade de outros interesses. Exemplos são o Museu da Imagem e do Som, criado no Rio de Janeiro (1965), com mais de 10 mil fotografias da coleção Malta e Guilherme Santos, gravuras de Rugendas e Debret, 50 mil discos de compositores e intérpretes brasileiros, 200 mil partituras de música popular brasileira e depoimentos gravados; o Museu do Diamante em Diamantina, MG (1954), com uma coleção de minérios, mobiliário, instrumentos, oratórios, confessionários, imagens, pinturas, cerâmicas e instrumentos de suplício; e o Museu do Telefone (1978), em Belo Horizonte, com acervo composto de cerca de 200 peças, destacando-se os famosos *pés de ferro*, os primeiros aparelhos instalados no Brasil e os telefones usados na Segunda Guerra Mundial. Este último foi desativado no final de 2003.

Os *museus ao ar livre* são espaços determinados nos limites de um jardim, de um parque, onde os objetos estão dispostos naturalmente ou seguindo determinada tendência. Integram os trabalhos à etnologia regional, em uma relação dinâmica, participativa. Nesta categoria, segundo definição do ICOM, incluem-se os jardins botânicos, zoológicos, os aquários e os planetários que, embora constituam coleções bem específicas, podem ser considerados museus, na acepção mais ampla do termo. Os visitantes os consideram mais dinâmicos que os demais tipos, ao mostrarem seu acervo no próprio local e permitirem acesso a um número maior de pessoas, simultaneamente. Esses museus dependem de todas as disciplinas científicas envolvidas e apresentam problemas museológicos e museográficos, como conservação das peças, manutenção, vigilância e abrigo para proteção contra as variações climáticas e circulação do público nos horários de grande fluxo. São adequados para exibições que exijam meio ambiente integrado à criação artificial.

São exemplos o Parque *Skansen* (1891), em Estocolmo, que reúne o Museu Nórdico, um jardim botânico e zoológico, lagos, um solar e uma aldeia de casas antigas transplantadas e o *Ironbridge George Museum,* situado entre Bristol e Manchester, na Inglaterra, ao longo do rio Severn, composto de alto-fornos, casa de pedágio da ponte, mina de carvão, oficinas etc. (SUANO, 1986, p.65), e o Inhotim – Centro de Arte Contemporânea, em Brumadinho, Minas Gerais, idealizado em 1980, em aprazível fazenda particular, constituída por parque botânico, lagos, jardins orientados por Burle Marx, pavilhões e galerias que abrigam pinturas, esculturas, desenhos, fotografias e vídeos produzidos após 1960, por renomados artistas brasileiros e internacionais.

Galerias de vizinhanças, ecomuseus, casa para todos e casas de cultura são novas formas de expressão e exibição da cultura de um povo. O trabalho científico dos técnicos é viabilizado pela participação dos habitantes (crianças, estudantes, operários, minorias, grupos, associações profissionais e famílias) que refletem, documentam e participam das ações coletivas da instituição, atuando essencialmente com a população envolvida. Apresentam exposições temporárias com objetivos sociais e pedagógicos (GIRAUDY; BOUILHET, 1990, p. 37-39).

Esses tipos de museus são instituições que preservam e valorizam o patrimônio e a cultura da população, incitando-a a entender melhor os problemas da comunidade, valorizando as atividades de folclore, da arte popular e das tradições.

Os centros de cultura integram exposições (pintura, escultura, desenho, fotografia), escola de arte, centro de preservação etc. Um exemplo é *The Getty Center* (1997), em Los Angeles, Califórnia, que contempla todas as manifestações citadas, apresentando ainda uma arquitetura arrojada, inserida em uma montanha, com um emaranhado de jardins serpenteados por vias férrea e rodoviária.

Estrutura

Os museus, na maioria das vezes, são fundados por pessoas, organizações ou instituições governamentais com o objetivo de abrigarem coleções preciosas, protegerem descobertas arqueológicas ou conservarem monumentos importantes de determinada localidade.

O quadro de funcionários compreende, geralmente, pessoal científico, técnico e de serviço. Na primeira categoria, incluem-se o diretor, o curador, os planejadores, os bibliotecários, os especialistas em educação, conservação, restauração e os zeladores, todos com formação universitária ou treinamento adaptado às necessidades de suas funções. Os museus devem ser dirigidos por profissionais especialistas na suas áreas de atuação, capazes de formar adequadamente as coleções e interagir com os conservadores, restauradores, museógrafos, curadores e com o Conselho Curador, demonstrando, ainda, capacidade de estimular e coordenar a equipe. O *diretor* é o responsável pela administração da instituição, pela elaboração de diretrizes, programas e atua como elo de ligação entre o Conselho e a equipe. Cuida, também, dos aspectos arquitetônicos do edifício, no sentido de preservá-lo, e planeja o uso de seu espaço interior e exterior. A principal tarefa do *curador* refere-se à organização de mostras especiais temporárias, devendo zelar ainda pelo crescimento do acervo, progresso da pesquisa, organização de material para publicidade, implementação das decisões do Conselho Curador e responsabilizar-se pela instituição como um todo. O Conselho Curador é formado por pessoas influentes e por especialistas nas áreas de atuação do museu e seus membros devem agir como mediadores entre suas necessidades e interesses, seus departamentos e o público. Os *restauradores* e *conservadores* são os responsáveis pela manutenção da coleção em condições físicas adequadas. Devem ser treinados para verificar as variações climáticas e a iluminação das mostras, avaliar as condições dos objetos para eventuais empréstimos e transporte e apresentar recomendações destinadas à proteção dos objetos em exibição ou armazenados (ENCYCLOPAEDIA, 1977, v. 12, p. 652-653; KAPLAN, 1993-1996).

É necessário fazer distinção entre conservação e restauração. A primeira refere-se ao cuidado que é devido às coleções como um todo, para protegê-la: de *causas ambientais* como temperatura, umidade, poluição atmosférica, iluminação; de *causas internas*: biológicas, físicas, químicas ou ações mecânicas dentro do próprio objeto; e de *interferências humanas* como manuseio, transporte etc. Restauração é a atividade realizada para reparar e recondicionar objetos deteriorados, requerendo habilidades manuais e considerável conhecimento científico.

Os *museógrafos* devem atuar em contato direto com os pesquisadores de modo que a proposta a ser executada seja transmitida ao público de forma clara e objetiva, por meio do arranjo adequado das vitrines, etiquetas, legendas, painéis explicativos, iluminação, circulação, segurança, formando um conjunto agradável para sua admiração pelos visitantes. Os *museólogos* são responsáveis pela elaboração de projetos, diretrizes, programas e linhas de atuação do museu, envolvendo posicionamento teórico e político. As atividades a serem exercidas exigem que eles sejam especialistas *"em uma das áreas do conhecimento do acervo do museu (antropólogo, arqueólogo, geólogo, historiador"* (SUANO, 1986, p. 79) para tratá-las com pertinência e profundidade, visando a apresentar ao público sua produção: o conhecimento sobre uma realidade demarcada.

O corpo técnico compreende desenhistas, especialistas em seguros, preparadores ou restauradores de nível médio, com qualificações profissionais em suas habilidades, que deverão responsabilizar-se pelas instalações especiais nos laboratórios e ateliês, circuitos de climatização, inventários, espécimens, dioramas, maquetes, desenhos de cartazes, etiquetas, molduras, vitrines etc.

O pessoal de serviço inclui os atendentes, secretários, encarregados e equipe de limpeza e manutenção.

As associações e sociedades de amigos dos museus substituem o papel dos antigos mecenas que, originalmente, custeavam a manutenção e a sobrevivência de artistas e a aquisição de novas peças. Essas instituições desenvolvem ações ligadas às atividades do museu, influenciando na programação, sugerindo novas exposições, realizando campanhas para captação de novos sócios e angariando recursos para se concretizar seus objetivos.

Acervo

A política de aquisição do acervo dos museus é estabelecida visando atender a interesses às vezes conflitantes de seus fundadores, dirigentes, especialistas e a comunidade. A aquisição de peças a serem incorporadas ao acervo dependerá de disponibilidade financeira. Ela poderá ser *direta,* quando feita junto ao próprio artista, ou por meio de expedições científicas e arqueológicas, nas quais os objetos ou espécimens recolhidos serão cientificamente documentados e disponibilizados para pesquisa, condução de projetos educacionais e exibição ao público. A aquisição *indireta* é resultante de compra efetuada com o auxílio de um ou mais intermediários: colecionadores e comerciantes de antiguidades. É comum em países desenvolvidos que pessoas ou instituições façam doações a museus por meio de financiamento para aquisição de determinada peça ou mesmo estabeleça a transferência de suas coleções, após seu falecimento. Assim, a aquisição de obras de arte pode resultar do recebimento de doação de acervos de particulares, troca de itens com outros museus e por meio de comodato de peças pertencentes a colecionadores ou instituições científicas, o que contribuirá para o enriquecimento das coleções, mesmo que seja por tempo determinado.

Obras adquiridas no mercado devem merecer análise cuidadosa da parte de especialistas, no sentido de se evitar a aquisição de peças falsas, como ocorreu durante a Segunda Guerra Mundial, quando o tráfico ilegal de bens culturais tornou-se prática comum. Escavações clandestinas, exportação ilegal de bens, pilhagem de monumentos, além do crescimento do número de gatunos, falsários e copistas alarmaram os dirigentes de museus, colecionadores e o mercado em geral. A Unesco vem atuando no sentido de combater essa situação, por meio da edição de documentos e realização de eventos sobre o tema.

Exposições permanentes e temporárias

A principal atividade de um museu, após a aquisição e constituição de seu acervo, é a exibição dos objetos pertencentes à sua coleção, a realização de exposições temporárias e de acervos obtidos por intermédio de empréstimo com outras instituições. O objetivo dessas mostras é facilitar o contato entre o indivíduo (criança, adulto) e o objeto (obra de arte, espécime pertencente às ciências naturais ou um modelo tecnológico). O objeto a ser exposto deverá ser apresentado de acordo com critérios científicos, estéticos e psicológicos, incorporando documentos elucidativos e coerentes ao tema da exposição. O conjunto de peças da mostra deverá ser identificado dentro de um amplo encadeamento da herança cultural da humanidade. A contemplação e a assimilação das obras de arte serão feitas por meio da interação do público com a peça.

Até a primeira metade do séc. XX, os museus preocupavam-se em realizar mostras estéticas. A partir de 1950, havia uma tendência em revelar o relacionamento entre as peças ou objetos. Tais exposições procuram isolar a obra, para que ela seja apreciada como objeto único; enfatiza-se o ambiente, a iluminação, o espaço, o volume. As informações são apresentadas na forma de painéis ou *folders*.

A apresentação histórica, utilizada em museus de história, arqueologia, antropologia e etnologia, procura dinamizar o conjunto cultural a ser exibido, usando de meios audiovisuais e documentação pertinente. Essas mostras integram elementos pertencentes à geografia, à economia, à sociologia, à arte, à religião e aos estudos sobre desenvolvimento urbano.

A apresentação ecológica é usada em coleções de ciências naturais, por meio da recriação de ambientes de cada espécie dos reinos vegetal, animal e humano. Influencia as mostras históricas, ao associar o homem ao meio ambiente. (THE NEW..., 1977, v. 12, p. 653).

As exposições temáticas evoluíram em oposição às mostras rotineiras, passando a utilizar o som e a iluminação para valorizar as peças, principalmente na arte moderna; modelos animados podem ser manipulados pelos visitantes em museus técnicos e científicos; as informações complementares constituem elementos importantes para realçarem a estrutura estética da exposição.

Mostras retrospectivas, com número exagerado de obras e sem contextualização, não despertam simpatia do visitante; no seu planejamento, deve-se considerar, prioritariamente, os interesses dos usuários na determinação de seu tema. Para minorar as arestas, os museus vêm realizando exposições permanentes, de caráter didático, para o grande público, e organizando material de reserva para consulta e análise pelos pesquisadores. Dessa forma, mostras temporárias, que refletem os interesses da população, procuram atingir toda a comunidade, por intermédio da realização de eventos paralelos ou sucessivos.

Para complementar sua função social, os museus seguem a tendência de divulgar seus acervos, por intermédio de exposições itinerantes, permitindo a um maior número de pessoas a possibilidade de contato com obras antes inacessíveis, devido a qualquer motivo (distância, acervo de colecionadores ou de outro país, preciosidade das peças, entre outros). Essas exposições demandam planejamento prévio devido, principalmente, aos valores exigidos pelas companhias de seguro e o cuidado requerido para a embalagem e o transporte das peças. No entanto, as facilidades de deslocamento e o papel cultural desempenhado pelos museus, aliado à diversidade de suas atividades, permitem a concretização de um número significativo de mostras itinerantes e temporárias em nível nacional e internacional.

Arquitetura

O estilo arquitetônico dos museus modifica-se conforme o país e a época, como pode ser observado nos prédios da França, Bélgica, Espanha, Viena, Berlim, Inglaterra, Índia, entre outros, passando do neoclássico ao neogótico ou ao vitoriano. Em alguns países, como na União Soviética pós-revolução de 1917, construções aristocráticas são utilizadas como casas de cultura para o povo; na Europa Central e Ocidental, observa-se a mesma tendência, tendo em vista a existência de número significativo de monumentos históricos sob responsabilidade governamental (THE NEW... 1977, v. 12, p. 657).

No Brasil, no século passado, predominou o estilo museu-palácio (Museu Nacional de Belas Artes), de estilo eclético, inspirado em instituições congêneres como o Louvre; o neoclássico (Pinacoteca do Estado de São Paulo), entre outros, que foram sendo sucedidos por construções modernas, como o MASP, com estrutura completamente livre, cuja base de cobertura forma uma praça artificial, substituindo o antigo Belvedere; mais recentemente, a concepção ousada de Oscar Niemeyer: o Museu de Arte Contemporânea, em Niterói.

Após a Segunda Guerra Mundial, muitos países ainda mantêm a tradição de construir museus no estilo dos antigos palácios. Arquitetos como Mies van der Rohe, Le Corbousier, Frank Lloyd Wright, Lina Bo Bardi e Oscar Niemeyer revolucionam o conceito de tais construções por meio de soluções práticas, uso sistemático de material e técnicas, divisão espacial de áreas de serviço e áreas abertas ao público. A encenação teatral influencia a concepção do espaço para exibição das peças nos museus por meio do planejamento do assoalho, do teto e das paredes, que podem ser modificados a cada exposição. Da mesma forma, os arquitetos consideram que seus projetos devem enfatizar o espaço interno do prédio, no sentido de aproveitar melhor a luz natural, aliada à artificial. A partir de tais estudos e de planejamento sistemático, eles concluem que os museus devem localizar-se nos centros das cidades, para permitir o uso intenso de suas coleções pela comunidade e que as atividades educacionais e culturais podem ser descentralizadas, visando atingir bairros populosos, áreas rurais distantes e cidades do interior.

Atividades de pesquisa

A pesquisa científica cumpre seu ciclo nos museus desde sua formulação, execução e publicação de seus resultados em suportes apropriados. Essas atividades iniciam-se com as pesquisas de campo, quando os profissionais dirigem-se a determinados sítios para localização de peças, passando pelo trabalho de identificação, documentação, publicação dos resultados e sua disponibilização para o público. Em algumas áreas, a pesquisa é fundamental para seu desenvolvimento. As áreas de história natural (zoologia, biologia, botânica, geologia) e cultura material (arqueologia, etnografia, história e artes) exigem pesquisa de campo e formação de coleções que serão abrigadas e processadas pelos museus. As artes plásticas servem como veículo democratizador da cultura, possibilitando aos estudiosos a realização de seus trabalhos de pesquisa e ao grande público, usufruir da contemplação de obras que dificilmente poderiam adquirir. Atualmente, os grandes museus vêm colocando à disposição de seus visitantes terminais de computadores com programas em CD-ROM, DVD, possibilitando-lhes a realização de pesquisas sobre os mais variados estilos, períodos, artistas etc.

Os departamentos de pesquisa dos museus costumam manter um centro de documentação, no qual fotografias, filmes, fitas gravadas, discos, textos, fichas catalográficas, programas em CD-ROM's, DVD's e *sites* estejam acessíveis para uso por pesquisadores, especialistas e o público em geral. As peças que não estejam sendo exibidas são armazenadas em depósitos. A biblioteca, destinada a atender às necessidades de seu pessoal científico, geralmente é aberta ao público.

Resultados de pesquisa são divulgados também em eventos da área. Exemplo é o 7° Colóquio da Associação Internacional de Museus de História, realizado no período de 22 a 27 de março de 2004, nas cidades de São Paulo, Itu, Rio de Janeiro, Petrópolis, reunindo pesquisadores da América Latina, África e Ásia.

Fontes para identificação

Informações sobre coleções de museus podem ser obtidas através de fontes impressas ou por meios eletrônicos. Dentre as fontes impressas, publicações de museus, institutos e associações constituem os principais veículos de comunicação da área. Elas podem ser *publicações científicas, revistas etc.*: incluem trabalhos científicos e artísticos, direcionados a pesquisadores, a especialistas e ao público em geral; *publicações didáticas e culturais*: abrangem aspectos significativos de seu acervo, destinados a estudiosos, alunos e à comunidade e *publicações populares:* dirigidas ao público em geral. Para obtenção de informações bibliográficas sobre museus pode-se consultar os guias e manuais de referência[1] que arrolam obras

---

[1] CHALCRAFT, A.; PRYTHERCH, R.; WILLIS, S. (Eds.). *Walford's Guide to Reference Material.* 6th ed. London :Library Association, 1995. v. 3, p. 240-246. O capítulo Organizações e Associações relaciona bibliografias, manuais, dicionários, diretórios, materiais de ensino, sistemas de classificação. SHEEHY, E. *Guide to Reference Books.* 10th ed. Chicago, Hl. Il.: American Library Association, 1986. 1560p. (Indica uma bibliografia e um catálogo de museu na p. 531). THE WORLD of learning 1995. 45th ed. London: Europa, 1995. 2123p. Para cada país fornece os seguintes dados: nome do museu, tipo, endereço, data de fundação, tipos de coleções, diretor, publicações.

essenciais para pesquisa. Dados gerais sobre museus, como endereço, acervo, histórico, finalidade, entre outros, podem ser obtidos em repertórios como o *Guia dos museus do Brasil*[2], fonte de informação indispensável na área. A maioria dos museus publica livros, contendo informações sobre a instituição e suas coleções, incluindo reprodução de obras significativas. Informações gerais como endereço, tipo de acervo, horário e dias de funcionamento podem ser obtidas no *Guia dos museus do Brasil* e em jornais e revistas das principais cidades. Algumas editoras como a Editorial Codex, de Buenos Aires, e a Mondadori, de Milão (representada no Brasil pela Companhia Melhoramentos de São Paulo), vêm publicando coleções como o *Mundo do museus* e a *Enciclopédia dos museus*, respectivamente, reproduzindo obras de suas principais coleções.

Em 1995, a Universidade de São Paulo implantou uma base de dados sobre museus brasileiros que constitui um dos módulos do Banco de Dados sobre Patrimônio Cultural, programa da Comissão de Patrimônio Cultural, iniciado em 1992, que tem como objetivo coletar, integrar e tornar acessíveis informações e documentos nas áreas de preservação de bens culturais (ALMEIDA, 1997, p. 11).

Atualmente, as redes eletrônicas vêm facilitando a obtenção de informações sobre museus e seus acervos. Alguns deles vêm divulgando suas coleções através de sítios na Internet, possibilitando aos usuários, desta forma, visitarem virtualmente essas instituições e suas obras.

Uso

O número de visitantes em museus constitui aspecto positivo na avaliação de suas exposições. No exterior, há tradição em se visitar tais instituições, e é comum observar-se filas enormes nas portas de entrada dos museus. No Brasil, ainda é modesto o interesse da população pelas atividades por eles desenvolvidas, com exceção para as mega exposições realizadas a partir do final do século passado. No entanto, é importante destacar alguns dados que mostram a afluência de visitantes em museus brasileiros nos últimos 40 anos. Na década de 1960, o número de visitas a museus alcançou o total de 4 milhões de pessoas, saltando para 20 milhões no início dos anos 1980, motivado, provavelmente, pela organização de programas educacionais, que passaram a oferecer agenda de visitas guiadas para grupos de estudantes e demais visitantes, mantendo, com isso, regularidade de público nas exposições.

---

[2] CARRAZZONI, Maria Elisa. *Guia dos museus do Brasil*. 2. ed. Rio de Janeiro: Expressão e Cultura, 1978. 167p. Guias Culturais Brasileiros, 1.

UNIVERSIDADE DE SÃO PAULO. Comissão de Patrimônio Cultural. *Guia de museus brasileiros*. São Paulo: Imprensa Oficial do Estado, 2000. 498p. Uspiana Brasil 500 anos.

Nos anos 1990, observa-se um crescimento significativo nesses números, resultante da realização das denominadas mega exposições que aconteceram no Rio de Janeiro, em São Paulo e em Belo Horizonte, nas quais foram mostradas obras de artistas consagrados internacionalmente. A seguir, são apresentados dados sobre o número de visitantes nessas mostras.

No Rio de Janeiro, aconteceram as seguintes exposições no Museu Nacional de Belas Artes: Rodin, em 1995, atingiu 266 mil visitantes; Monet, em 1997, alcançou o total de 430 mil; e Dalí, em 1998, 250 mil. No Museu de Arte Moderna: Picasso, anos de guerra, em 1999, foi a que teve o menor público: 136 mil visitantes.

Em São Paulo, duas exposições acolheram grande público: Surrealismo, em 2001, no Centro Cultural do Banco do Brasil, com 739 mil apreciadores, e Paris 1990, em 2002, no MASP, com 450 mil.

Tais cifras demonstram que, quando os museus programam eventos que atendem aos interesses da população, mesmo se se considerar que o número de visitantes ainda é um percentual relativamente pequeno em relação à totalidade dos habitantes das capitais, tal fato constitui um aspecto positivo no desenvolvimento do hábito dos indivíduos em visitarem eventos realizados pelas instituições culturais, enfatizando seus papéis social, cultural e educacional.

Instituições

Dentre as principais instituições ligadas à área dos museus destacam-se:

a) *International Council of Museums* – ICOM, fundado em 1946, publica a revista *Museum* desde 1948-, a qual substitui *Mouseion*, de 1927, do *Office Internationale des Musées;*

Maison de l'UNESCO, 1 rue Miollis, 75732 Paris Cedex 15 France Tel. (1) 47-34-05-00 Fax: (1)43-06-78-62;

b) *American Association of Museums*, fundada em 1906:

1225 Eye St. NW, Suite 200 Washington, DC 20005 Tel. (202)2891818 Fax (202)2896578; publica *Museum News*, desde 1924-

c) *Museums Association*, fundada em 1889: 42 Clerkenwell Close, London EC1r 0PA Tel. (171)250/1836 Fax: (171)2501929;

d) *Commonwealth Association of Museums*, fundada em 1947:

POB 30192, Chinook Postal Outlet, Calgary, Alta T2H 2V9 Canada Tel/Fax (403)938-3190

e) *American Museum of Natural History*, New York, publica *Curator*, desde 1958.

Referências

ALMEIDA, Maria Christina Barbosa de. A informação sobre os museus brasileiros: a experiência do Banco de Dados sobre Patrimônio Cultural da USP e a necessidade de se definirem políticas de ação integradas. In: CONGRESSO BRASILEIRO DE BIBLIOTE-CONOMIA E DOCUMENTAÇÃO, 17., 1997, São Luís. *Anais...* São Luís: Associação dos Bibliotecários do Maranhão, p. 1-11.

BLENZ-CLUCAS, Beth. Bring the Museum. *School Library Journal*, v. 39, n. 9, p. 150-153, Sep. 1993.

CARRAZZONI, M. E. *Guia dos museus do Brasil*. 2. ed. Rio de Janeiro: Expressão e Cultura, 1978. 167p. Guias Culturais Brasileiros, 1.

ENCICLOPÉDIA Mirador internacional. São Paulo: Encyclopaedia Britannica do Brasil, 1975. v. 15, p. 7942-7959.

THE NEW Encyclopaedia Britannica in 30 volumes; macropaedia. 15th ed. Chicago/Il.: Encyclopaedia Britannica, 1977. v. 12, p. 649-662.

FERREIRA, A. B. de H. *Novo dicionário da língua portuguesa*. Rio de Janeiro: Nova Fronteira, 1975. p. 409, 771.

FERREIRA, A. B. de H. *Aurélio Século XXI*; o Dicionário da Língua Portuguesa. Rio de Janeiro: Nova Fronteira, 1999. p. 591.

GIRAUDY, D.; BOUILHET, H. *O museu e a vida*. Rio de Janeiro: Fundação Nacional Pró-Memória, 1990. 100p.

KAPLAN, Flora S. Museu. In: *Encarta (R) Enclyclopedia*. [S.l.]: Microsoft ®,1993-1996.

MAGALHÃES, Fábio. Apresentação. In: FUNDAÇÃO NACIONAL DE ARTE. Pinacoteca do Estado. *Pinacoteca do Estado – São Paulo*. Rio de Janeiro: Secretaria de Cultura do Estado de São Paulo, 1982. 204p. il. Col. Museus brasileiros, 6.

MUSEUS de cara nova. *Hoje em dia,* Belo Horizonte, 1 set. 1996. Programinha, p. 4-5.

NAME, Daniela. Museus batem recordes de visitas. *O Globo*, Rio de Janeiro, 30 set. 2003. Economia, p. 22.

PEIXOTO, Ana Maria Casasanta. Marcas de um compromisso. *Estado de Minas*, Belo Horizonte, 13 set. 2003. Pensar.

SUANO, Marlene. *O que é museu*. São Paulo: Brasiliense, 1986. 101p.

SOUZA, W. A. de. O museu de arte. In: MUSEU Nacional de Belas Artes. Rio de Janeiro: Colorama, 198-/ p. 13-27.

Internet

Angelo de Moura Guimarães

A Internet é um sistema de informação que tem por suporte uma rede global, que consiste em centenas de milhões de computadores conectados entre si, ao redor do mundo. Esses computadores trocam informações por meio de diversas linhas de comunicação (telefonia, linhas dedicadas), dispositivos de roteamento,[1] e utilizam um conjunto de protocolos padronizados. A Internet não é constituída de uma única rede, mas de uma *rede de redes* e nem todas as redes fazem parte da Internet. Daí o nome *inter'net* (dentro da rede) em oposição a *outer'net* (fora da rede). (LAQUEY & RYER, 1994).

Com a introdução da *World Wide Web*,[2] a Internet se tornou um dos principais recursos de comunicação no mundo atual. Devido à Internet, a sociedade vem se transformando de forma dinâmica e, aparentemente, sem precedentes na nossa história. O governo, os negócios, as universidades e uma grande parte da população dos países desenvolvidos já começam a depender demasiadamente da Internet. Uma parte significativa dos principais recursos, antes disponíveis apenas em bibliotecas, pode ser acessado hoje de forma *on-line*[3] na Internet. Máquinas de busca[4] procuram respostas para praticamente qualquer consulta na rede. Indivíduos e empresas de pequeno porte podem ter uma exposição mundial. Mas, não se deve ter uma postura de *celebração utópica* e achar que a Internet veio para "... *tornar a nossa vida social melhor, mais fácil e produtiva*" (BELLEI, 2002, p. 127). Recentemente, os danos totais causados à economia norte-americana pelos ataques

---

[1] Roteamento: mecanismos capazes de encaminhar blocos de informação entre diversas rotas em uma rede.

[2] *World Wide Web* ou www permite que os usuários da Internet localizem e visualizem documentos baseados em multimídia sobre quase qualquer assunto.

[3] *On-line:* Exprime a ideia de continuidade ou funcionamento em linha e ao mesmo tempo.

[4] Máquinas de busca: Encontrar a informação desejada na Internet é uma atividade que depende do uso de mecanismos ou ferramentas de *software* (programas de computador) que fazem a busca por palavras chaves, frases ou consultas *booleanas* no conteúdo completo de textos. Estas ferramentas de busca varrem a Internet, fazendo a analise dos textos e indexando seu conteúdo.

de intrusão criminosa na rede excederam os roubos a bancos e continuam ainda a crescer. As perdas totais da economia mundial, causadas por ataques virtuais[5] e vírus,[6] foram estimadas em até US$ 45 bilhões em 2002.[7]

Essa rede mundial virtual, que comemorou vinte anos em 01/01/2003,[8] criou enormes possibilidades e, na mesma escala, uma série de receios e dificuldades, impensados há poucos anos atrás. A Internet vem, cada vez mais, tornando menos importante o papel da memória, modificando os hábitos de pensamento lineares, devido às possibilidades de navegação em múltiplas dimensões. A Internet vem também facilitando a transposição de fronteiras disciplinares, ao facilitar o estabelecimento de conexões entre os saberes. A hipertextualidade[9] (LANDOW, 1992), ampliada pela Internet, traz uma série de provocações e desafios, pois favorece a interação em um mundo de culturas, vozes, sítios e personagens, a um grande número de pessoas do planeta (RAMAL, 2002; COSCARELLI, 2002; LÉVY, 1993; BELLEI, 2002). Todos estes eventos aconteceram tão rapidamente que, mesmo a comunidade profissional, envolvida com esta nova tecnologia, muitas vezes não consegue compreender as bases de onde ela vem: uma criação cultural derivada do casamento bem sucedido do computador e das indústrias de telecomunicação (CASTELLS, 2003).

Uma definição para Internet

A palavra Internet já foi incorporada ao vocabulário de diversas línguas, aparecendo em novos verbetes nos dicionários. Abaixo o verbete no *Novo Dicionário Aurélio* (FERREIRA, 2003):

> *Internet* [´intænet] [*Ing.*] *S. f. Inform.* Qualquer conjunto de redes de computadores ligadas entre si por roteadores e *gateways*, como p. ex. aquela de âmbito mundial, descentralizada e de acesso público, cujos principais serviços oferecidos são o correio eletrônico (q. v.), o *chat* (q. v.) e a *Web* (q. v.), e que é constituída por um conjunto de redes de computadores interconectadas por roteadores que utilizam o protocolo de transmissão TCP/IP [F. red: *net*. Tb. Se diz *rede*.]

---

[5] Ataques virtuais: Acesso não autorizado a uma parte de uma rede, usando a própria rede como caminho.

[6] Vírus: programas de computador, instalados sem conhecimento do usuário, capazes de duplicar e espalhar novas cópias de si mesmos pela rede, *infectando* outros computadores. O processo de contaminação e reprodução é análogo ao de um vírus em organismos vivos, daí a utilização do nome.

[7] Fontes: Polícia Federal e Renata Cicilinni, Analista do Centro de Atendimento em Segurança de Computadores da Rede Nacional de Pesquisas - RNP.

[8] O desenvolvimento do que hoje chamamos Internet começou muito antes, como veremos no item sobre a história da Internet, mas esta data corresponde ao momento em que os protocolos utilizados anteriormente pela Arpanet (antecessora da Internet) deixaram oficialmente de ser usados.

[9] Hipertextualidade: Modelo constituído de nós-linhas em redes descentradas de pontos assíncronos e não acabados em constante negociação de significados.

Para entender esta definição será necessário conhecer um pouco do significado das diversas palavras e siglas (*sopa de letras*) que ali aparecem. Cada sigla esconde uma série de soluções de problemas encontrados por diversos pesquisadores. Grande parte destes problemas são derivados de outros que a própria tecnologia trouxe à tona.

Além do termo Internet, outros verbetes, correspondendo aos usos da Internet também já foram incorporados aos dicionários, como é o caso da palavra Internauta:

> *Internauta* [De inter(net) + *nauta*.] *S.* 2g. Inform. 1. Usuário da Internet, rede de computadores. 2. Restr. Usuário intensivo da rede Internet, que ocupa grande parte do seu tempo explorando os recursos por ela oferecidos. (FERREIRA, 2003).

Também a palavra Ciberespaço[10], usada às vezes como um sinônimo para a Internet, está incorporada ao léxico:

> *Ciberespaço* [De ciber. + espaço; Ingl. Cyberspace] S. m. 1. Dimensão ou domínio virtual da realidade, constituído por entidades e ações puramente informacionais; meio, conceitualmente análogo a um espaço físico, em que seres humanos, máquinas e programas computacionais interagem. 2. Restr. A Internet. (FERREIRA, 2003).

O ciberespaço (ELIAS, 2001) pode ser visto como uma metáfora para descrever um espaço que contém objetos (arquivos, mensagens de correio, gráficos, som, vídeo etc.) e modos diferentes de coleta, transporte, armazenamento, manipulação e entrega de dados.

Nos próximos tópicos deste capítulo serão repassadas as principais funções e características do que hoje se chama *Internet* e que deram funcionalidade a este novo meio de comunicação, cuja expansão no mundo foi exponencial nos últimos anos. A expansão da utilização da Internet no Brasil também se expandiu. No final de 2003 o Brasil ocupou a nona posição em número de *hosts*[11] (2.237.527) no *ranking* dos países com Internet, o terceiro lugar nas Américas, atrás dos Estados Unidos e Canadá e o primeiro da América Latina. O mercado de internautas brasileiros é, hoje, suficientemente grande para já manter em escala uma economia doméstica baseada no comércio eletrônico.[12]

---

[10] O termo ciberespaço é a tradução de *cyberspace,* termo criado pelo americano William Gibson em sua obra *Neuromancer,* de 1984. A raiz *cyber* significa *timoneiro* ou navegador: aquele que tem o controle da embarcação.

[11] *Hosts*: palavra em inglês para indicar hospedeiro. Designa um computador, que faz parte da rede, e que hospeda informação acessível a outros computadores da rede.

[12] Dados do Comitê Gestor da Internet no Brasil [http://www.cg.org.br/indicadores/brasil- mundo. htm#mundo em 17.11.2003]

Funções da Internet

A cada dia surgem novas aplicações para a Internet. Estas aplicações vão se somando às já existentes ou modificando as disponíveis, ora pela integração de diversas aplicações, ora pela possibilidade de executar uma antiga, de uma forma mais poderosa. Há alguns anos atrás, só era possível a alguém publicar uma página[13] ou um *site*[14] na Internet se soubesse programar em HTML – *Hypertext Markup Language*, uma linguagem capaz de registrar conteúdo e descrever a forma de dispor este conteúdo na tela de um computador. Hoje, pode-se publicar em um Blog[15], um diário eletrônico, sem se precisar saber programar em HTML, simplesmente entrando com o texto desejado. Nos *FotoLogs*[16] já se pode publicar fotos e submetê-las a comentários de amigos e parentes. Brevemente poderão ser publicados *audiologs* e *videologs* e, em um futuro próximo, qualquer pessoa poderá editar um jornal eletrônico (texto, imagem, som, vídeo).

O *correio eletrônico* ou *e-mail* (*eletronic mail*) foi a primeira aplicação da Internet e continua a ser uma aplicação das mais utilizadas até hoje. Recentemente, o abuso na disseminação de mensagens comerciais não solicitadas (*spam*)[17] em causado a perda de credibilidade no uso do correio eletrônico.[18] Apesar do nível de *spam*, o *e-mail* permite a comunicação entre duas ou mais pessoas de uma forma extremamente fácil.

O ambiente multimídia da Internet, chamado *Web*[19] é outra aplicação disponível, que trouxe novos modos de acesso e novas formas de serviço que, recursi-

---

[13] Página: No contexto da Internet, a página é a forma como uma entidade (as pessoas ou empresas) se apresentam. É uma analogia com as páginas de um jornal, revista ou livro. Os usuários *navegam* pela Internet, acessando páginas.

[14] *Site*: O conjunto de páginas de uma entidade qualquer é chamada de *site*. Muitas pessoas tentam utilizar a palavra sítio em português ao invés da palavra *site* do inglês, com o mesmo significado.

[15] BLOG: Derivado de weB LOG, são diários eletrônicos, onde qualquer pessoa pode publicar suas ideias, impressões e opiniões sobre qualquer tema ou assunto. São organizados por data como em um diário.

[16] FOTOBLOG. Também chamados de FLOG, é um BLOG para fotos.

[17] *Spam* é o nome de uma variedade de carne de porco em lata, da empresa norte-americana *Hormel Food*. O termo virou sinônimo de incômodo em 1970, em um dos episódios do grupo humorístico inglês Monty Python, no qual um grupo de vikings repetia incansavelmente a palavra *spam*, importunando todos que estavam no bar. Quando a Internet surgiu, o termo *spam* virou sinônimo de mensagens indesejadas. [http://antispam.uol.com.br/spam.jhtm#significa em 17/11/2003]

[18] *pam: How It Is Hurting Email and Degrading Life on the Internet*, realizado pela empresa de consultoria *Pew Internet & American Life Project*. Por causa do *spam*, 25% dos usuários americanos da Internet admitem que utilizam cada vez menos esta ferramenta. Além disso, 70% dos usuários de *email* disseram que o *spam* torna a troca de mensagem *on-line* desagradável ou irritante. (ZERO Hora 09/11/2003).

[19] A palavra *Web* não é usada com o sentido de rede, que seria a sua tradução, mas para caracterizar o ambiente de interface gráfica e amigável introduzido na Internet com a criação dos programas de navegação e a utilização de recursos de hipermídia.

vamente, vão expandindo a própria Internet. Ela mudou, e continua mudando, a forma de contato entre pessoas, a forma de fazer negócios e a comunicação entre clientes. (CASTELLS, 2003). As possibilidades de se ter acesso à informação estão mudando também a forma de ensinar e aprender, com a introdução da educação continuada e educação sobre demanda (GIUSTA & FRANCO, 2003), por exemplo. Adicionalmente, a evolução da Internet está possibilitando a telefonia, a televisão e o cinema convergirem para uma única mídia: a mídia digital. Novas gerações de tecnologias de rede vão se sobrepondo e atendendo às necessidades de acesso em velocidade cada vez maior. Cada avanço amplia as possibilidades anteriores. O *chat*[20] ou bate-papo começou apenas com a troca de mensagens textuais em tempo real, passando a aceitar o áudio. Em seguida, adotou gráficos bidimensionais com representações simbólicas dos participantes (os *avatares*)[21], depois gráficos tridimensionais e mais recentemente o vídeo, isto é, podemos conversar e ver as pessoas com quem se está conversando.

Apesar da comunicação em rede ter surgido há mais de 30 anos, até 1995, ela constituía reduto de acadêmicos e de profissionais ligados à Informática. A partir de 1999, a Internet comercial começa a democratizar o acesso, especialmente nas sociedades desenvolvidas, e hoje é acessada por pessoas de vários segmentos econômicos. No entanto, especialmente nos países em desenvolvimento, ainda falta capilaridade[22] suficiente, especialmente para atender a população rural, devido a falta de infraestrutura necessária para a conexão à Internet. Além disso, a falta de recursos financeiros tem levado um grupo enorme de pessoas a fazerem parte dos chamados *excluídos digitais* (CASTELLS, 2003, p. 220).[23]

Origem, evolução e características da Internet

A ideia ou concepção da Internet é o resultado da contribuição de muitos, com propostas que, mesmo resultando erradas ou com curta aplicação, se mostraram significativas, quando observadas em um contexto histórico mais ampliado. A própria Internet possui um grande número de *sites* contando sua própria história[24] (RICHARDSON, 2003; CYBERASPECTS, 2003; SMITHSONIAN, 2003; GROMOY, 2003; JOHNSTON, 2003; AISA, 2003; RANGEL, 1999).

---

[20] *Chat*: Bate-papo ou conversação na rede.

[21] Avatar: É uma representação gráfica de um personagem real (uma pessoa, por exemplo) num mundo virtual.

[22] Capilaridade: Analogia com o número de vasos capilares que conduzem energia até os músculos. Maior capilaridade de uma rede significa maior número de pontos atingidos.

[23] "... estar desconectado ou superficialmente conectado com a Internet eqüivale a estar à margem do sistema global, interconectado."

[24] O leitor interessado poderá recorrer aos *sites* contendo a história da Internet de onde foram retirados os principais fatos e eventos relatados.

A pré-história da Internet

Quando, em 1836, o telégrafo foi patenteado por Cook e Wheatstone, uma revolução começou a acontecer nos processos da comunicação humana. Pela primeira vez a eletricidade estava sendo usada para transmitir sinais entre dois pontos distantes. Em 1858, surge a primeira tentativa de comunicação a distâncias muito grandes: um cabo passando pelo oceano Atlântico pretendia ligar o continente americano com o europeu. A tentativa foi um fracasso, o cabo funcionou apenas por alguns dias. Somente em 1866, depois de subsequentes tentativas, conseguiu-se sucesso e os cabos instalados naquela época operaram por quase cem anos subsequentes, absorvendo as novas tecnologias que foram surgindo.

Em 1876, Alexander Graham Bell promove uma nova revolução quando consegue transmitir a voz humana diretamente em uma linha elétrica, com a invenção do telefone (TELEBRAS, 1979). Sem a telefonia, a Internet não seria o que é hoje, pois, foi justamente a capacidade instalada do sistema telefônico que viabilizou a conexão entre os computadores em larga escala.

A origem da Internet: a Arpanet

Em 1957, o sucesso do programa espacial russo com o lançamento do Sputinik mobilizou o governo Americano e, em plena guerra fria, o presidente Dwight D. Eisenhower criou a *Advanced Research Projects Agency* – ARPA, com propósitos militares. Alguns anos mais tarde, a ARPA começou a se envolver com redes de computadores e tecnologia de comunicação. Em 1962, J. C. R. Licklider, coordenador da ARPA, começa a estabelecer contratos fora do âmbito militar com o setor privado e as universidades e estabeleceu as bases do que veio a ser o embrião da Internet: a *Arpanet*.

O problema inicial da *Arpanet* era o de como conectar dois computadores de fabricantes diferentes e que falavam *línguas* diferentes. A solução veio com a criação de protocolos de comunicação: uma espécie de *língua comum* para a comunicação entre os computadores. Desenvolvido em diferentes níveis (ou camadas), os protocolos tratavam desde o nível elétrico (físico) até o da aplicação da informação transmitida. O TCP/IP, é o protocolo usado hoje na Internet e evoluiu destes esforços iniciais.

Durante muitos anos, as pessoas que utilizavam o telégrafo já haviam deixado de lado as palavras que não eram essenciais para a compreensão de uma frase, como por exemplo, os artigos. Foi desenvolvido um código econômico que enviasse apenas a informação essencial. A consequência direta disso foi a possibilidade de transmitir, já naquela época, cerca de 1.800 conversações de voz de uma só vez através de um único cabo. Vinte anos mais tarde, o cabo de maior capacidade conduzia 230 mil conversações simultâneas. Hoje, um cabo de fibra ótica, da espessura de um fio de cabelo conduz 6,4 milhões de conversações simultâneas. Mas, isso ainda é pouco para as nossas necessidades atuais com a Internet (LUCENT, 2003).

O problema seguinte constituía-se em conectar dois computadores distantes. A conexão a poucos metros podia ser resolvida com cabos. Dentro de um mesmo prédio podia ser resolvida com amplificadores colocados nas linhas. Mas, como conectar dois computadores em prédios e até em cidades diferentes? A linha telefônica era o caminho natural, já que existia, mesmo naquela época, uma grande capacidade instalada em telefonia local e internacional.

De 1962 a 1968, uma importante tecnologia para transmissão em redes foi inventada e aperfeiçoada: a Comutação de Pacotes (*Packet-switching*). A inspiração inicial foi de ordem militar, já que, em plena guerra fria, a hipótese de um ataque nuclear era sempre considerada e a solução seria dividir a informação e transmiti-la por diversos caminhos para aumentar a segurança, dificultando a recuperação de uma mensagem interceptada e, no caso de ausência de uma rota, usar outra. Apesar da origem militar (EMBRATEL, 1982), este enfoque se mostrou mais produtivo para a utilização da rede de telefonia porque a transmissão de uma mensagem não precisava travar a rede de um ponto a outro, como acontece com uma conversação telefônica comum. Assim, por uma única linha podem trafegar, ao mesmo tempo, diversos pacotes originários de diferentes mensagens já que eles serão remontados no destino, de modo a recuperar a mensagem original.

Além disso, os pacotes de uma mensagem não precisam percorrer necessariamente o mesmo caminho, podendo seguir por aquele que estiver desimpedido e disponível no momento da transmissão.

A primeira rede nacional, usando telefonia e comutação de pacotes foi feita pela primeira vez em 1969, ligando a UCLA, o *Stanford Researsh Institute*, a UC Santa Barbara – UCSB – e a Universidade de Utah em *Salt Lake City*. Somente em 1973 foi estabelecida a primeira conexão internacional entre computadores na *Arpanet*: o *College of London*, na Inglaterra, e a *Royal Radar Establishment,* na Noruega.

A invenção do e-mail

Em 1971, uma demonstração da *Arpanet* com 15 nodos (23 hospedeiros) mostrou a potencialidade de uma rede em escala. Pouco tempo depois, o *e-mail* foi inventado por Ray Tomlinson, que teve a ideia de usar o símbolo @ para indicar para onde a mensagem deveria ir. Ele modificou um programa que trocava mensagens entre os membros de um projeto em uma única máquina, para permitir que a mensagem fosse enviada para outra. Como o leitor deve saber, endereços de correio eletrônico tem o formato *nome@ endereço-da-máquina.*

Desde o início, a comunicação via *e-mail* foi criticada por muitos, alegando que, muitas vezes, um tom irônico ou jocoso colocado em uma frase não era captada desta forma do outro lado, podendo levar até mesmo a indisposições ou a conflitos. Não tardou para que aparecessem ideias para acrescentar a indicação de emoção ao texto, usando apenas os recursos disponíveis em teclados. Surgia assim os *smilies*[25], uma mudança na expressão facial (olhos e boca) de forma a demonstrar humor, sorriso, prazer, aflição, ironia etc.[26]

A troca de mensagens na rede passou a exigir também uma espécie de etiqueta ou *netiqueta*[27] (como passou a ser chamada).

Redes locais e protocolos para trocar dados

Em 1973, foi projetada a Ethernet. A Ethernet é um sistema criado por Robert Metcalfe para conectar computadores dentro de um mesmo prédio, usando *hardware* (uma placa) em cada máquina da rede, chamada de rede local – LAN – *Local Area Network*. Hoje, um padrão internacional na indústria de computadores, a ethernet é o protocolo mais utilizado em LANs. Ainda em 1973, a arquitetura de *Gateway*[28] foi proposta e estabelece como computadores de arquiteturas diferentes deveriam se comunicar. Também um protocolo para transferência de arquivos o FTP – *File Transfer Protocol* – é especificado nesta época e estabelece como os computadores deveriam enviar e receber dados. O FTP ainda é utilizado até hoje, embora venha sendo substituído gradativamente por mecanismos mais seguros (*Secure* FTP), para eliminar uma porta de entrada para a invasão dos sistemas. Na mesma época é criado um programa capaz de emular um terminal para redes, o *Telnet*.[29]

Em 1974, a tecnologia de pacotes passou a ser aceita em larga escala e foi especificado o TCP – *Transmission Control Program*.

O nascimento dos grupos de notícias e grupos de discussão

Em 1977, a Arpanet já tinha 100 pesquisadores trocando mensagens via *e-mail*. Dois anos após nasceu o *Newsgroup*, um grupo de notícias, a partir do

---

[25] http://research.microsoft.com/~mbj/Smiley/Smiley.html,em 23/9/2003.

[26] Aqui estão alguns exemplos de smilies:

:-) Uma piada
;-) comentário sacárstico
:-(triste, deprimido
:-I indiferente
:-> bastante sarcastico

[27] O conjunto de regras de Netqueta podem ser vistos em http://www.aiqchic.com.br/netqueta/netqueta.htm.

[28] O *Common Gateway Interface* – CGI – é o padrão atual para interfacear aplicações com servidores de informação (como servidores http ou servidores Web).

[29] Telnet é um programa que conecta um computador a uma rede. O usuário pode então utilizar seu computador como se estivesse utilizando o computador servidor.

Computer Science Department Research Computer Network, estabelecido nos Estados Unidos, que fica conhecida como *Usenet.* A unidade básica das notícias *Usenet* é o artigo que é submetido a um ou mais *grupos de notícias.* A possibilidade de responder a um artigo postado deu origem à criação de um grupo de notícias ou fórum que passou a se chamar *grupo de discussão,* reunindo os artigos e respostas relacionados a um tópico comum. Todos os grupos de discussão foram organizados em uma estrutura hierárquica, na qual cada nome de grupo indicava o seu lugar na hierarquia. Isso tornou mais simples a visualização da temática do grupo. Hoje em dia, praticamente qualquer assunto tem um grupo de discussão na *Usenet.* É possível configurar os programas de correio eletrônico para que eles permitam o acesso aos grupos de discussão da *Usenet.*

Surge a Internet com a definição de novos protocolos

Em 1981, foi criada a *Bitnet – Because It's Time NETwork –,* que começou como um trabalho cooperativo na *City University* de New York, em conexão com Yale. Proporcionou correio eletrônico e uma lista de servidores (*listserv*) para distribuir informação, bem como a transferência de arquivos.

O *Transmission Control Protocol* – TCP – e o *Internet Protocol* – IP – são estabelecidos como a nova base de protocolos a serem usados pela *Arpanet.* Pela primeira vez aparece a palavra Internet como um conjunto interconectado de redes, e, em especial, aquelas que utilizam TCP/IP. Em 1990, a rede usando TCP/IP contou com 300 mil hospedeiros e mil grupos. A *Arpanet* deixa de existir oficialmente. A rede que utiliza o protocolo TCP/IP passou a ser denominada Internet.

Em 1991, foi criada a *Wide Area Information Servers* – WAIS – que fornece mecanismos para indexar e acessar informação na Internet. Um grande acervo de informações estava disponível, com mensagens de *e-mail,* texto, livros eletrônicos, artigos *Usenet,* programas de computador, imagens, gráficos, arquivos de som, bancos de dados etc. Técnicas poderosas de pesquisa por palavra-chave começam a ser desenvolvidas.

O DSN

O aparecimento da microcomputação e do computador *desktop* trouxeram mais complexidade à rede. Começava a ficar difícil lembrar dos possíveis caminhos na rede, e se torna uma necessidade o uso de nomes significativos. O conceito de nome de servidor é introduzido em 1983 como *Domain Name Server* – DNS. Ao invés de 123.456.789.10 é mais fácil lembrarmos de algo como: meudepto.minhauniversidade.meupaís (*por exemplo:* eci.ufmg.br).

Em 1987, iniciou-se a Internet comercial, contando com 28 mil hospedeiros. Além das universidades e centros de pesquisa a Internet começou a ficar acessível a todos. No ano seguinte o *Internet Relay Chat* – IRC[30] – foi desenvolvido como um protocolo para a comunicação em *chat* (bate-papo). Um ano depois a Internet já contava com 100 mil hospedeiros. O *e-mail* comercial começou a aparecer na rede em maior escala.

A WWW, os navegadores e o URL

Em 1992, Tim Berners-Lee, trabalhando como consultor no CERN – *Conseil Européen pour la Recherche Nucleaire* –, desenvolveu o primeiro sistema de hipertexto para manter um registro do seu trabalho (associando softwares aos computadores em que eles rodavam). Uma adaptação neste programa deu origem à WWW – *World Wide Web* – um serviço que trouxe o hipertexto (e depois a hipermídia) para a Internet. Dois anos após, Tim passou a trabalhar no laboratório de Ciência da Computação no *Massachusetts Institute of Technology*, onde fundou o Consórcio W3C –*World Wide Web Consortium*[31] –, que especifica padrões para a WWW que, inicialmente, não era gráfica, o que só vem a acontecer em 1993, com o lançamento do Mosaic, pelo Centro Nacional de Aplicações de Supercomputação – NCSA. O Mosaic foi lançado como *software* livre e tornou-se a base dos atuais *Webbrowsers* ou navegadores como o *Internet Explorer*, da Microsoft, e o *Navigator*, da Netscape. Antes do Mosaic, o acesso à Internet era limitado a textos.

No final de 1993, a Internet já contava com 2 milhões de hospedeiros e 600 *sites* WWW. São criados os serviços de diretórios de bancos de dados, registro de domínios e serviços de informação.

O sistema de endereçamento da *Web* passa a ser baseado em URLs. Os endereços que utilizamos atualmente são os URLs, que seguem a sintaxe URL[32]. URL significa *Uniform Resource Locator* ou Localizador Uniforme de Recursos e um exemplo de URL pode ser: *http://www.eci.ufmg.br/grad/ eci210/transparencias/ Trasp02.pdf.*

Esse endereço URL identifica:

- *o protocolo de acesso* ao recurso desejado (http://);
- *a máquina* a ser contactada (www.eci.ufmg.br);
- *o caminho de diretórios* até o recurso (grad/eci210/transparencias) e;
- *o recurso* (arquivo) a ser obtido (Trasp02.pdf).

---

[30] IRC: é a sigla de *Internet Relay Chat*, originalmente concebido por Jarkko Oikarinen em 1988. Começou a ser utilizado na Finlândia e hoje é usado em quase todo o mundo. A sua intenção inicial, era a de substituir o programa *talk* no Unix, mas veio a tornar-se em muito mais do que isso.

[31] *World Wide Web Consortium* – W3C – desenvolve tecnologias de interoperalidade (especificações, guias, ferramentas e *software*) para tirar o maior proveito da *Web*. É um forum para informação, comércio, comunicação e entendimento coletivo.

[32] URI: sintaxe chamada *Universal Resource Identifier* – URI – Identificador Universal de Recursos

Através de URLs, pode-se acionar programas (*scripts*), e enviar parâmetros para esses programas. *http://www.eci.ufmg.br/grad/eci210/mostraNotas?Aluno= Fulano&Mat=12345*

A Internet comercial

Ao comemorar 25 anos, a Arpanet/Internet conta com 3 milhões de hospedeiros e 10 mil *sites* WWW e 10 mil *News groups*. Comunidades locais começam a se conectar diretamente na Internet. *Shoppings* e bancos começam a desenvolver suas primeiras aplicações baseadas na *Web*. É possível pedir uma *pizza* na *Pizza Hut* pela Internet. Proliferam os provedores de acesso via linha discada e o registro de domínios deixa de ser gratuito. Tecnologias de mecanismos de busca começam a ser criados no ambiente WWW e novas tecnologias surgem (JAVA, JAVA*script*, *ActiveX*, VRML e ferramentas colaborativas etc.).

Por volta de 1966, já são 12,8 milhões de hospedeiros e 500 mil de páginas disponíveis na *Web*. A Microsoft entra no mercado Internet e a primeira guerra de *browsers* estabelece uma disputa entre a Netscape e a Microsoft.

O comércio eletrônico

A Internet tem forçado as empresas a repensar suas estratégias comerciais (CASTELLS, 2003) e testemunhamos a criação de uma série de ideias inovadoras que só se tornaram possíveis graças a ela. O exemplo mais notável foi o da *Amazom.com*, uma empresa sem tijolos, uma livraria virtual que não tem lojas e não tem livros em estoque[33]. Ela apenas intermedia o processo de compra e venda de livros, disponibilizando informação sobre produtos, fechando negócios, obtendo o produto dos fornecedores, providenciando a cobrança e fazendo a remessa via correio. As grandes corporações tradicionais estão revendo suas estratégias sobre como fazer uso da rede. Uma projeção da A. Forrester Research fez uma estimativa de 6,8 trilhões de dólares para o comércio eletrônico global em 2004. Quase 90% deste comércio não seria feito entre empresas e consumidores, mas entre as próprias empresas, uma modalidade conhecida hoje como B2B – *Business To Business*.[34] Modelos de negócios que funcionaram por décadas agora estão sendo ameaçados. Ao contrário das vendas em massa, o comércio eletrônico permite a personalização: o usuário pode compor o produto desejado, selecionando entre diversas alternativas e tendo o preço final calculado instantaneamente.

---

[33] Hoje a *Amazom.com* não se restringe ao comércio de livros.

[34] *Business Week*, 2001.

Propriedade intelectual e direitos autorais

A Internet e a WWW trouxeram também, no bojo de ideias inovadoras, uma série de polêmicas. Seria natural esperar este tipo de dificuldade, uma vez que se está tentando usar uma legislação que, quando concebida, não foi influenciada por estas possibilidades. O caso do direito autoral ficou patente, quando uma empresa chamada Napster criou um programa que permitia que dois usuários da rede pudessem colocar suas máquinas em conexão direta via Internet e www, e pudessem trocar músicas no formato digital. Esta modalidade, que passou a ser conhecida como P2P – *Peer to Peer* –, aparentemente, não violava os direitos dos autores da música já que a legislação vigente não impede que um indivíduo tire cópia de uma música e repasse para um colega ou amigo, desde que não esteja fazendo isso por meio de algum tipo de venda. O problema é que, na *Web*, uma pessoa tem milhões de *amigos* com fácil conexão. As gravadoras conseguiram proibir, na justiça, que a Napster continuasse a operar quando o número de trocas diárias já atingia a casa de três milhões. Depois de algum tempo *fora do ar*, a Napster retornou à rede, desta vez cobrando pelas músicas que são copiadas. Nesta linha, a iTunes Music Store lançada pela Apple foi considerada pela revista *Time* como a *invenção do ano de 2003*. Ela disponibiliza na rede milhares de músicas, a um custo de cerca de 90 centavos de dólar por música. A situação começa a se reproduzir com filmes colocados na forma de vídeo digital e copiados livremente na rede. Novas contendas jurídicas já são esperadas neste campo, com a complicação adicional de que a Internet exige um foro jurídico internacional.

Existe uma ideia errônea de que tudo que está na *Web* é gratuito e pode ser copiado. De acordo com a legislação em vigor,[35] só é grátis e pode ser copiado aquilo que o autor explicitamente autorizar. Ninguém pode imaginar que, já que o autor publicou na rede, então ele deve ter interesse em divulgar ao máximo suas ideias e, portanto, pode-se copiar e repassar o que está publicado. Apenas o autor pode dizer isso e deve fazê-lo de forma explícita. Tudo isso parece contraditório com os caminhos que a Internet vem percorrendo. A estrutura de rede da Internet não tem um centro hierárquico, o que estabelece uma de suas melhores características: a descentralização da informação que implica em uma dificuldade adicional para cobrar os direitos de autoria (Póvoa, 2003). Este problema só será resolvido com novos protocolos que permitam uma cobrança desburocratizada dos recursos que se utilizar na rede.

Portais

A Internet é uma rede orgânica, não hierárquica, e pode ser percorrida de forma não linear. No entanto, toda navegação começa em algum ponto. Esta

---

[35] Lei de Direitos Autorais, nº 9.610/98

característica criou um nicho para uma série de organizações e corporações de comunicação e publicidade para prestarem um serviço que fornece ao usuário um ponto de partida: os portais.[36]

Com esta estratégia, o usuário pode iniciar suas pesquisas, compras, entretenimento e comunicação com outros, a partir de um portal, cuja organização compartilha informações, propaganda, e serviços. Para atrair usuários e formar uma *comunidade,* os portais oferecem serviços grátis de *e-mail, chats,* grupos, espaço para armazenamento de arquivos etc. Muitas universidades, incluindo a UFMG,[37] adotaram a filosofia de Portais.

A *Web* ainda não é necessariamente melhor para veicular determinados conteúdos do que outras mídias. Mas ela tem características próprias que não estão disponíveis em outras mídias: ela contém, embutida em si mesma, todos os mecanismos necessários para uma (auto) avaliação extremamente eficiente, e com facilidade, do perfil do usuário: seu padrão de cliques, caminhos percorridos, rolamentos executados, número de visitas ao *site* etc.

O futuro da Internet

O futuro da Internet está se delineando com os avanços da computação móvel. O fato de se não precisar usar um computador ligado por fios à rede elétrica ou telefônica, mas via rádio, mostra que, em um futuro bem próximo, todas as tarefas do dia a dia estarão suportadas por computadores sem fio, por PDAs,[38] Celulares WAP – *Wireless Application protocol,*[39] telefones celulares inteligentes, TV digital etc. Sistemas com GPS – *General Positioning Systems*[40] permitem uma orientação sobre o melhor percurso enquanto estamos dirigindo um automóvel, ou localizando um caminhão de carga ou um automóvel roubado. Em 2008, ter-se-á também a *InterPlaNet,*[41] a Internet interplanetária, parte de um programa da missão da Nasa em andamento no *Jet Propulsion Laboratory,* que manterá uma rede funcionando entre a Terra e Marte.

---

[36] Algumas vezes é usado o nome Vortal para indicar um portal vertical ou um portal extremamente especializado em um único assunto. A palavra portal é utilizada no sentido do portal horizontal, isto é, aquele que acomodaria um grande número de assuntos correlatos ou não.

[37] Pode ser acessado em http://www.ufmg.br.

[38] PDA - Um computador de bolso ou bolsa (*handheld computer*), que funciona como um assistente.

[39] WAP é um protocolo que adapta o TCP/IP para um contexto de comunicação sem fios.

[40] GPS é um sistema composto de satélites e estações de rádio em terra que, usando mecanismos de triangulação de sinais, podem localizar um objeto (que também emita sinais dentro do protocolo do sistema) seja localizado com grande precisão.

[41] IntrPlaNet: http://www.ipnsig.org/home.htm.

A Internet no Brasil

Em junho de 2002, a expansão do uso da Internet no Brasil para além das universidades e centros de pesquisa completou dez anos. Até 1992, existiam apenas redes experimentais no Brasil, as quais interconectavam algumas universidades, usando a *Bitnet*. Durante a Conferência das Nações Unidas sobre Meio-Ambiente e Desenvolvimento – ECO-92, realizada no Rio de Janeiro em junho daquele ano, foi inaugurada a chamada *Internet de produção* em nosso país.[42] A primeira ligação nacional em TCP/IP foi realizada pela Fapesp, em fevereiro de 1991, que também se encarregou da administração do domínio "*br*" e da distribuição dos números IP em todo o País.

O CNPq se interessou pelas redes computacionais a partir de julho de 1989, quando foi lançada a Rede Nacional de Pesquisas – RNP. O *backbone* nacional da RNP começou a ser instalado em 1991, com linhas de 9.600 bps. Hoje, as linhas principais da RNP têm velocidade de 2 Mbps. Em 1995, estabeleceu-se o Comitê Gestor da rede Internet no Brasil, com a atribuição de coordenar e incentivar a implantação da Internet no País. Paralelamente, a RNP decidiu tornar-se uma rede mista que além do tráfego acadêmico carregava também tráfego comercial. Assim, ela passou a constituir a espinha dorsal da rede Internet no Brasil. Até hoje, o *backbone* da RNP é o único de alcance nacional no País.[43]

A Internet 2

Formada pela reunião de 34 universidades americanas em 1996, a NGI – *Next Generation Internet* – já tinha 100 universidades em 1997, quando foi criada a UCAID – *University Corporation for Advanced Internet Development*. A Internet 2 permitirá resolver uma série de problemas na Internet atual, como a transmissão de multimídia em tempo real e para múltiplos pontos de recepção, de forma simultânea e em grande velocidade (*Multicast*).

Em 1997, o Brasil assinou um acordo de cooperação com a UCAID e criou a RNP2, para gestão da Internet 2. Foram criadas algumas Redes Metropolitanas de Alta Velocidade e um convênio RNP e ProTem – Programa Multi-institucional em Ciência da Computação, com apoio do CNPq, para testar as tecnologias associadas. Em Minas Gerais, foi criada a BH2 – Rede Internet Metropolitana de Alta Velocidade – com a participação da UFMG, PUC-MG, Prodemge, UEMG, IGA, Prodabel, FIEMG, FUNSOFT, Telemar, Santa Casa de Misericórdia e Cemig. Estão sendo conduzidos projetos nas áreas de gerência e desempenho de redes, teleeducação, geoprocessamento, telemedicina e bibliotecas virtuais (ITRI, 1999).

---

[42] http://www.rnp.br/noticias/2002/not-020521.html

[43] Maiores informações sobre a situação e evolução da Internet no Brasil podem ser encontradas em http://www.ime.usp.br/~is/abc/abc/node25.html ou no servidor do Comitê Gestor: http://www.cg.org.br/.

Tipologia da Internet

A Internet é um meio eletrônico digital e, de certa forma, é capaz de incorporar todas as outras mídias. Apesar do substrato básico ser constituído de conjuntos formados de dois símbolos básicos (os números 0 e 1), existem várias formas de combiná-los. A Internet convive com diversos formatos (alguns públicos e outros proprietários) que especificam como devem ser organizados arquivos de texto, imagem, animações, áudio, vídeo, e como eles podem ser compactados para economizar espaço e tempo de transmissão.

Desde o inicio da década de 1990 os documentos na *Web* são estruturados a partir do HTML – *Hypertext Markup Language,* um padrão, adotado a partir de um outro, mais complexo, existente como uma norma da ISO desde a década de 1980: o SGML – *Standard Generalized Mark-up Language* – para a estruturação de documentos. No entanto, o HTML combina, numa única estrutura, conteúdo e forma. Isto significa que um arquivo HTML inclue tanto os dados quanto a descrição sobre como eles deverão ser exibidos.

Tendo iniciado o seu desenvolvimento em 1996, a XML[44] – *Extensible Markup Language* – é adotada pela W3C, em 1998. Ela também é baseada na SGML, mas procura fazer a separação de conteúdo e forma de maneira clara. Além disso, incorpora o Unicode, que é a norma mundial que extende a codificação AS-CII para incluir alfabetos do mundo inteiro, como o russo, o japonês, o árabe etc. Ao contrário do HTML, XML é *extensivel,* permitindo aos autores criar as suas próprias marcas e associar-lhes um significado. Em ralação ao hipertexto, XML vai além das capacidades da HTML; a linguagem *XLL – Extensible Linking Language* – permite ligações muito precisas entre documentos, ligações bi-direcionais e relativas, ou seja, um documento pode dar ou não acesso a outro, conforme um conjunto de variáveis e não através de um endereço absoluto estabelecido a *priori* pelo autor (TITTEL, 2002).

XML, portanto, está sendo visto como o formato ideal não só para a publicação eletrônica, mas para o intercâmbio de informação entre sistemas e bases de dados. Pela forma com que o padrão vem sendo adotado pela indústria, é possível prever que estará dominando a Internet em poucos anos.

Fontes e produtores

Além de reunir em uma única mídia os vários formatos que a precederam, a Internet contém as ferramentas necessárias para encontrar as informações disponíveis em si mesma. Utilizando um programa navegador (*browser*), um usuário pode ter acesso a uma quantidade enorme de endereços capazes de ajudá-lo a encontrar a informação desejada na *Web.* Estes programas são classificados como:

---

[44] XML: maiores detalhes podem ser obtidos em www.w3.org/XML.

- máquinas de busca (engenhos de pesquisa);
- páginas brancas e amarelas (índices);
- metamáquinas de busca;
- guias *web*;
- organizações que fornecem acesso a catálogos.

Maquinas de busca

Máquinas de busca são programas de computador que podem ser utilizados ou acionados via navegadores. São mantidas por uma série de empresas, sem custo para os usuários da Internet. Estas empresas mantêm enormes bancos de dados contendo referências a paginas da *Web*, baseados em palavras-chave. A *Web* é varrida constantemente e cada nova página detectada (nem todas o são) é incluída no banco de dados destas empresas, indexando as palavras-chaves encontradas. Quando o usuário solicita uma pesquisa por uma ou uma combinação (*booleana*) de palavras-chave, a máquina de busca pesquisa na base de dados e informa ao usuário os endereços das páginas que contêm as palavras solicitadas, ou que não foram encontradas. A seguir apresenta-se referências a algumas máquinas de busca, com endereço, abrangência e classificação.

Google – é um dos melhores da Internet em número de *sites* indexados e pode ser acessado no endereço URL: *http://www.google.com*. Apresenta resultados por relevância. No Brasil, pode ser acessado no endereço URL: *http://www.google.com.br*.

Altavista – atua em nível mundial e pode ser dirigido a *sites* de determinada língua, inclusive português. Faz traduções. Pode ser acessado: *http://altavista.com*.

Radar Uol – atua em nível nacional, associado ao *site* do Universo *OnLine*. Permite buscas por idioma. Pode ser acessado: *http://www.radaruol.com.br*.

Todobr – atua em nível nacional e tem uma versão no Chile. Pesquisa *sites* com terminação.br. Foi criado no DCC/UFMG e transformado na empresa Akwan. Pode ser acessado em: *www.todobr.com.br*.

Páginas amarelas ou brancas (índices)

São *sites* que organizam a informação, como se fosse um catálogo telefônico. Incluem, eventualmente, máquinas de busca e guias. Exemplos:

Cadê? – atua em nível nacional e é o maior catálogo brasileiro. Disponível em: *http://www.cade.com.br*.

Yahoo! – atua nível mundial. Procura por categorias. Disponível em: *http://www.yahoo.com*. A versão brasileira pode ser acessada em: *http://ww.yahoo.com.br*.

About – contém guias sobre diversos assuntos e está disponível en: *http://www.about.com/*.

Meta máquinas de busca

Meta máquinas de busca são máquinas que pesquisam em várias outras e, por algum critério, organizam os endereços encontrados.

Familia Miner – pesquisa em outros serviços nacionais e internacionais sobre vários temas. Sugere *links* sobre assuntos. Foi desenvolvido no DCC/UFMG e adquirido pela *Brasil On-Line* – BOL. Disponível em: http://miner.uol.com.br

KartOO – é uma meta máquina de busca na *Web*, desenvolvido em Clermont-Ferrand na França, pela KartOO SA. Apresenta seus resultados na forma de mapas interativos, usando *Flash*. Os *sites* encontrados são representados por esferas maiores ou menores, segundo sua pertinência. A pesquisa pode ser refinada de acordo com os temas e frases retornados. Disponível em: *http://www.kartoo.com*.

Tay – significa formiga em tupi-guarani, é um sistema paralelo em metapesquisa e metacadastro. É um mecanismo de busca paralelo, que pesquisa nos maiores diretórios brasileiros e internacionais simultaneamente, incluindo 68 sistemas de busca nacionais, 34 internacionais e 17 sistemas de Mp3. Permite pesquisar em todos os sistemas de busca nacionais, ou somente nos sistemas selecionados. Disponível em : *http://www.tay.com.br*

Guias Web

São os *sites* e portais que, além de eventualmente disporem de máquinas de busca, organizam a informação por grupos de assuntos. Exemplos:

Guia de Biblioteconomia na Internet – editado por Michelângelo Mazzardo Marques Viana e contém *links* para:

Associação Brasileira de Educação em Ciência da Informação – ABECIN, entidade que congrega instituições e profissionais voltados à Ciência da Informação no Brasil;

Diretrizes Curriculares do MEC: Biblioteconomia;

Diretrizes Curriculares Nacionais dos cursos de Biblioteconomia, Arquivologia e Museologia;

International Association of Sound and Audiovisual Archives – IASA,

CNPq, CAPES, SBPC, FINEP, IPT e INEP;

Sociedade da Informação no Brasil;

Escolas e Cursos de Biblioteconomia;

OCLC – *Online Computer Library Center Inc.*

BIREME

Fórum com tópicos sobre:

Processo técnico, administração (organização e gerência de bibliotecas); automação, aspectos legais, busca da informação, portais, bibliotecas; publicações, instituições, serviços, listas de discussão, equipamentos, entidades de classe, bibliotecários, eventos. Disponível em: *http://www.sobresites.com/biblioteconomia/instituicoes.htm.*

Biblioteca Virtual nas áreas de Biblioteconomia e Ciência da Informação. Além de outros recursos e fontes, fornece acesso a dicionários de Português e outros idiomas. Disponível em: *http://www.ced.ufsc.br/bibliote/virtual/dicionarios.html.*

Prosiga – criado em 1995, o programa Prossiga tem por objetivo promover a criação e o uso de serviços de informação na Internet, voltados para as áreas prioritárias do Ministério da Ciência e Tecnologia, assim como estimular o uso de veículos eletrônicos de comunicação pelas comunidades dessas áreas. Disponível no endereço URL: *http://www.prossiga.br/.*

Comitê Gestor da Internet do Brasil – principal fonte para assuntos de Internet no Brasil. Coordena e integra todas as iniciativas de serviços de Internet no país com o objetivo de assegurar qualidade e eficiência dos serviços ofertados, assegurar justa e livre competição entre provedores e garante a manutenção de adequados padrões de conduta de usuários e provedores. Disponível em: *http://www.cg.org.br.*

Organizações que fornecem acesso a catálogos de bibliotecas

WebCATS – localização de bibliotecas e tipos de bibliotecas. Disponível em: *http://library.usask.ca/hywebcat/.*

Biblioteca do Congresso Norte Americano. Disponível em: *http://lcweb2.loc.gov/catalog/.*

OCLC – presta serviços a bibliotecários. Disponível em: *http://www.oclc.org/oclc/menu/t-home1.htm.*

Public Library Servers – lista de bibliotecas. Disponível em: *http://sjcpl.lib.in.us/homepage/PublicLibraries/PublicLibraryServers.html.*

Ariadne – descreve e avalia fontes e serviços disponíveis na Internet para bibliotecários e profissionais da informação. Disponível em: *http://www.ariadne.ac.uk/.*

LIBRES – jornal eletrônico internacional dedicado à pesquisa em bibliotecas e Ciência da Informação. Disponível em: *http://aztec.lib.utk.edu/libres.*

Librarians' – índice para recursos na Internet e índice de assuntos comentados. Disponível em: *http://sunsite.berkeley.edu/InternetIndex/.*

OCLC's – padrões e formatos bibliográficos (OCLC® Online Union Catalog). Disponível em: *http://www.oclc.org/oclc/bib/toc.htm.*

American Library Association – ALA – Associação de Bibliotecas Americanas. Disponível em: *http://www.ala.org.*

REFORMA – Associação Nacional de Promoção dos Serviços de Biblioteca para a Língua Espanhola. Disponível em: *http://latino.sscnet. ucla.edu/library/ reforma/index.htm.*

Biblio Tech Review – fornece notícias e revisões sobre tecnologia de informação para bibliotecários, cientistas da informação e outros profissionais. Disponível em: *http://www.biblio-tech.com.*

Gates Library Foundation – parcerias com bibliotecas públicas para acesso à Internet, e informação digital nos EUA e Canadá. Disponível em: *http://www.glf.org.*

Considerações Finais

Este capítulo procurou fornecer uma visão da evolução da Internet e da *Web*, suas principais funções, características e tendências futuras. Observou-se que a Internet pode ser considerada como uma das maiores conquistas da humanidade. De acordo com estimativas do *Computer Industry Almanac*,[45] em 2005, serão 766 milhões de pessoas conectadas à Internet. Ao repassar os principais eventos que deram origem à Internet e que a tornaram o que é hoje, pode-se observar que se alcançaram os avanços tecnológicos, que souberam levar em conta o fator humano, isto é, a melhor maneira dos seres humanos se apropriarem de uma tecnologia.

Referências

AISA P. *Aprenda a Internet agora sozinho.* [*on-line*]. Disponível em: <http://www.aisa. com.br/index.html>. Acesso em: 28 set. 2003.

BELLEI, S. L. P. *O livro, a literatura e o computador.* São Paulo: Ed. da PUC-SP; Florianópolis: Ed. UFSC, 2002.

CASTELLS, M. *A galáxia da Internet:* reflexões sobre a Internet, os negócios e a sociedade. Rio de Janeiro: J. Zahar, 2003.

COSCARELLI, C. V. (Org.). *Novas tecnologias, novos textos, novas formas de pensar.* Belo Horizonte: Autêntica, 2002.

CYBERASPECTS. Feature Articles. *The Internet & its History.* [*on-line*]. Disponível em: <http://www.cyber-aspect.com/features/fa_039.htm> Acesso em: 12 jul. 2003.

ELIAS P. S. *O entrelaçamento de espaços e tempos sociais no ciberespaço.* julho/2001. [*on-line*]. Disponível em: <http://www.direitodainformatica.com.br/artigos/011.htm> Acesso em: 10 jul. 2001.

---

[45] Ver http://www.c-i-a.com.

EMBRATEL. *Introdução à tecnologia de pacotes*. Rio de Janeiro, 1982.

GIUSTA, A. da S.; FRANCO, I. M. (Org.). *Educação a distância*: uma articulação entre a teoria e a prática. Belo Horizonte: Ed. PUC Minas, 2003. p. 95-120.

GROMOV, G. *Internet Timeline*. [*on-line*]. Disponível em: http://www.netvalley.com/archives/mirrors/davemarsh-timeline-1.htm. Acesso em : 30 jun. 2003.

GROMOV, G. *Roads and crossroads of Internet history* [*on-line*]. chap.1.Disponível em: <http://www.netvalley.com/cgi-bin/intval/net_history.pl>. Acesso em: 30 jun. 2003.

ITRI, M. P. *Internet 2*: a próxima geração. São Paulo: Market Books, 1999.

JOHNSTON, C. *A very brief history of the Internet*. [*on-line*] Disponível em: <http://www.1960pcug.org/~pcnews/2001/05/brief_history_of_the_Internet. htm>. Acesso em: 7 jul. 2003; 28 out. 2003.

LANDOW, G. *Hypertext:* The convergence of contemporary critical theory and technology. Baltimore: John Hopkins University Press, 1992.

LAQUEY, T.; RYER, J. *O manual da Internet*: um guia introdutório para acesso às redes globais. Rio de Janeiro: Campus, 1994.

LÉVY, P. *As tecnologias da inteligência:* o futuro do pensamento na era da informática. São Paulo: Editora 34, 1993.

LUCENT. *Information theory*. [*on-line*]. Disponível em: <http://www.lucent.com/minds/infotheory/>. Acesso em: 26 out. 2003.

FERREIRA, A. B. H. *Novo Dicionário Aurélio – século XXI*. São Paulo: Nova Fronteira, 2003.

PÓVOA, M. *Anatomia da Internet*: investigações estratégicas sobre o universo digital. Rio de Janeiro: Casa da Palavra, 2000.

RAMAL, A, C. Hipertextualidades. In: _____. *Educação na cibercultura*: hipertextualidade, leitura, escrita e aprendizagem. São Paulo: ArtMed, 2002.

RANGEL, R. *Passado e futuro da era da informação*. Rio de Janeiro: Nova Fronteira, 1999.

RICHARDSON, W.; TIM, G. *Internet and WWW History*. [*on-line*]- Disponível em: <http://www.witiger.com/ecommerce/Internethistory.htm>. Acesso em: 17 out. 2003.

SMITHSONIAN. *Smithsonian's National Museum of American* History. [*online*] Disponível em <http://americanhistory.si.edu/> Acesso: 15 ago. 2003.

SOCIEDADE DA INFORMAÇÃO. *Inclusão e exclusão*. [*on-line*]. Disponível em: <http://www.comciencia.br/reportagens/socinfo/info02.htm>. Acesso em: 12 ago. 2003.

TELEBRÁS. *O telefone*: ontem, hoje e amanhã. Tradução. Itamar Faul. Brasília: [s.n.]1979.

TITTEL, E. *Teoria e problemas de XML*. Porto Alegre: Artmed, 2002. Coleção Schaum.

Os autores

ALAÔR MESSIAS MARQUES JÚNIOR

Graduado em biblioteconomia pela Escola de Biblioteconomia da Universidade Federal de Minas Gerais, desempenha atualmente o cargo de gerente geral da Escola do Legislativo, da Assembleia Legislativa do Estado de Minas Gerais.

E-mail: *alaor@almg.gov.br*

ÂNGELO DE MOURA GUIMARÃES

Mestre em Ciência da Computação pela Universidade Federal de Minas Gerais e professor do Departamento de Ciência da Computação da mesma universidade. Tem formação complementar em tecnologia educacional, pela Concordia University – Montreal, Canadá. É autor de dois livros didáticos sobre computação. Atua nas áreas de sistemas de informação, tecnologia da informação e tecnologia educacional.

E-mail: *angelo@dcc.ufmg.br*

ANTÔNIO AGENOR BRIQUET DE LEMOS

Bibliotecário, foi professor do Departamento de Biblioteconomia e Documentação da Universidade de Brasília, a partir de 1968. Foi diretor do Instituto Brasileiro de Informação em Ciência e Tecnologia (IBICT) e também dirigiu a Editora da Universidade de Brasília. Desde 1993, dirige a editora e livraria que leva o seu nome.

Página na internet: *www.briquetdelemos.com.br*

E-mail: *editora@briquetdelemos.com.br*

BERNADETE CAMPELLO

Mestre em Biblioteconomia e professora da Escola de Ciência da Informação da Universidade Federal de Minas Gerais. Publicou diversos artigos, capítulos de livros e trabalhos de congressos sobre fontes de informação, biblioteca escolar e ensino de Biblioteconomia, tendo também organizado coletâneas sobre esses temas. É uma das autoras do livro *Introdução ao Controle Bibliográfico*.

E-mail: *campello@eci.ufmg.br*

JOSÉ MARIA JARDIM

Doutor em Ciência da Informação pela Universidade Federal do Rio de Janeiro e professor do Departamento de Ciência da Informação da Universidade Federal Fluminense. É pesquisador do CNPq, com projetos de pesquisa na área de políticas públicas de informação, governo eletrônico e uso social da informação. É autor de livros e artigos na área de arquivologia e ciência da informação. Foi diretor do Arquivo Geral da Cidade do Rio de Janeiro e diretor de Gestão de Documentos Federais e Coordenador do Sistema Nacional de Arquivos.

E-mail: *josemariajardim@globo.com*

MÁRCIA MILTON VIANNA

Mestre em biblioteconomia e professora da Escola de Ciência da Informação da Universidade Federal de Minas Gerais. Suas áreas de atuação são tratamento da informação e bibliotecas escolares, nas quais desenvolve atividades de pesquisa e ensino.

E-mail: *marciamilton@eci.ufmg.br*

MARIA BEATRIZ ALMEIDA S. BRETAS

Doutora em Ciência da Informação pela Escola de Ciência da Informação da Universidade Federal de Minas Gerais. É professora do Programa de Pós-Graduação em Comunicação Social da Faculdade de Filosofia e Ciências Humanas da UFMG e membro do GRIS (Grupo de Pesquisa em Imagem e Sociabilidade da UFMG).

E-mail: *beatrizbretas@uol.com.br*

MARIA HELENA DE ANDRADE MAGALHÃES

Mestre em Administração de Bibliotecas pela Universidade Federal de Minas Gerais e doutora em Educação pela Universidade de São Paulo. É professora aposentada da Escola de Ciência da Informação da UFMG e ex-professora do curso de Ciência da Informação da PUC/MG.

E-mail: *lelenamag@yahoo.com.br*

MARIA ODILA FONSECA

Mestre e doutora em Ciência da Informação pela Universidade Federal do Rio de Janeiro. É professora do Departamento de Ciência da Informação da

Universidade Federal Fluminense, desde 1982. Publicou artigos, no Brasil e no exterior, relacionados à informação arquivística, ao direito à informação e à formação de arquivistas no Brasil. Recentemente publicou o livro *Arquivologia e Ciência da Informação* .

E-mail: *odila@terenet.com.br*

NÍSIO TEIXEIRA

Doutorando e mestre em Ciência da Informação pela Escola de Ciência da Informação da Universidade Federal de Minas Gerais. É professor do Centro Universitáriode Belo Horizonte (UNI-BH) e também jornalista formado pela PUC/MG.

E-mail: *nisiotei@yahoo.com*

PAULO DA TERRA CALDEIRA

Mestre em biblioteconomia pela Universidade Federal do Rio de Janeiro. É professor da Escola de Ciência da Informação da Universidade Federal de Minas Gerais. Publicou diversos artigos, capítulo de livros, trabalhos de congressos sobre fontes de informação e biblioteca escolar, tendo também organizado coletâneas sobres esses temas. É editor da revista *Perspectivas em Ciência da Informação*.

E-mail: *terra@eci.ufmg.br*

VERA AMÁLIA AMARANTE MACEDO

Foi professora do Departamento de Biblioteconomia e Documentação da Universidade de Brasília e da Escola de Biblioteconomia da Universidade Federal de Minas Gerais. É uma das autoras de *"Os livros são para ler: um manual de treinamento e orientação para encarregados de pequenas bibliotecas públicas"*, publicado pelo Instituto Nacional do Livro.

E-mail: *vamalia@brfree.com*

Este livro foi composto com tipografia Times New Roman e impresso em papel Off Set 75 g. na Sermograf Artes Gráficas.